O EVANGELHO

Solicite nosso catálogo completo, com mais de 350 títulos, onde você encontra as melhores opções do bom livro espírita: literatura infantojuvenil, contos, obras biográficas e de autoajuda, mensagens espirituais, romances, estudos doutrinários, obras básicas de Allan Kardec, e mais os esclarecedores cursos e estudos para aplicação no centro espírita – iniciação, mediunidade, reuniões mediúnicas, oratória, desobsessão, fluidos e passes.

E caso não encontre os nossos livros na livraria de sua preferência, solicite o endereço de nosso distribuidor mais próximo de você.

Edição e distribuição

EDITORA EME
Caixa Postal 1820 – CEP 13360-000 – Capivari-SP
Telefones: (19) 3491-7000 | 3491-5449
Vivo (19) 99983-2575 ☻ | Claro (19) 99317-2800 | Tim (19) 98335-4094
vendas@editoraeme.com.br – www.editoraeme.com.br

José Lázaro Boberg

(Autor dos *Evangelhos de Tomé, Judas* e *Maria Madalena*)

O EVANGELHO

O cristianismo já estava escrito antes... No Egito.

"Do Egito chamei a meu Filho" (Oseias 11:1-2)

AS ORIGENS CRISTÃS

Capivari-SP
– 2018 –

Os direitos autorais desta obra foram cedidos pelo autor para a Editora EME, o que propicia a venda dos livros com preços mais acessíveis e a manutenção de campanhas com preços especiais a Clubes do Livro de todo o Brasil.

A Editora EME mantém o Centro Espírita "Mensagem de Esperança" e patrocina, junto com outras empresas, instituições de atendimento social de Capivari-SP.

1ª edição – agosto/2018 – 3.000 exemplares

CAPA | André Stenico
DIAGRAMAÇÃO E PROJETO GRÁFICO | Marco Melo
REVISÃO | Lídia Regina Martins Bonilha Curi

Ficha catalográfica

Boberg, José Lázaro, 1942
   O Evangelho Q – 1ª ed. agosto 2018 – Capivari-SP: Editora EME.
   320 p.

   ISBN 978-85-9544-071-5

1. Evangelho Q. 2. O Evangelho Q – crítica e interpretação. 3. Cristianismo – Origens. 4. Fonte para os Evangelhos de Mateus e Lucas. I. TÍTULO.

CDD 133.9

"Uma vez mais, é absolutamente fundamental enfatizar que os meus argumentos de que o Cristo dos Evangelhos teve um antecedente no Egito (e também em muitos lugares e culturas) não faz parte de nenhuma tentativa de denunciar a impostura do cristianismo ortodoxo. O meu objetivo, em vez disso, é revelar a verdadeira natureza espiritual do arquétipo *Khristós*, em toda história humana e, em última análise, explicar o que isso pode significar para nós".

(Gerald Massey, *O Cristo dos pagãos*, **p. 99).**

DEDICATÓRIA

Ao amigo José Aparecido Sanches – *o Zezinho* – pelo trabalho de reflexão que desenvolvemos juntos, em nosso grupo de estudos, há mais de trinta anos. Sua contribuição para meus livros tem sido a de um irmão que me ajuda a pensar, ponderar, analisar e criticar.

SUMÁRIO

O QUE ELES DISSERAM...

"Importaria, primeiro, saber se ele (Jesus) a pronunciou", ou, "se colocaram em sua boca". (acrescentamos). KARDEC, Allan. *O Evangelho segundo o Espiritismo*, cap. XXIII, item 3.

"A própria ideia do que atualmente se chama de religião cristã existia entre os antigos também, e nunca deixou de existir desde o começo da razão humana até a vinda de Cristo em pessoa, e nesse momento a verdadeira religião, que já existia, começou a ser chamada de cristã". SANTO AGOSTINHO, Retratações.

"Os Evangelhos do Novo Testamento são realmente os antigos livros dramáticos dos essênios, desde os tempos pré-cristãos" – EUSÉBIO, Bispo de Cesareia. *História Eclesiástica*.

"[...] não há nada do que o Jesus dos Evangelhos alguma vez disse e fez – desde o Sermão da Montanha até os milagres, desde a fuga de Herodes quando bebê até a própria Ressurreição – que não possa ser mostrado como tendo se originado milhares de anos antes, nos ritos de mistérios egípcios e em outras liturgias sagradas, como o Livro dos Mortos egípcio – Tudo já existia nas fontes egípcias". HARPUR, Tom. *O Cristo dos pagãos*

Os pesquisadores do *Seminário de Jesus* chegaram a concluir que apenas 18% (dezoito por cento) *do total de palavras* e apenas 16% (dezesseis por cento) *do total de ações* atribuídas a Jesus nos Evangelhos 'podem' ser realmente consideradas autênticas, ou seja, aproximadamente 82% das palavras e 84% das ações atribuídas a Jesus, não são verdades históricas, mas 'crenças' cristãs. FUNK, HOOVER &*The Jesus Seminar*, The Five Gospels.

"Não gostaria que ninguém se sentisse ofendido na sua fé pelo que escrevo neste livro. Mas acontece que um estudo de história, para ser sério, tem de seguir os métodos de pesquisa histórica e deve, na medida do possível, estar sintonizado com os avanços da ciência". HOORNAERT, Eduardo. *As Origens do Cristianismo.*

"Os *evangelhos não são biografias ou relatos factuais da vida de Jesus.* Todo o edifício da doutrina cristã está baseado em *estórias de pescadores* galileus no séc. I". LUZ, Marcelo. *Onde a religião termina?*

"Quem escreveu os evangelhos não pretendia fazer um trabalho de cunho histórico e sim teológico". ARIAS, Juan. *Jesus esse grande desconhecido.*

"Jesus de Nazaré era um judeu de classe baixa dos confins da Galileia, cuja pregação apocalíptica sobre a iminência do fim do mundo e da chegada do reino de Deus o levou à condenação por crime contra o Estado e à morte infame por crucificação em Jerusalém. O homem Jesus tornou-se um dos maiores personagens religiosos da História e acabou aclamado como Deus pelos cristãos. Mas Jesus pensava que era Deus?" EHRMAN, Bart D. *Como Jesus se tornou Deus.*

"Eu li a Bíblia de capa a capa. Chamar aquele livro de 'a palavra de Deus' é um insulto a Deus. Chamar aquele livro de um guia moral é uma afronta à decência e dignidade dos povos. Chamá-lo de guia para a vida é fazer uma piada de nossa existência. E pretender que ela seja a verdade absoluta é ridicularizar e subestimar o intelecto humano." *Friedrich Nietzsche.*

APRESENTAÇÃO

T enho citado em vários dos meus livros, quando abordo temas relacionados às origens cristãs, a **Fonte Q**, como subsídio de pesquisa que, ao lado do Evangelho de Marcos, serviu de material para a elaboração dos textos canônicos de Mateus e de Lucas. Confesso, todavia, que as citações eram calcadas em informações coletadas de pesquisadores que já garimparam os textos canônicos, sem, no entanto, conhecer o texto em si. Fala--se que, nos primórdios do cristianismo, a existência de centenas de evangelhos; afora os quatro evangelhos canônicos, todos os demais foram considerados 'apócrifos' (falsos) pela Igreja, razão pela qual, os possuidores desses evangelhos foram perseguidos e muitos, assassinados.

Após escrever *O Evangelho de Tomé – o elo perdido*, *O Evangelho de Judas* e *O Evangelho de Maria Madalena* – cai, em minhas mãos, o livro do pesquisador Burton L. Mack, Professor de Novo Testamento da Faculdade de Teologia de Claremont, nos Estados Unidos, denominado *O livro de Q*, onde se relatam os ingentes esforços dispendidos por vários acadêmicos de nacionalidades diversas, durante muitos anos, na busca histórica de mais esse *evangelho perdido*.

Desde há muito tempo, a curiosidade me impulsiona o desejo de saber como foram, efetivamente, escritos os documentos canônicos, 'atribuídos', até hoje, a Jesus de Nazaré. Vem-me à mente a recomendação de Kardec em *O Evangelho segundo o Espiritismo*, cap. 23, no texto *estranha moral* de que "não se pode aceitar nada que não se passe pelo crivo da razão"; "Importaria, primeiro, saber se ele **a pronunciou**"[1] ou – dizemos nós – '**colocaram em sua boca**'; e, ainda, de que "a fé verdadeira é aquela que pode encarar a razão face a face em todas as épocas da Humanidade". Nesse sentido, o **Texto Q**, voltado especificamente para os primórdios do cristianismo primitivo é uma das fontes para a elaboração dos evangelhos canônicos de **Mateus** e **Lucas**, e aguçou-me, ainda mais, a curiosidade com desejo de 'desvendar' estes textos escritos antes dos Evangelhos canônicos. "O que levou escritores a constatarem que se trata de **Um cristianismo antes do cristianismo**". Tudo já estava escrito antes, e, então, o cristianismo é um plágio total dos mitos e lendas egípcias.

Assim, com este intuito, servi-me das pesquisas de vários acadêmicos de ponta, citando entre eles, o pesquisador **Burton L. Mack**, já citado, destacando, ainda, outros autores que foram fundamentais para este trabalho: o ex-pastor Anglicano, Tom **Harpur**, do Canadá; Rudolf **Bultmann**, teólogo protestante, da Alemanha; John Dominic **Crossan**, ex-sacerdote católico, atual Presidente do *Seminário de Jesus*, nos Estados Unidos; do PHD em religião, Bart D. **Ehrman**, a maior autoridade da Bíblia do mundo; Johan **Konings**, doutor em Teologia, nascido na Bélgica e professor das Universidades de Porto Alegre e Rio de Janeiro; **Marcelo da Luz**, ex-sacerdote católico, no Brasil; José **Pinheiro** de Souza, católico, seminarista salesiano por 12 anos, autor de vários livros na área do cristianismo inicial; Allan Kardec, codificador do espiritismo, da França.

É uma caminhada desafiadora e instigante para quem deseja saciar a curiosidade sobre quem foi, efetivamente, Jesus de Nazaré. Na verdade, sempre tive o desejo da busca do *Jesus histórico* (que existiu realmente), em contraposição ao *Cristo da fé*, materializado pela Teologia, como ser humano e divino, sendo interpretado de

---

1. KARDEC, Allan. *O Evangelho segundo o Espiritismo*, cap. 23: Estranha moral.

forma mística ou miraculosa. Em *O Livro dos Espíritos*, quando questionado por Kardec: Qual o tipo mais perfeito que Deus ofereceu ao homem para lhe servir de *guia* e de *modelo*? Na tradução de Herculano Pires, os espíritos responderam, simplesmente: – *"Vede Jesus"*. Apresentou um paradigma, sem excluir, obviamente, outros. Entendemos o Jesus histórico, certamente, como um "homem avante de seu tempo", sem ser o único ou hegemônico, já que outros mestres da sabedoria, que viveram na Terra, tais como Buda, Krishna, Hórus, Confúcio, entre outros, foram também tão importantes como ele. "É ele, assim, na linguagem espírita, **um dos** modelos e guias". Entendo, porém, não como o **'único'** consolador, mas creio na existência de outros espíritos luminosos que, igualmente, serviram de 'consoladores' da Humanidade, cada qual em sua época.

Durante a exposição deste livro, será esclarecida a forma como pensava o povo de **Q** sobre Jesus. Não era, obviamente, como os teólogos registraram nos textos oficiais, os canônicos da Igreja. O texto de Q era apenas composto de um programa de *sentenças*, sem histórias dramatizadas, como foram escritos os evangelhos *narrativos* de Marcos, Mateus, Lucas e João. Há, assim, um distanciamento do Jesus de Nazaré, filho de Maria, para o espírito do "Cristo" que morrera e ressuscitara. Daí a necessidade de separar o homem, *Jesus de Nazaré* e o *Cristo* – este uma construção teológica. Os mitos aparecem nos *evangelhos narrativos*.

Dessa forma – embora mais atraentes – esses evangelhos não são relatos verídicos dos fatos históricos únicos e estupendos que estão nos fundamentos da fé cristã. Eles foram construídos embasados em mitos e milagres, transportados de civilizações mais antigas. Daí a importância de *O livro de Q*, que suscita essa discussão diferente do que a versão narrativa informa. É nesta mesma linha interpretativa que o ex-sacerdote católico, Marcelo da Luz, (*Como a religião termina?* p. 129, cap. 5.) afirma que "Os *evangelhos não são biografias ou relatos factuais da vida do Cristo. Esses livros constituí-*ram um gênero literário à parte, nos quais alguns acontecimentos ocorridos servem de base à criação de narrativas imaginárias do escritor sagrado sobre o que Jesus 'faria' ou 'diria' às comunidades cristãs 40, 50, 90 anos após sua morte".

De acordo com o teor dos evangelhos *narrativos*, Jesus estava destinado a entrar em conflito com os poderosos, porque veio ao mundo como o próprio "Filho de Deus". Este conflito atingiu o clímax com a crucificação dele – cognominado de Cristo – mas só será, finalmente, resolvido quando Jesus, o Filho do Deus ressuscitado, 'aparecer' nos fins dos tempos para julgar o mundo e estabelecer uma nova ordem social, que é o reino de Deus. O evangelho de *sentença*s bastava ao movimento de Jesus, tal como eles compreendiam, sem 'acréscimos' que ocorreram nos *narrativos*.

"Mesmo com o aparecimento dos evangelhos *narrativos*, o de *sentenças* permaneceu intacto. Com passar do tempo, o que se conservou, como se tem até hoje, foram os *evangelhos narrativos*, enquanto o *evangelho de sentenças* acabou perdido para a memória histórica da igreja cristã". [2] Sentenças como, "Cego guiando outro cego', 'cisco no olho do irmão", 'a boa árvore que dá bons frutos', 'a boca fala o que o coração sente', 'as bem-aventuranças', 'vender os seus bens à caridade', 'quem enaltecer será humilhado', entre outras, constam, originariamente, em **Q**, como *sentenças*, mas aparecem nos evangelhos *narrativos* (Mateus ou Lucas), ou, então, em ambos, como mensagem narrativa de Jesus. Melhor esclarecendo: em vez de apenas *sentenças*, elas são ampliadas com *narração*. É isto que vemos nos evangelhos canônicos. Curioso, não é verdade? Quem sempre aceitou que Mateus e Lucas, assim como toda a Bíblia são "palavras de Deus", vê que, na realidade, são 'palavras dos homens!' É, pois, preciso *repensar*...

Não fosse a inclusão por Mateus e Lucas dessas sentenças em seus evangelhos, elas teriam sido perdidas. A recuperação do livro, que foi chamado de **Q**, segundo os pesquisadores, leva à conclusão de que ambos eram detentores de um exemplar desse evangelho. O livro foi, neste sentido, recuperado graças à cópia que esses escritores possuíam, embora essas sentenças fossem tão somente de

---

2. MACK L. Burton. *O livro de Q*, p. 11.

"ensinamentos", como qualquer manual de orientação nos dias de hoje; foram, no entanto, atribuídas a um ser divino, cognominado pela teologia de "Filho de Deus". Houve uma 'divinização' das sentenças, como se fossem de origem divina, embora, humanas. Eram utilizadas pelo povo de Q, sem qualquer atribuição religiosa ou divina, mas como instruções para o cotidiano.

Curioso é que nenhum historiador jamais percebeu a existência de um *evangelho de sentenças*, pois, inicialmente, o foco principal de seus estudos era outro. A descoberta desse evangelho aconteceu, por acaso, quando, 'esquadrinhavam' os evangelhos, tendo como objetivo principal, descobrir qual dos canônicos teria sido escrito primeiro. Na ordem de disposição dos Evangelhos na Bíblia aparece primeiro o de Mateus, vindo em seguida, Marcos, Lucas e João. Talvez você mesmo, por isso, pense também que Mateus é o primeiro evangelho. No livro *Paulo e Estêvão*, de Emmanuel, filtrado pela mediunidade de Chico Xavier, dá entender que o primeiro evangelho seria o de Levi (Mateus), como aparece na Bíblia. Diz ele: "Tenho uma cópia integral das anotações de Levi, cobrador de impostos em Cafarnaum, que se fez Apóstolo do Messias – lembrança generosa de Simão Pedro à minha pobre amizade: presentemente não necessito mais desses pergaminhos, que considero sagrados. Para gravar na memória as lições do Mestre, procurei copiar todos os ensinos, fixando-os na retentiva, para sempre. Já possuo três exemplares completos do Evangelho, sem a cooperação de escriba algum. Desse modo, por considerar a dádiva de Pedro como santificada relíquia de nobre afeição, quero depô-la em tuas mãos. Levarás contigo as páginas escritas na igreja do "Caminho", como fiéis companheiras do teu novo trabalho".[3]

Informe-se, no entanto, que as pesquisas científicas atestam que Marcos foi o primeiro evangelho escrito, lá pela década de 70, de nossa era. Isto, hoje, já não é alvo mais de discussão. A questão já está *pacificada*. Kardec alerta que "o espiritismo tem que seguir a ciência, ou não subsistirá". No interregno dessa busca para ver quem teria

---

3. XAVIER, Francisco Cândido/Emmanuel. *Paulo e Estêvão*, lição: o tecelão.

sido o primeiro, eis que se descobre, por acaso, outro evangelho, dentro dos próprios textos de Mateus e Lucas, o hipotético *Evangelho Q,* donde os escritores desses dois evangelhos encontraram subsídios, ou, mais precisamente, fontes para suas anotações.

Ao se colocarem os evangelhos lado a lado, descobrem-se dois tipos de conteúdos; percebe-se que a linha *narrativa* de Mateus e Lucas coincide com os escritos de Marcos. Então, desvenda-se, definitivamente, que Marcos foi fonte do enredo de suas anotações, o primeiro livro dos canônicos a ser escrito. Outra descoberta é que tanto Mateus quanto Lucas contêm um vasto material de sentenças, idênticas em ambos, mas que não apareciam em Marcos. De onde vieram estas outras informações? Até então, não se sabia de onde eles teriam 'copiado' esses conteúdos, nem se sabia ainda da existência de outro evangelho escrito, antes dos canônicos, por não terem ainda nada confirmado, os escritores resolveram chamar este hipotético documento de **Q** – abreviatura de *Quelle*, que quer dizer "fonte", em alemão – que seria assim, a outra Fonte de onde os escritores de Mateus e Lucas buscaram 'subsídios' para escrever seus evangelhos.

Ora, reconhecendo a existência de uma hipotética "fonte", os escritores, avidamente, por sua busca, descobriram que este texto **Q** poderia ser estudado independentemente dos narrativos de Mateus e Lucas. E aí que 'surge' esse evangelho "perdido" há mais de 1.800 anos, e a que a tradição acadêmica continuou a chamar de **Q**, levando em conta que não existia nenhum autor específico, como aconteceu com os escritores canônicos que receberam os nomes, apenas 'atribuídos' a eles, pois hoje se sabe, pelas pesquisas acadêmicas de ponta, que nenhum deles foi efetivamente seus autores.

Detalhe importante e fundamental a ser dito é que esses membros de Q, **não foram cristãos**, no sentido empregado hoje. Eles não viam Jesus como um "Messias" nem como "Cristo". Eles utilizavam apenas seus ensinamentos, mesmo porque esse negócio "acusação ao judaísmo", "morte como evento divino, trágico ou redentor", sua "ressurreição dos mortos para governar um mundo à deriva", nada representavam para Q, que dava a estes textos outro sentido.

Eles utilizavam os ensinamentos para enfrentar a turbulência do dia a dia. Mas nada de 'cultos', 'louvores' em que Jesus é venerado como um deus, nada de ritual, hinos para venerar a memória dele, tal como se faz até hoje. É por isso que, com acréscimos constantes nos textos canônicos, o cristianismo se transformou numa estrutura mística, em que Jesus foi divinizado como "fazedor de milagres", um ser mitológico, transportado de civiliza-

> Eles utilizavam os ensinamentos para enfrentar a turbulência do dia a dia. Mas nada de 'cultos', 'louvores' em que Jesus é venerado como um deus, nada de ritual, hinos para venerar a memória dele, tal como se faz até hoje.

ções mais antigas, principalmente com a influência greco--romana-egípcia. Então, é preciso deixar claro, ratificando a informação, que o povo de Q **não era cristão.**

No conteúdo do evangelho de **Q**, percebe-se que os textos tinham objetivo de orientar seus membros a mostrar uma conduta mais condizente perante o mundo. Ensina-se conduta ética, para melhorar atitudes no relacionamento social. Insistimos, o objetivo não era *religioso*, mas sim de *melhoria* comportamental. Veja, neste sentido, livros espíritas, como *Agenda Cristã, Minutos de sabedoria, Peça e receba – o Universo conspira a seu favor, entre outros*. Essa descoberta abala a concepção de Jesus relatada pelos evangelhos *narrativos* – os canônicos. Esses evangelhos da Igreja foram 'construídos', paulatinamente, até o ponto de transformar Jesus em Deus, após 300 anos do início do cristianismo, no século IV, no Concílio de Niceia, convocado pelo Imperador Constantino, conforme informa Bart EHRMAN. Todas as ideias de Jesus, como Deus, criação de uma primeira igreja, milagres, ressurreição, nascer de mulher virgem, salvação dos males do mundo, missões para conversão de judeus e gentios, nada disso tinha qualquer sentido no evangelho de *sentenças*. Elas eram suficientes por si só!

Assim, pergunta Burton L. Mack – autor de *O livro de Q – e as origens cristãs*: "Mas se os primeiros seguidores de Jesus sabiam muito bem os objetivos de seu movimento, tal como **Q** o descreve, o que diremos da emergência do culto de Cristo, por fim de uma igreja e de uma religião cristã? *O livro de Q* nos força a repensar as origens do cristianismo como nenhum outro documento primitivo jamais o fez. O estudo de **Q** é um desafio ao retrato convencional sobre as origens cristãs". Além da revisão dos primórdios do cristianismo, a descoberta de **Q** obrigou os estudiosos a rever a construção dos 'mitos' em torno de Jesus. Óbvio que foi difícil para os estudiosos e religiosos aceitarem Jesus como um 'mito'. Uma ampliação cada vez maior de mitos através dos tempos, mesmo após a morte de Jesus. O ex-padre, Marcelo da Luz, em seu livro *Onde a religião termina*? p. 339, afirma que, "Elaine Pagel muito tem contribuído na divulgação do *desmantelamento* dos mitos cristãos, desvendando os meandros da política eclesiástica subjacente à fabricação dos dogmas na origem do cristianismo".

"A dura verdade é que a maior parte dos *aforismos* atribuídos a todos os mestres ou deuses em todas as religiões foram antes ensinamentos orais nos mitos antigos e nas diversas religiões de mistérios 'muito antes de terem sido registrados por escrito'". [4] Os especialistas em Novo Testamento sabem que não podem aceitar como histórico tudo que a ele foi atribuído, durante os três ou quatro primeiros séculos de nossa era. Crossan afirma a retirada de uma coletânea de sentenças de Jesus, no total de 503 itens, concluindo que menos de 10% são considerados candidatos à autenticidade. Não foi difícil para os especialistas desacreditar da autenticidade das palavras do Jesus do Evangelho de João; foram inventadas no decorrer das reflexões da comunidade. Há, também, uma consternação total quando se afirma que Jesus 'não disse' o que Marcos, Mateus e Lucas 'disseram que ele disse'.

Não pensem os leitores que o objetivo destes estudos, com a inserção de pesquisas de ponta, tenha por intuito 'denegrir', 'excluir' e, muito menos, suscitar a controvérsia sobre Jesus de Nazaré, embora seja inevitável. Nosso propósito é tão somente o de separar o *joio do trigo*, mostrando o que é 'histórico', e o que é apenas fruto da 'construção teológica' do personagem Jesus. Nessa linha

---

4. HARPUR, Tom. *Op. cit.*, p. 47.

de pensamento, destacamos, conforme Emmanuel, a fé que 'crê' da fé que 'sabe'. [5] A primeira apenas 'crê', sem qualquer confirmação pessoal do fato em si, e a segunda requer que seja fundamentada na experiência. Por consequência, esse trabalho não pretende ser um ataque à religião cristã – nem a nenhuma outra religião, nesse sentido. Longe disso! Trata-se de uma busca séria e honesta da verdade espiritual. Só nos libertamos quando conhecemos a Verdade (*Conhecereis a verdade e a verdade vos libertará*). Certa autoridade religiosa disse-nos uma vez, ingenuamente: "**querem tirar Jesus do espiritismo**". Pura falta de conhecimento! O que queremos, sim, 'excluir' são interpretações literais que mostram um Jesus irreal, um super-homem, "com um mundo de acontecimentos anormais sem a menor relação com a vida autêntica das pessoas de hoje em dia. Os Evangelhos sempre se constituíram em fonte de sabedoria, se soubermos extrair o sentido moral, mesmo que as lições que foram escritas sejam constituídas de mitos".[6]

Aliás, Kardec, na introdução de *O Evangelho segundo o Espiritismo*, sabiamente, percebendo as profundas diferenças entre o que é 'mito' e o que 'essência' – o que Jesus disse? E o que Jesus não disse? – ensina: "Diante das cinco partes dos assuntos contidos nos Evangelhos (*as ações comuns da vida do Cristo, os milagres, as predições, as palavras que serviram para estabelecer os dogmas da Igreja* e *o ensinamento moral*) sugeriu que ficássemos somente com a parte moral!" Pouco importa a autoria dos aforismos contidos nos evangelhos, o que vale é a força de expressão. Ao conhecer a verdade, o que queremos é 'abrir os olhos' para que se enxergue. Muitas 'enxertias', supressões dogmáticas inseridas pelos teólogos não são histórias, mas alegorias/metáforas. Porém, se adentrarmos na essência sem nos prendermos à literalidade, quanta coisa modifica em nossa vida! É o que Paulo expressa: *a letra mata, mas o espírito é que vivifica!*

Muitos espíritos reencarnam com 'créditos', adquiridos por si mesmos, para impulsionar o progresso da Humanidade. Temos diversos

---

5. XAVIER, Francisco Cândido/Emmanuel. *O Consolador*, item 354.
6. HARPUR, Tom. *O Cristo dos pagãos*, p. 146.

exemplos deles na História. São grandes benfeitores que lideram mudanças significativas, rompem com ideias cristalizadas, paradigmas obsoletos e transformam a sociedade. São espíritos que, certamente, detentores de experiência em existências anteriores, em seus respectivos campos de atuação e em todos os tempos e lugares, hoje em nova existência, trazem na alma o ímpeto de libertar as consciências.

Todos os escritos cristãos primitivos podem ser vistos como compêndios da história social de um grupo. Cada texto, então, pode ser estudado como expressão do pensamento e do discurso particulares de um determinado grupo existente naquele tempo. Se **Q** força os estudiosos da Bíblia e os historiadores da religião a rever sua compreensão da história primitiva do cristianismo, o público leitor gostará de se informar a respeito. Isso, em consequência, vai fazer a diferença no modo com que os cristãos passarão a ler os evangelhos narrativos, não como muitos relatos verídicos, e sim, como resultado da construção no cristianismo primitivo.

O livro de Q impõe essa discussão, porque documenta uma história primitiva que não está de acordo com a versão dos evangelhos narrativos. O escritor de *O Evangelho Q*, Mack L. Burton, (pp. 17-18) descreve: "Fiquei muito apreensivo sobre como seriam recebidas as informações deste livro, pois, trata-se de uma mudança radical no que se constituiu a vida toda, como verdade absoluta, com proibição de se contestar, pois a Bíblia é considerada como 'palavras de Deus' e toda interpretação diferente, mesmo que seja calcada na ciência, traz desconforto ao próprio grupo de fé religiosa. Mas, por outro lado, mesmo com as críticas das mais díspares me identifico com o compromisso de estabelecer a verdade".

José Lázaro **BOBERG**
Rua Dois de abril, 488
Jacarezinho-PR
WhatsApp – (043) 99912-4442
e-mail – jlboberg@uol.com.br
Facebook/joselazaroboberg.boberg.5

PREFÁCIO

Acostumado com os escritos de Boberg, a capacidade e a coragem deste autor não deveriam mais me surpreender em novas obras. Ledo engano!

Depois de ir fundo em temas nos quais raramente pesquisadores ousam entrar, afinal está se escrevendo sobre os evangelhos, e ele já nos brindou com o *Evangelho de Tomé, o elo perdido, O Evangelho de Judas, O Evangelho de Maria Madalena*, Boberg agora invade o mundo das letras com **O Evangelho Q,** um tema árido, tenebroso para aqueles que raramente se atrevem a novas formas de pensar e têm medo de quebrar os arcaicos vínculos seculares da crença no homem de Nazaré. Mas não para o autor e, em assim fazendo, ele assume uma postura que caminha a par e passo com as pesquisas internacionais mais modernas sobre o assunto.

Desta vez, Boberg, para eu usar um superlativo bíblico, busca a essência das essências, pois **Q** é um texto capital sobre a vida de Jesus, chamado de primeira geração, como bem explica o autor dentro do livro. Depois de **Q,** vieram os canônicos e a segunda geração então se fez.

O tema é inédito em Língua Portuguesa, e no corpo do texto Boberg demonstra que os evangelhos são obras de homens e não inspiração divina, dando a este livro um valor ainda maior.

Não afasto a probabilidade daqueles homens – os evangelistas – talvez terem sido os que, no cristianismo primitivo, pela emoção e o encantamento com a figura de Jesus, mais tenham se aproximado do "Jesus da fé". Mas veja, o caminho é o inverso. Não foi a divindade que veio até eles para os "inspirar" (como querem alguns), mas sim eles, com sua *humanidade* foram os que mais se aproximaram do divino. É o ser humano, compreendendo, assimilando e descobrindo dentro de si o *Christós* interior e as verdades sobre a fé. E isto é o que engrandece todos os seres que puderam e podem senti-lo e assim marcharem em direção à semente divina, aliás, como deve ser, porque a aquisição da consciência interior não é um troféu que recebemos de Deus, mas um ato de *vontade humana* que requer o suor da busca pela própria fé, já que ela não é uma *benesse*, mas uma conquista de cada um.

Muitos teólogos cristãos defenderam, e defendem a tese de que a fé seria um dom divino e que Deus a daria a quem Ele bem o desejasse. Mas, digam-me, com isso, o esforço humano não contaria. Desta forma, bastaria "sentar e esperar pela fé" e se ela não viesse, a culpa não seria de quem não a possuísse, mas sim de Deus que não lhe teria dado a bênção de crer n'Ele. Não, não acredito que esta seja a verdade!

Da mesma forma ocorre com os evangelhos: desde o seu princípio, eles foram conquistas dos homens e não "sopros divinos". Esta é a dimensão humana que Boberg vem nos aclarar nesta obra. Na verdade, a Igreja sabiamente e "sabidamente", ao se referir aos evangelhos é cuidadosa em dizer "Evangelho, *segundo* Marcos", ou "*segundo* Mateus", ou Lucas, ou João. Por quê? Porque estes homens não foram os escritores dos textos, todos compilados a partir da década de 70 depois de Jesus, tento sido o primeiro deles o de Marcos, do qual se valeram Mateus e Lucas.

Então, se não houve a escritura Marcos, ou Mateus, ou Lucas, ou João, se não houve a "inspiração divina de um", e já que muitas foram as mãos a compor o texto, onde está a identidade entre eles para chamar os três primeiros de sinóticos? E a resposta é uma só, na **Fonte Q**, uma contribuição *humana* e não divina para os evangelhos.

É justamente isso que Boberg consegue demonstrar.

Q não é um livro, ou um manuscrito encontrado em outra caverna. É um texto, inserido dentro dos evangelhos de Mateus e Lucas, perfeitamente possível de ser percebido através de uma leitura atenta de ambos os textos. É como se fosse uma escritura dentro de outra.

Pesquisadores internacionais de escol que fizeram esta leitura encontram Q. Outros pesquisadores importantes duvidam dele. Eles têm o direito. Mas alegar como argumento que, se este era um texto tão importante, onde está ele, por que nunca foi encontrado? Ora, ele *foi* encontrado *dentro* dos evangelhos, e se nenhuma cópia nos foi deixada é porque justamente as sentenças de Q, como são chamadas, estão dentro dos textos sinóticos, e desnecessário seria, portanto, guardá-las em separado – e por que não dizer, muito convenientemente.

Uma conveniência da qual a Igreja sempre se serviu para reescrever os livros ditos sagrados, conforme seu interesse ao longo do tempo. Um procedimento que até mesmo os pesquisadores católicos admitem hoje.

Q é uma relação de sentenças, *aforismos*, atribuídas a Jesus, e que retratam os seus ensinamentos, escritos num *momento próximo em que eles foram transmitidos*, e não dezenas de anos depois. Tamanha é a identidade entre as sentenças encontradas em Mateus e Lucas que fica impossível se afirmar que cada um tenha pensado, por si só, a mesma temática; e mais, tenham usado ambos as mesmas palavras, e tecido praticamente as mesmas costuras sintáticas na formulação das frases. E se não houve cópia de um por outro, e já que não eram inspirados, houve uma fonte de onde os *aforismos* foram extraídos e colocados *ipsis litteris* em ambos os textos evangélicos, como está exaustivamente exemplificado nesta obra.

Os estudiosos nomearam essa fonte de **Fonte Q**, uma abreviação para a palavra alemã "Fonte" (Quelle). Nenhum autor da antiguidade, infelizmente jamais se referiu a esta fonte, e como afirmado antes, nem sequer qualquer fragmento dela foi encontrado em escavações arqueológicas ou livrarias antigas – e considero que nunca será encontrada. A perda do evangelho **Q** não impede, entretanto, que se veja aquilo que os estudiosos modernos podem explicar, e de fato o fazem, como sendo Mateus e Lucas evangelhos geneticamente elaborados, através de origens diferentes, mas usando de uma mesma fonte, não importando quão longe os escribas estivessem, já que o cristianismo primitivo era formado por um aglomerado de comunidades, cada qual com suas histórias fantasiosas e relatos próprios sobre Jesus.

Em particular, nesta obra de Boberg, a despeito da vasta pesquisa e todo o percurso sobre o tema, valem três momentos expressivos demais para deixar de serem lembrados neste prefácio.

O primeiro é o atestado, o verdadeiro DNA deste texto: a abertura do livro em "O que eles disseram", porque logo de início desfilam citações basilares que comprovam a veracidade sobre aquilo que Boberg vai discorrer. E quem são os citados? Kardec, Santo Agostinho, Eusébio de Cesareia, Bart D. Ehrman, e outros pesquisadores de ponta, chegando até a *Friedrich Nietzsche. Religiosos católicos, evangélicos, pesquisadores religiosos, estudiosos, ateus, filósofos.*

O que seria mais necessário para que houvesse a isenção total da pesquisa? Em um *e-mail* a mim encaminhado, Boberg assevera: "... inseri opinião de padres, pastores e espíritas, trata-se de pesquisa *sem cor religiosa*. É a busca de verdade, tão somente". Este critério do autor dá total confiabilidade ao texto.

Segundo, o capítulo "Jesus: um camponês judeu itinerante". Desde pequenos somos incentivados a buscar o *Jesus da fé*, nunca o *Jesus histórico*. Com isso nos esquecemos que Jesus foi humano – embora haja quem defenda a teoria de que ele foi apenas um espírito entre nós.

Contudo, esta dimensão da humanidade de Jesus é o que mais nos fascina. De fato, como mostra Boberg, ele foi um camponês, um carpinteiro, um terapeuta, um libertador e um profeta pregador da Boa-Nova. Estas facetas do homem Jesus é um dos momentos mais interessantes do livro.

E finalmente, o terceiro momento, os "Comentários ao *Evangelho Q*". Com certeza o ápice desta obra, onde o autor derrama todo o seu saber religioso e elucida as sentenças de **Q**. A cada comentário uma surpresa com a erudição de Boberg que nos enriquece e torna este livro um marco imprescindível para todos aqueles que querem saber mais sobre Jesus.

Enfim, ficaria discorrendo aqui por páginas e páginas, mas deixo aos leitores o prazer da descoberta, tal qual eu, prazerosamente, fui descobrindo este texto ímpar e fundamental.

Em outra oportunidade, ainda me referindo ao autor, fiz alusão aos luzeiros que a história nos oferece como caminhos para o futuro. Este novo livro de Boberg fará história e por isso seu autor continua iluminando caminhos e, graças à sua luz, podemos pisar com certeza neste chão ora firme, ora movediço que é a busca da verdadeira vida de Jesus.

Assim, iluminados, e tendo confiança no passo a passo desta estrada é que convido os leitores a caminhar juntos com José Lázaro Boberg, em *O Evangelho Q*, esta nova vereda que descortina o Jesus histórico de quem tanto queremos saber mais e mais.

Prof. Sérgio Motti Trombelli
Professor universitário, com especialização em comunicação em nível de pós-graduação, publicou quatro livros de marketing, nesta área ministra palestras em várias cidades do Estado. Vencedor do prêmio Jaber Juabre, o maior prêmio do sistema Unimed de São Paulo, por duas vezes. Publicou um romance espiritualista: *A flor*, esgotado, e tem um livro inédito: *As pessoas espirituais de Fernando Pessoa*. É palestrante na Casa da Esperança de Guarujá-SP, e também Baixada Santista.

A descoberta do evangelho perdido

1. A BUSCA DOS FRAGMENTOS

Khristós é o nome atribuído à presença
encarnada do Deus interior

Todas as descobertas de documentos bíblicos sempre causaram enorme expectativa na população, principalmente nos meios religiosos e, em especial, à cúpula do Vaticano. O que se tem como verdade absoluta, estabelecida pela Igreja, no que se refere aos evangelhos canônicos (Marcos, Mateus, Lucas e João), é questionada, desde há muito, quanto à sua autenticidade. Não se sabe, na verdade, o que Jesus "disse", e o que "não disse"[1]. Quero acrescentar que determinar quem escreveu os Evangelhos (quando, como e por que) é extraordinariamente complexo. Pode-se afirmar, com suporte nos pesquisadores reconhecidos internacionalmente, que os documentos foram apenas 'atribuídos' aos autores evangélicos, isto é, tem-se como certo que não foram escritos por nenhum deles. Ademais, só o fizeram com base na informação oral, pois não presenciaram os episódios da vida de Jesus, por conta de não terem

1. Sobre este título *O que Jesus disse? O que Jesus não disse?*, sugiro a leitura do excelente livro de Bart EHRMAN, a maior autoridade da Bíblia do mundo.

convivido com ele – os livros foram escritos muitos anos após a morte dele e não pelos evangelistas conhecidos e, em grego, não o aramaico, que era a língua que Jesus falava. O Evangelho de Marcos, o primeiro, na ordem de aparecimento, só veio à tona no final do século I, na década de 70. Os de Mateus e Lucas nos anos 80 e 90. E o de João em torno de 90 a 110.

Há coincidências interessantes entre o Jesus mítico que os cristãos apresentam e os deuses e personagens míticos anteriores, como o deus Hórus, do Egito; o deus Mitra, da Pérsia; e o deus Krishna, da Índia. Nas palavras de Juan Arias, no livro *Jesus esse desconhecido*,[2] "Todos nascem de uma virgem. Hórus e Mitra também nascem em 25 de dezembro. Todos fizeram milagres, todos tiveram 12 discípulos que corresponderiam aos 12 signos do zodíaco, todos ressuscitaram e subiram aos céus depois de morrer. Hórus e Mitra foram chamados de Messias, Redentores e Filhos de Deus. Krishna foi considerado a Segunda Pessoa da Santíssima Trindade e foi perseguido por um tirano que matou milhares de crianças inocentes. Além disso, Krishna também se transfigurou, como Jesus, diante de seus três discípulos preferidos, foi crucificado e subiu aos céus. Exatamente como o profeta de Nazaré. Os mitólogos se perguntam: Precisamos de mais coincidência"?

Então, sempre que se ouve dizer da descoberta de um novo texto bíblico há um grande entusiasmo, provocando todo um *frisson*, no meio cristão. O que de fato aconteceu na época de Jesus? As descobertas são excitantes para os especialistas em religião, aos seguidores cristãos, havendo uma expectativa de que algo novo virá, desvendando os velhos segredos. A religião é tida como imutável pelo crente, pois entendem piamente como "palavra de Deus" e qualquer alteração mexe com a estrutura dogmática da organização. Então, a curiosidade aumenta quando se ouve dizer que foi descoberto numa caverna, numa ruína, numa gruta ou numa biblioteca de um velho mosteiro, um documento bíblico. É o caso de *Os Evangelhos gnósticos*, incluindo

---

2. ARIAS, Juan. *Jesus esse desconhecido*, pp. 111-112.

aí, Tomé, Judas e Maria Madalena, dados à divulgação pública, muito recentemente.

Neste sentido, conforme o pesquisador MACK, muitos 'achados' nada mais eram do que documentos antigos, já conhecidos, sem mutilação, como os escritos encontrados no mosteiro de Santa Catarina, na década de 1850, ou em *Qumram*. Outros documentos eram apenas conhecidos pelo título, como *Os Evangelhos gnósticos*, desaparecidos, esquecidos ou queimados, por ordem da Igreja, por ocasião da oficialização dos Evangelhos canônicos (os únicos considerados verdadeiros). Podemos citar, nesta linha, a *Epístola de Barnabé*, encontrada no Mosteiro Ortodoxo de Santa Catarina, no sopé do Monte Sinai (Egito), em 1859, e a *Didaquê* ou *Ensinamento* dos doze apóstolos, achada na Biblioteca patriarcal de Constantinopla, em 1875. Outras descobertas que têm trazido informações desconhecidas para a maioria dos cristãos: a famosa biblioteca gnóstica de Nag Hammadi, nos anos 40, encontrada numa caverna. Ainda podemos citar *O Evangelho de Maria Madalena* e *O Evangelho de Judas*, que também eram gnósticos.

"No caso da descoberta de **Q**, ainda complementando o pensamento do citado autor, no entanto, não houve anúncio formal, comoção pública, nem a sensação de que algo secreto estava por ser revelado. Isto porque **Q** não foi encontrado em 'esconderijo' algum. Não apareceu de uma hora para outra um manuscrito de **Q**, intitulado, *"As sentenças de Jesus"*. Em vez disso, os fragmentos desse antigo documento foram encontrados, por acadêmicos, dispersos pelos evangelhos do *Novo Testamento*, que são textos mais do que conhecidos. Foi por acaso, na investigação das tradições assentadas nesses evangelhos, que pouco a pouco o livro **Q** veio à tona. Sua presença nos alicerces da tradição de Jesus gradualmente se impôs ante os estudiosos, que mal percebiam a grave importância de sua descoberta, uma vez que se tratava de material já tão bem conhecido".[3]

Com o desenvolvimento do estudo comparativo dos evangelhos, na busca do Jesus histórico, perceberam os estudiosos que

---

3. MACK, Burton L. *O livro de Q*, p. 21.

os escritores dos Evangelhos 'atribuídos' a Mateus e Lucas, utilizaram, além do Evangelho de Marcos, ainda de outra Fonte, que foi denominada de **Q** (*Quelle* do alemão, que quer dizer "Fonte"). Surgiram, então, métodos para reconstruir **Q**. Este documento certamente teria existido de forma escrita, nos tempos anteriores dos evangelhos canônicos. Da oralidade, que era a transmissão comum da época, pois só 10% da população era alfabetizada – os pesquisadores afirmam que existia um material escrito, que foi denomina *Fonte* **Q**.

Era um evangelho de *sentenças*,[4] diferente dos canônicos, que surgiram posteriormente, que se caracterizam pela forma de redação, como *narrativos*. E, para materializar essa ideia da existência de Q, veio à tona outro evangelho do mesmo tipo, com a descoberta do *Evangelho de Tomé*, ocorrido em 1945, em Nag Hammadi, no Egito. Era também um evangelho de *sentenças*, do mesmo tipo de Q. Eram eles (O de Q e o de Tomé) contemporâneos e escritos do mesmo tipo: só de *sentenças*. Para melhor elucidar, vejamos – a título de exemplo – algumas *sentenças* (ao todo são 114, *logions* ou *sentenças*), atribuídas a Jesus, no Evangelho de Tomé[5]:

- *Se um cego conduz outro cego, caem ambos no poço (n.º 34).*
- *Nenhum profeta é aceito em sua cidade. Um médico não cura aqueles que o conhecem (n.º 31).*
- *Aquele que descobrir a interpretação destas palavras não experimentará a morte (n.º 1).*
- *O cisco no olho do seu irmão você vê, mas a trave no seu olho você não vê. Quando retirar a trave dos seus olhos, então você verá como retirar o cisco do olho de seu irmão. (n.º 26).*

---

4. A **sentença**, também denominada "**frase**", *é um enunciado de sentido completo, a unidade mínima de comunicação.* (Cunha e Cintra, 2008, p. 133). Sob esse prisma, pode ser composta de apenas uma palavra ou de muitas palavras.
   As sentenças podem ser expostas em forma de aforismos. Então quando dizemos que o *Evangelho de Q* era composto de aforismos utilizados por vários povos, antes do surgimento do cristianismo, podemos entender como *evangelho de sentenças*, diferente do quarteto canônico escrito que era narrativo.

5. Ler meu livro *O Evangelho de Tomé – o elo perdido*, onde comentamos essas sentenças, chamadas de logions.

Os evangelhos *narrativos*, com base nestas *sentenças*, traziam comentários, acrescentavam parábolas, mitos, milagres e 'atribuíam' a Jesus. É óbvio que estes eram mais atrativos, pois, didaticamente, comentavam as sentenças, facilitando a maioria da população que aprendia na base da oralidade, pois, segundo informações de pesquisadores, era composta de analfabetos. Informe-se, todavia, que ao pesquisarmos Q e os Evangelhos atribuídos a Mateus e Lucas, encontramos capítulos sem qualquer narração, com apenas a junção de vários aforismos.

> Se contarmos trinta anos por geração, podemos classificar os evangelhos "por geração", de cada 30 anos. É o tempo de vida daquela época (Jesus viveu, segundo os textos canônicos, trinta e três anos). Esses dois evangelhos, o de Q e o Tomé (também de sentenças), são considerados "Evangelhos de primeira geração".

Se contarmos trinta anos por geração, podemos classificar os evangelhos "por geração", de cada 30 anos. É o tempo de vida daquela época (Jesus viveu, segundo os textos canônicos, trinta e três anos). Esses dois evangelhos, o de Q e o Tomé (também de sentenças), são considerados "Evangelhos de primeira geração".

Explicando melhor, se contarmos trinta anos por geração, então podemos chamar o período entre 30 a 60 d.C. de "Período de primeira geração cristã". As pesquisas mostram que essa geração já tinha seus evangelhos, suas "boas-novas", que circulavam entre os núcleos muito pequenos, que passaram despercebidos, tanto pelas autoridades, como pelos historiadores oficiais do Império Romano, como Flávio Josefo. Informe-se que as *Cartas de Paulo* estão inclusas nessa primeira geração (em torno do ano 50). Com estas conclusões, diz Eduardo HOORNAERT,[6] "os estudiosos querem dizer que o evangelho Q seja fonte de informação para os evangelhos de Mateus e Lucas. Trata-se de um texto composto na década de 50, provavelmente em Tiberíades da Galileia, e que ficou posteriormente perdido, e só recomposto recentemente por especialistas (acadêmicos). A extração desse primitivo evangelho dos textos conhecidos

---

6. HOORNAERT, Eduardo. *As Origens do cristianismo*, p. 67/68.

de Lucas e Mateus é, sem dúvida, uma das maiores façanhas da exegese do século XX".

Informa ainda, na sequência, HOORNAERT, que esse evangelho **Q** é uma coletânea de breves textos lapidares, que servia de ajuda para a memorização de pessoas iletradas ou pouco letradas. Sabemos por meio de outros achados (sobretudo no campo da papirologia) que os primeiros cristãos costumavam carregar consigo, na algibeira ou em torno do pescoço, breves textos, para se lembrarem melhor dos 'ditos' (*sentenças*) de Jesus, ou apenas 'atribuídas' a ele. Hoje, após várias pesquisas, conforme veremos em textos mais adiante, estou convicto de que "colocaram em sua boca". Os textos reunidos no evangelho Q figuram, pois, na fronteira entre a cultura oral e escrita. Só na segunda geração é que se elaboraram textos mais seguidos, mais bem feitos e arrumados, mas, do outro lado, também redigidos sob maior controle por parte das autoridades. Entenda-se que a partir daí que começam os evangelhos *narrativos*, com os canônicos. Muitos capítulos encontrados em Mateus e Lucas, no entanto, continuam sendo apenas um conjunto de aforismo, sem qualquer narração.[7]

Assim, as pesquisas atuais sobre *as origens do cristianismo*, mostram-nos que, além dos quatro evangelhos canônicos – Marcos, Mateus, Lucas e João –, chamados de "Segunda geração", escritos no período de 60 a 90 d. C, já circulavam outros, o de *Tomé*[8] e o *Q*, os de primeira geração (30 a 60 anos). Dos evangelhos banidos, consideramos estes dois os mais próximos dos verdadeiros ensinamentos de Jesus e da igreja primitiva. Aqui, antes de tudo, vale um alerta dos mais importantes: Enquanto os primeiros evangelhos – os de primeira geração – insistem na *responsabilidade pessoal* –, os de segunda geração – vão *transferindo* o processo da formação cristã para a devoção dedicada à figura de Jesus. Aqueles inculcam a *independência (Vós sois deuses)*, e estes, a *dependência* do ser a um homem de carne e osso na figura do Nazareno.

---

7. Ver o caso do Quadro 33, entre outros, da Terceira Parte: *Comentários sobre o Evangelho Q*.
8. Ler meu livro *O Evangelho de Tomé, o elo perdido*, que trata exclusivamente desse livro gnóstico.

O que estava simbolizado, alegorizado, figurado, vestido em todos os tipos de mitos e histórias sagradas, como aquela de *Jonas na barriga de um grande peixe*, ou *Daniel, na cova do leão*, era na verdade a presença de Deus – o *Khristós* – em cada vida humana. Da metade do século II d.C., porém, a história de Jesus foi convertida em uma "história" literal da divindade de uma "única pessoa". Só por intermédio dele, e da suposta "entrega perfeita" de si mesmo em sacrifício do Pai, a Humanidade poderia alcançar a perfeição. Os cristãos gnósticos, que adotavam a "independência" do ser, foram perseguidos, destruídos porque contrariavam a Igreja. Eles foram os perdedores, nesta história, os vitoriosos, neste caso a Igreja, escreveram a história à sua maneira. Eles foram denominados de 'heréticos', quando, na realidade, a Igreja é que se tornou herética. Tirou o *Khristós* de cada um e o transferiu para uma única pessoa, Jesus.[9]

Dessa forma, é preciso enfatizar que, neste afã, vai surgir a figura do Cristo, como Jesus. O mito central do *Khristós*, que nas suas inúmeras formas está no cerne de todas as religiões antigas. *Khristós* é o nome atribuído à presença encarnada do Deus interior. O *Khristós*, embora conhecido por muitos nomes, está presente em toda a Humanidade; é uma propriedade espiritual de todos, mas nem todos os cristãos e não cristãos a reconhecem ou compreendem na própria vida. Para liberar o potencial poder do *Khristós* interior, cada um deve se aperceber da sua própria natureza espiritual interior. Doutrinas, credos, dogmas, ritos e rituais tendem a substituir essa consciência de uma essência espiritual inata, embora ainda possam ser usados para ajudar-nos a celebrar a presença do Cristo interior.[10]

Enquanto os primeiros evangelhos – os de primeira geração – insistem na responsabilidade pessoal –, os de segunda geração – vão transferindo o processo da formação cristã para a devoção dedicada à figura de Jesus. Aqueles inculcam a independência (Vós sois deuses), e estes, a dependência do ser a um homem de carne e osso na figura do Nazareno.

---

9. HARPUR, Tom. *O Cristo dos pagãos*, p. 30.
10. *Idem, ibidem*, pp. 34-35.

O que aconteceu é que o *Khristós*, que é, como afirmamos, a presença encarnada de Deus em nós – como ensinam os "evangelhos de primeira geração", preconizando o desenvolvimento pessoal – os de "segunda geração" vão *transferindo*, paulatinamente, esse potencial inerente a todos os seres, para a figura de Jesus, que passa a ser o único protagonista, como símbolo do *Khristós*.

> Em outros termos, ao invés de independência, para plenificar o nosso potencial divino – este é objetivo do livre-arbítrio – por força coatora da Igreja, entregamos o nosso *Khristós* apenas a Jesus, e tornamo-nos como pássaros presos na gaiola, isto é, *dependentes*.

A única e *decisiva* diferença entre os mitos antigos e a religião cristã é que a religião terminou por concentrar esse conceito universal em uma única pessoa histórica isolada. Em outros termos, ao invés de independência, para plenificar o nosso potencial divino – este é objetivo do livre-arbítrio – por força coatora da Igreja, entregamos o nosso *Khristós* apenas a Jesus, e tornamo-nos como pássaros presos na gaiola, isto é, *dependentes*.

Nesta linha de raciocínio o ex-padre, Marcelo da Luz, afirma: "Megalômanas sentenças evangélicas atribuídas ao Nazareno, convergentes na afirmação joanina: *Sem mim nada podeis fazer* (Jo. 15:5), expressão inculcadora de **dependência** nos discípulos".[11] Seguindo esta força insistente de *dependência*, ouve-se, hoje no meio cristão católico, com natural aceitação, a música de um padre católico: O que, que eu sou sem Jesus? Nada, nada, nada! Veja a que ponto se chega à **dependência**, através da lavagem cerebral imposta pelos líderes religiosos!

Entendemos, como Tom Harpur[12] que, "As religiões devem dar oportunidade às pessoas para dedicar a vida não a um Jesus pessoal, histórico (no caso da religião cristã), mas com o Cristo eterno (*O Khristós*), independentemente de como seja descrita essa presença divina". Entenda, pois, que não só Jesus tem o seu *Khristós*, mas todos nós, independentemente de sermos cristão, judeu, muçulma-

---

11. *Onde a religião termina?* p. 131.
12. *Idem, ibidem*, p. 30.

no, budista, ou mesmo ateu, pois somos detentores, igualmente, desse potencial.

Muito embora seja o menos histórico, mas bastante espiritual, é o que expressa com muita propriedade o escritor do Evangelho de João, (14:12) na linha dos Evangelhos de primeira geração (Evangelhos Q e o de Tomé), "atribuído" a Jesus: "Vós sois deuses, podeis fazer o que faço e muito mais". Com isso, incentivam-se os seus seguidores à busca incessante de experiências, ao invés de as *copiarem* dos outros, para que, por méritos próprios, desenvolvam valores que os coloquem em sintonia com o *Cristo Interno*. Quem colocar em prática os seus ensinamentos, buscando por si mesmo as verdades daquele que já desenvolvera a *chama divina do Cristo* (o *Khristós*), poderá alcançar-lhe o patamar evolutivo, tornando-se igual a ele. À primeira vista, isso pode parecer um absurdo. As igrejas denominadas cristãs o têm como o filho unigênito, que saiu puro do seio do Criador, e cujos valores manifestados não eram conquista pessoal, mas uma graça doada por Deus. Da mesma maneira, como o Cristo, já pensavam os vários deuses anteriores.

Na questão 625, de *O Livro dos Espíritos*, na versão de Herculano Pires ao responder à pergunta de Allan Kardec: "Qual o tipo mais perfeito que Deus ofereceu ao homem para lhe servir de guia e modelo?", os espíritos responderam, simplesmente: – "**Vede Jesus**". Será que Jesus, para chegar à posição de 'guia e modelo' para a Humanidade –

> Será que Jesus, para chegar à posição de 'guia e modelo' para a Humanidade – conforme afirmaram os espíritos, nesta questão – não enfrentou, em várias existências, as mais diversas situações e os mais variados obstáculos? Como pode alguém servir de 'modelo' se não desenvolveu a Luz por méritos próprios?

conforme afirmaram os espíritos, nesta questão – não enfrentou, em várias existências, as mais diversas situações e os mais variados obstáculos? Como pode alguém servir de 'modelo' se não desenvolveu a Luz por méritos próprios? A lógica nos leva ao entendimento de que todos os espíritos de escol que atingiram importantes conquistas espirituais e que servem como parâmetros à Humanidade aprenderam com as lições da vida. Nada foi doado, mas conquistado! E com Jesus não aconteceu diferente. Essa ideia messiânica foi uma invenção dos escritores das Escrituras.

Ratificando, o primeiro evangelho de "primeira geração" foi batizado de "Evangelho Q". Os pesquisadores descobriram que este evangelho, fora uma fonte de informação para os evangelhos de Mateus e Lucas (Não para Marcos nem para João). No entanto, só muito recentemente, ele foi "recomposto" por acadêmicos, especialistas na matéria. Trata-se de um evangelho que, diferente da maioria, não foi encontrado, como já reportamos, numa caverna, ou numa biblioteca, mas tendo sido encontrado nos Evangelhos já escritos, Mateus e Lucas. Os escritores desses evangelhos utilizaram, além de Marcos, o de Q para compô-los.

É óbvio que há contraditores quanto à existência deste *Evangelho Q*. A hipótese tradicional é que essa 'fonte' chamada "Q" era um Evangelho só de "provérbios", sem o relato da crucificação e da ressurreição, mais ou menos como o texto gnóstico de Tomé. Ao longo dos anos, essa hipótese (não se descobriu nenhum documento) gerou muitos livros e uma infinidade de teses de doutorado, e os historiadores ainda a consideram válida. O pesquisador e estudioso das fases iniciais do cristianismo, Michael Goulder, de Birmingham, Inglaterra, não acreditando na hipótese de Q, num artigo publicado por uma prestigiosa revista acadêmica, com o título "*Is Q a Juggernaut*", acredita que a explicação mais simples do material ausente em Marcos é que Lucas, ao escrever seu Evangelho, teria se baseado tanto em Mateus quanto em Marcos".[13] Mesmo que, assim fosse aceito, com descarte do *Evangelho Q*, podemos, ratificar o que temos defendido: *os Evangelhos não são "**palavras de Deus**", mas sim, **dos homens***.

Com referência a esta afirmação, interessante pesquisa realizada nos Estados Unidos demonstra, pela primeira vez na história, o número de americanos que acreditam que a Bíblia é apenas uma coleção de livros escritos por seres humanos comuns superou a dos que

---

13. HARPUR Tom. *Transformando água em vinho*, p. 27.

creem que ela é literalmente a palavra de Deus – embora a maior parte do público dos Estados Unidos continue acreditando em alguma ligação entre as Escrituras e a sabedoria divina. Os resultados vêm da edição 2017 de uma pesquisa de opinião realizada há mais de 40 anos pelo instituto Gallup. Desta vez, 26% dos entrevistados disseram que a Bíblia é só um conjunto de lendas, histórias e preceitos morais, enquanto 24% afirmaram que os textos do Antigo e Novo Testamento são a palavra de Deus e devem ser interpretados ao pé da letra.[14]

14. *Folha de São Paulo*, caderno *O Mundo*, de 21.05.2017.

2. A HISTÓRIA DE Q, COMO TEXTO INDEPENDENTE

Começa, no início do século XIX, com a busca do Jesus histórico. Essa é a preocupação dos dois últimos séculos, desvendando o Jesus, tal qual existiu, agiu e falou, separando-o do "Jesus mítico", mais conhecido como o "Cristo da fé", ou "Cristo teológico", uma pessoa totalmente divina, celeste (com duas naturezas: a divina e a humana). Depois de uma leitura mais atenta, os pesquisadores concluíram que os evangelhos canônicos contêm uma boa dose de *mitologia* e *milagres* demais. Excluímos, portanto, a história de os Evangelhos serem "palavra de Deus". **Eis aí a diferença**. *O Jesus histórico* é uma pessoa inteiramente humana e o objetivo era passar de largo dos *mitos* e *milagres* relatados nos evangelhos para recompor a história do homem Jesus, "como ele realmente foi".

> Muitos devotos literalistas creem que os Evangelhos são, literalmente, palavras de Jesus! Obviamente que não são. Foram construídos por homens! Atente que só em 325 d.C., no Concílio de Niceia, na Ásia Menor, a Bíblia cristã foi elaborada, por ordem do Imperador Constantino, que, aliás, era analfabeto, conforme informam os historiadores.

Explicando melhor, o "Jesus histórico" é visto como uma figura apenas humana, que nasceu de um parto normal, como qualquer um de nós, enquanto o "Cristo da fé" (o "Jesus mítico"), literal e exclusivamente interpretado, é visto como uma figura divina, celeste, Deus encarnado, nascido de um parto virginal e miraculoso (por obra e graça do Espírito Santo!), o único salvador da Humanidade, que veio à Terra para sofrer e morrer na cruz para pagar os nossos pecados, que ressuscitou ao terceiro dia, que subiu fisicamente ao céu, de onde retornará no fim do mundo para julgar a Humanidade, enviando os bons para o céu e os maus para o inferno eterno. Na verdade, parafraseando o escritor do Evangelho de João (6:60): "Muitos, pois, dos seus discípulos, ouvindo isto, disseram: Duro é este discurso; quem o pode ouvir?"

Muitos devotos literalistas creem que os Evangelhos são, literalmente, palavras de Jesus! Obviamente que não são. Foram construídos por homens! Atente que só em 325 d.C., no Concílio de Niceia, na Ásia Menor, a Bíblia cristã foi elaborada, por ordem do Imperador Constantino, que, aliás, era analfabeto, conforme informam os historiadores.

A grande maioria dos cristãos vê Jesus, 'literalmente', como um personagem *mítico*, *divino*, *celeste*, Deus encarnado, o único "Filho de Deus", o único "Salvador" da Humanidade; existem muitos outros cristãos que o veem como uma pessoa inteiramente humana, um sábio, um profeta, que nunca declarou ser "Deus", nem "Filho de Deus", nem o "Salvador" da Humanidade. Este é o chamado "Jesus histórico". É este que buscamos...

Os escritores do Evangelho de **Q** não estavam preocupados em remover o verniz miraculoso dos relatos evangélicos. A existência de **Q** só foi percebida quando se começou a busca desse "Jesus histórico"; neste afã, comparavam os quatro evangelhos para descobrir, qual teria sido o primeiro a ser escrito, sem a preocupação quanto à controvérsia dos milagres e mitos. Demorou-se, diante dessa controvérsia, o reconhecimento de um Evangelho **Q**. Assim, enquanto se acirrava a batalha dos milagres, com o surgir do iluminismo, o estudo de **Q** era adiado.

O Jesus histórico era, então, o foco de estudo, com vários pesquisadores e o Evangelho **Q** permanecia em *stand by*[1], em compasso de espera, hibernando. Estava aguardando que os acadêmicos o descobrissem nas páginas dos Evangelhos de Mateus e de Lucas. É importante acentuar que o estudo do Jesus real (histórico) continua até hoje. Muitos cristãos preferem tê-lo como um "ser divino", repleto de lendas e milagres, brigando contra aqueles que buscam o Jesus real, o histórico. Antes de ressuscitar **Q**, como texto independente, é preciso, mesmo *en passant*, arrolar as pesquisas realizadas sobre o Jesus histórico.

Agora, os estudos giram em torno da pesquisa sobre a aceitação ou não das duas fontes, Marcos e o Evangelho de **Q**. A exegese bíblica diante das inúmeras pesquisas científicas, e após muitas discussões, idas e vindas, permitiu que **Q** fosse entendido como um livro na verdadeira acepção do termo. É assim que inúmeros autores contribuíram para validar a hipótese da existência de um livro escrito, na "Primeira geração dos evangelhos" (Dos 30 aos 60 anos d.C.). Era a aceitação da existência de um texto escrito, que foi denominado de **Q**.

Entre esses autores, destacam-se figuras ilustres:

Adolf Von **Harnack**, historiador do cristianismo primitivo, publicou o livro *As sentenças de Jesus*. Seu objetivo era saber como soariam os ensinamentos de Jesus fora de um complexo de milagres e mitos. Entenda-se que 'milagres' e 'mitos' foram 'acréscimos' nas *sentenças* atribuídas a Jesus para ser aceito como Deus.

Burnett Hillman **Streeter** explica as 'coincidências' e 'divergências' entre Mateus e Lucas em pontos nos quais ambos, independentemente, usaram a mesma fonte. A partir de Streeter, os estudiosos se voltariam para a Fonte **Q** como o melhor e mais antigo testemunho do primeiro capítulo da história do cristianismo. Isto, no entanto, não foi aceito de imediato; demorou, em torno de 50 anos.

O texto de **Q** era um livro que continha, em grande parte, *sentenças* que foram 'copiadas' para a composição dos evangelhos de

---

1. É uma expressão da língua inglesa formada da palavra *stand*, que significa parada, pausa e descanso, mais a palavra *by*, que significa perto de, ao lado de, por meio de. Portanto, a expressão *"stand by"* significa estar presente, estar ao lado, estar de prontidão, estar em espera.

Mateus e Lucas, com uma extensão de pelo menos 225 capítulos. Tinha também outros ensinamentos populares baseados em aforismos[2]. Mas há inúmeras evidências indicando que aqueles aforismos, os fundamentos admitidos dos evangelhos, não foram pronunciados por Jesus nem inventados depois por seus seguidores. Muitos deles eram preexistentes, pré-históricos e, por conseguinte, certamente, pré-cristãos. Eram coleções de aforismos egípcios, hebraicos, gnósticos, e, por conseguinte, não podem ser interpretados por si mesmos como prova de que o Jesus dos Evangelhos tenha vivido como um homem ou mestre. Esses aforismos eram todos ensinamentos orais dos antigos egípcios, muitas eras antes de terem sido registrados por escrito. A maioria das informações contidas no Evangelho original de Mateus, em especial, contida com o motivo óbvio de "cumprir a profecia do Velho Testamento". Em outras palavras, Jesus é criado para cumprir o que já fora escrito em relação a um contexto diferente.

Os escritores de Mateus e Lucas utilizaram esse material de maneira independente, em épocas diferentes. Há material em descrição comum que consta em Mateus que foi citado em Lucas e vice-versa. Do material claramente em comum, cerca da metade, é praticamente idêntico num e noutro evangelho. Há ainda o material que consta em Mateus, mas que não consta em Lucas. A língua de composição desses canônicos foi o grego e não o aramaico, que era o que Jesus e seus discípulos falavam. Neste entendimento, esses evangelhos, mais o de Marcos, foram chamados de *sinóticos*, que podem ser abarcados num olhar só (*ópticos*) de conjunto (*sin*). São muitos semelhantes!

---

2. Aforismo é qualquer forma de expressão sucinta de um pensamento moral. Do grego "aphorismus", que significa "definição breve", "sentença". Alguns sinônimos de **aforismos** são: ditado, máxima, adágio, axioma, provérbio e sentença. Os provérbios são ditos populares (frases e expressões) que transmitem conhecimentos comuns sobre a vida. Muitos deles foram criados na antiguidade, porém estão relacionados a aspectos universais da vida, por isso são utilizados até os dias atuais. É muito comum ouvirmos provérbios em situações do cotidiano. Quem nunca ouviu, ao fazer algo rapidamente, que "a pressa é a inimiga da perfeição". Os provérbios fazem sucesso, pois possuem um sentido lógico. A maioria é de criação anônima. O provérbio é fácil de decorar e transmitir em função de seu formato simples, curto e direto. Falam sobre diversos assuntos e fazem parte da cultura popular da Humanidade. Encontramos provérbios para praticamente todas as situações de vida.

Outro detalhe que se constituiu em obstáculo no início é que não se tinha ainda produzido texto escrito sobre **Q**. Reafirmamos que o Evangelho de **Q**, não foi descoberto em nenhuma gruta, caverna ou alguma biblioteca, mas nasceu dos estudos dos pesquisadores garimpando os Evangelhos de Mateus e Lucas. Então, no início das pesquisas, quando se referia a **Q**, precisava de um esforço titânico, recorrendo a uma sinopse dos Evangelhos de Mateus e Lucas, em colunas paralelas. Foi muito difícil um estudo aprofundado sobre Q, enquanto não se produzisse um texto original, com sua própria integridade.

Embora reconhecida a existência de Q, nos estudos de **Streeter** – conforme já nos referimos – o texto não nasceu abruptamente. Havia uma questão a solucionar. A corrente protestante entendia, ainda na virada do século que o cristianismo era, no início, uma religião única, não contaminada. Essa corrente é contestada por Elaine Pagel, historiadora de renome mundial, afirmando que, "ao contrário do que se poderia pensar; o movimento cristão primitivo não constituiu um bloco monolítico de crenças e ritos administrados por uma única e incontestada instituição. Estima-se em uma centena de seitas dissidentes suscitadas no decorrer dos três primeiros séculos da era cristã".[3]

Também foi perturbadora a descoberta de que o cristianismo primitivo tinha franca proximidade com os cultos helênicos de mistérios – antiga Grécia – em particular naquilo que mais importa, a saber, nos *mitos dos deuses que morrem e ressuscitam aos céus* e em seus *rituais de batismo* e *refeições sagradas*. O problema da retomada da busca de Q, para encontrar a mensagem central do cristianismo primitivo, chamada de questão "hermenêutica" (intepretação) chamou a atenção dos especialistas antes e depois da Segunda Guerra Mundial. Bultmann, na interpretação de seu *Novo Testamento*[4] reconhece que os cristãos primitivos foram influenciados pelo mundo da antiguidade tardia, no qual viviam de

---

3. PAGEL, Elaine. *Os Evangelhos gnósticos*, p. 12.
4. BULTMANN, Rudolf. *Teologia do Novo Testamento*, 29.

desmitificação ou restauração do sentido da mensagem cristã primitiva em linguagem não mitológica.[5]

"Toda uma nova geração de exegetas do *Novo Testamento* voltou-se para os fragmentos de tradições pré-evangélicas, numa tentativa de situá-las no contexto dos primeiros estágios do cristianismo, se não no próprio tempo de Jesus. Parábolas, história de milagres, declarações e blocos menores de sentenças foram questionados para se verificar se poderiam ter sido imaginados como expressões ou ocorrências reais da vida real de Jesus".[5]

Burton L. Mack[6] informa que, depois de muitos estudos e pesquisas, *O livro de Q* passou a ser objeto de importância, principalmente após os estudos de escritos extracanônicos dos primórdios da história do cristianismo, com o *Evangelho de Tomé*, a *Didaqué*, o livro dos *Padres Apostólicos*, os escritos *gnósticos* coptas, os *Atos dos Apóstolos* apócrifos e *O Evangelho de Pedro*. O livro passa a ser considerado também como um documento independente, anterior à redação dos evangelhos narrativos. Começa, então, diante do reconhecimento da importância de Q, seu estudo de forma independente. Mas não se tinha ainda o texto escrito. Inicia-se, aí, a batalha para sua construção acadêmica. Do ano 70 para cá, a produção continua ser o foco dos acadêmicos. Vários estudiosos colocaram mãos à obra para a reconstrução da *Fonte Q*.

As paralelas de John **Kloppenborg**, publicadas em 1988, uma edição das *Paralelas de Q* são, atualmente, o texto de referência padrão sobre o estudo de **Q** nos Estados Unidos. "Um texto em colunas paralelas, contudo não é ainda um texto unificado. Para se chegar lá, todas as leituras variantes devem ser cuidadosamente examinadas, e as decisões quanto à formulação mais original devem ser tomadas de acordo com um complexo conjunto de critérios que inclui o do conhecimento detalhado dos vocabulários, estilos e preferências ideológicas de Mateus e Lucas". Essa tarefa está sendo realizada pelo *Internacional Q Project*, da Sociedade de Literatura

---

5. BULTMANN, Rudolf. *Teologia do Novo Testamento*, pp. 29-30.
6. *Idem, ibidem*, p. 3.

Bíblica, no Instituto de Antiguidade e cristianismo de Claremont. Quando estiver concluído, a publicação deste projeto será, então, a reconstrução acadêmica de Q, usada por Mateus e Lucas, quando eles escreveram os evangelhos.[7] Veja, a título de exemplo, um modelo de **colunas paralelas.**

O MERGULHO DE JESUS

Mat. 3:13-17	Marc. 1:9-11	Luc. 3:21-22
13. Depois veio Jesus da Galileia ao Jordão ter com João, para ser mergulhado por ele. 14. Mas João objetava-lhe: "Eu é que preciso ser mergulhado por ti e tu vens a mim"? 15. Respondeu-lhe Jesus: "Deixa por agora; porque assim nos convém cumprir toda justiça". Então ele anuiu. 16. E Jesus tendo mergulhado, saiu logo da água; e eis que se abriram os céus e viu o espírito de Deus descer como pomba sobre ele, 17. e uma voz dos céus disse: "Este é meu filho amado, com quem estou satisfeito".	9. Naqueles dias veio Jesus de Nazaré da Galileia, e foi mergulhado por João no Jordão. 10. Logo ao sair da água, viu os céus se abrirem e o espírito, como pomba, descer sobre ele. 11. E ouviu-se uma voz dos céus: "Tu és meu Filho amado, estou satisfeito contigo".	21. Quando todo o povo havia sido mergulhado, tendo sido Jesus também mergulhado, e estando a orar, o céu abriu-se. 22. E o espírito santo desceu como pomba sobre ele em forma corpórea, e veio uma voz do céu: "Tu és meu Filho amado, estou satisfeito contigo."

Santo Irineu, Patrologia Graeca, vol. 7, col. 783 e seguintes, diz que "no batismo" tinha Jesus 30 anos; no início de sua missão, 40 anos; e à sua morte, 50 anos; baseia-se em motivos místicos e em João 8:57. A expressão de Lucas "cerca de 30 anos" apenas serve para justificar que Jesus já tinha a idade legal (30 anos) para começar sua "vida pública". Os "Pais" da igreja buscam "razões" para o mergulho ou "batismo" de Jesus: para dar exemplo ao povo; por humildade; para autorizar o mergulho de João, aprovando-o: para provocar o testemunho do espírito, revelando-se ao Batista; para santificar as águas do Jordão com sua presença e com os fluidos que saíam de seu corpo; para confirmar a abolição do rito judaico do "batismo"; para aprovar o rito joanino, etc.

---

7. *Idem, ibidem*, p. 32.

3. QUATRO GRUPOS DE DIVERGENTES DE CRISTÃOS NO MODO DE INTERPRETAR A BÍBLIA

A partir do surgimento do protestantismo liberal, pelo menos três grupos dissidentes de cristãos, fundamentados, respectivamente, nas três modalidades de fé (*fé raciocinada, fé cega racionalizada* e *fé cega pura*) passaram a coexistir e a digladiar-se pelo monopólio da interpretação da Bíblia, particularmente dos evangelhos:

3.1. GRUPO DOS PROTESTANTES LIBERAIS

A crítica da corrente protestante à Igreja Católica era que o catolicismo é uma *deformação* pagã do verdadeiro cristianismo. Assim, a busca do "Jesus histórico" foi motivada para deixar de lado a história da Igreja Católica e voltar, como supunham aos fundamentos do cristianismo, como teriam sido os propósitos de Jesus, sem qualquer "arranjo" teológico. Com esse intuito, surge o pioneiro do Jesus histórico, o professor alemão Hermann Samuel **Reimarus** (1697-1768), membro do grupo dos protestantes liberais, que, há mais de 200 anos, se interessa cientificamente pelo estudo crítico da Bíblia, particularmente em busca do "Jesus histórico". Fundamenta-se na chamada "fé racionalista" (muito semelhante à "fé raciocinada", defendida por Kardec). Para esse grupo, os Evangelhos canônicos não estão interessados em narrar a história "verdadeira" de Jesus, mas em expor as "ideias" teológicas de seus autores. Voltamos a afirmar que quem são os autores verdadeiros dos Evangelhos ninguém sabe. Apenas usaram os nomes de Marcos, Mateus, Lucas e João, por serem pessoas conhecidas!

> Influenciados pelos pensadores iluministas – Augusto Comte, Charles Darwin, Marx, entre outros – os estudos racionalistas vêm causando, desde o final do século XVIII, uma verdadeira revolução na interpretação do cristianismo.

Outro defensor da ideia foi o genial protestante liberal (alemão) David Friedrich **Strauss** (1808-1874), autor do livro *Vida de Jesus*, o qual deu forte continuidade ao esforço de Reimarus, em busca do Jesus histórico. Ele e outros autores escreveram milhares de páginas explicando os "milagres", constantes nos evangelhos canônicos, como 'ilusões', 'lendas' e 'mitos'.[1] Outros estudiosos afirmam que pessoas simples teriam imaginado os milagres, por estarem encantadas por esse homem especial.

Influenciados pelos pensadores iluministas – Augusto Comte, Charles Darwin, Marx, entre outros – os estudos racionalistas vêm causando, desde o final do século XVIII, uma verdadeira revolução na interpretação do cristianismo.

> Era a época de mudanças no pensamento estagnado e servil do homem, algemado que estava pelas regras impositivas e coatoras da religião, com suas leis rígidas de conduta, sem direito a qualquer tergiversação. Era a voz dos contestadores, desbravando, com audácia e coragem, o *status quo* daquele momento histórico, despertando no homem, uma nova concepção de vida.[2]

---

1. A propósito, sugiro a leitura de meu livro: *Milagre – fato natural ou sobrenatural?*
2. BOBERG, José Lázaro Boberg. *Milagre – fato natural ou sobrenatural?* p. 47, *apud* PERRY, Marvin. *Civilização Ocidental – Uma história concisa.*

Nesse sentido, sem pertencer a esse grupo protestante, destaque-se o surgimento do espiritismo – *Filosofia calcada na ciência, com consequências morais* – com a codificação de Allan Kardec, na segunda metade do século XIX, mediante as seguintes obras: 1) *O Livro dos Espíritos* (1857); 2) *O Livro dos Médiuns* (1861); 3) *O Evangelho segundo o Espiritismo* (1864); 4) *O Céu e o Inferno* (1865) e 5) *A Gênese* (1868).

No dizer de J. Herculano Pires, [3] em sua obra *Revisão do cristianismo*, p. 9, "os estudos e as pesquisas de tipo universitário, independentes da Igreja, desde Renan a Guignebert, paralelamente com as pesquisas e estudos espíritas, promoveram em nosso tempo, a partir de meados do século XIX, a revisão universal do cristianismo. Renan e Kardec iniciaram essa revisão na mesma época, na segunda metade do século XIX, tendo Kardec uma precedência de dez anos e pouco sobre Renan no trato do assunto".

3.2. Neo-ortodoxia protestante

Em oposição ao grupo dos protestantes liberais, surgiu, a partir do final do século XIX, o grupo da chamada *neo-ortodoxia protestante* liderado por Karl **Barth** (1886-1968), teólogo protestante suíço e Rudolf **Bultmann** (1884-1976), teólogo protestante alemão.

Esse grupo, diferentemente do *grupo dos protestantes liberais*, tenta suprimir qualquer interesse real pelo **Jesus histórico**, justificando (mediante uma espécie de "fé cega racionalizada") que a busca do Jesus histórico não é condição para assegurar a fé dos cristãos, uma vez que não é o Jesus histórico o objeto

> "A verdade é que as religiões em toda a história são movimentos organizados para exercer o poder. Promovem a fé, mas não a espiritualidade. Através do culto exterior, das ordenações, exaltam a profusão da fé sem fundamento. Atendem aos desejos de uma grande parte que se sente mais ou menos desprotegida dos seus deuses. Os crentes querem receber benefícios e já não falam das bem-aventuranças depois da morte, mas o bem-estar, a pujança, a riqueza aqui e agora"

---

3. PIRES, J. Herculano. *Revisão do cristianismo*, p. 9.

de anúncio, mas o Cristo ressuscitado. Logo, basta o "testemunho de fé" da Igreja nascente no Cristo ressuscitado. Bultmann, o maior líder desse grupo, defendeu a tese de que os Evangelhos, se interpretados literalmente, nada mais são que uma "coleção de mitos". Por isso, alega, basta "confiar" (ter "fé", "confiança") no testemunho de fé da Igreja nascente no Cristo ressuscitado. "Inseparável da pregação do juízo de Deus é a da ressurreição dos mortos".[4]

Para nós, um retrocesso! Uma caminhada de volta à 'crença', desprezando os avanços propostos pelos iluministas de que "só o real é verdadeiro", como propunha Comte e, no qual Kardec se inspirou para defender a "fé raciocinada". Aliás, é lapidar a frase dele: "Fé inabalável é somente aquela que pode encarar a razão face a face, em todas as épocas da Humanidade". É sem sombra de dúvidas uma marcha a ré na busca do Jesus histórico. Aqui nos lembramos da genial interpretação de Emmanuel pela psicografia de Francisco Cândido Xavier, em *O consolador*, questões 354 e 355, entre a "fé que sabe" e a "fé que crê". A primeira é fruto da razão, enquanto a outra é fruto de aceitação, simplesmente. "Conseguir fé é alcançar a possibilidade de não mais dizer: "eu creio", mas sim: "eu sei", com todos os valores da razão tocados pela luz do sentimento".

Segundo esta linha de raciocínio, afirma Jaci Regis: "A verdade é que as religiões em toda a história são movimentos organizados para exercer o poder. *Promovem a fé, mas não a espiritualidade*. Através do culto exterior, das ordenações, exaltam a profusão da fé sem fundamento. Atendem aos desejos de uma grande parte que se sente mais ou menos desprotegida dos seus deuses. Os crentes querem receber benefícios e já não falam das bem-aventuranças depois da morte, mas o bem-estar, a pujança, a riqueza aqui e agora".[5]

Um outro famoso teólogo e filósofo desse mesmo grupo (da neo-ortodoxia protestante) foi o alemão Albert **Schweitzer** (1875-1965), o qual passou a insistir na ideia de que *os Evangelhos são documentos puramente teológicos e não históricos*. Portanto, eles não contêm infor-

---

4. *Idem, ibidem*, p.122.
5. REGIS, Jaci. *Novo pensar sobre Deus, Homem e Mundo*, p. 107.

mações confiáveis acerca do Jesus histórico. Em 1906, Schweitzer publicou o livro *A busca do Jesus histórico*, reagindo criticamente contra 251 autores que escreveram sobre o Jesus histórico, desde o tempo de **Reimarus** até o seu próprio tempo. Ele conclui que um estudo crítico do Jesus histórico "é impossível, simplesmente porque não possuímos fontes históricas, cientificamente inquestionáveis".[6]

Por quase cinco décadas (1920-1970), a grande maioria dos teólogos seguiu a tese de Albert **Schweitzer** (e dos demais teólogos da *neo-ortodoxia protestante*) contra a busca do "Jesus histórico". Permaneceu, então, na obscuridade o estudo do "Jesus real", preferindo o "Jesus teológico", o da fé, criado pela teologia. É neste sentido que os pesquisadores falam em "Jesus teológico", como aquele que foi 'criado' pela Teologia.

Os estudiosos deixaram por um bom tempo, conforme já nos referimos, em *stand by*, o estudo do Jesus histórico, pois, quebra-cabeça para os historiadores foi desvendar qual dos Evangelhos teria sido escrito primeiro. Depois de muitas pesquisas, divergências, idas e vindas, como já reportamos, chegaram à conclusão de que Marcos foi o primeiro. Mateus e Lucas escreveram de forma independente, com base na combinação de duas fontes escritas. Uma seria o próprio Evangelho de Marcos. Outra deveria ser um documento que contivesse as *sentenças* de Jesus. Surgia, então, a ideia de *O livro de Q*.

3.3. O Seminário de Jesus (SJ)

Apesar das duras críticas de Albert **Schweitzer** e dos demais teólogos da *neo-ortodoxia protestante* contra a busca do "Jesus histórico", existe hoje em todo o mundo um crescente esforço em sua busca, principalmente por parte dos pesquisadores do **Seminário de Jesus** (*The Jesus Seminar*). Mas o que é o **Seminário de Jesus**? O **Seminário de Jesus (SJ)** é uma instituição de pesquisadores, iniciada em 1985, nos Estados Unidos, fundada pelo americano Robert W. **FUNK** e pelo historiador e ex-padre católico irlandês John Do-

---

6. TILESSE, Caetano Minette. *Revista Bíblica Brasileira*, Fortaleza, ano 5, 1988, p. 19.

minic **CROSSAN**, que vêm dando plena continuidade à pesquisa em busca do "Jesus histórico".

Na busca do Jesus histórico (que existiu verdadeiramente como homem de carne e osso) esses pesquisadores chegaram a um "homem muito diferente" do personagem que é o ícone do cristianismo ortodoxo. Nas descobertas deles:

- Jesus tinha um pai humano, cujo nome pode não ter sido José;
- ele não nasceu em Belém, mas em Nazaré;
- era um sábio judeu itinerante que gostava da companhia de párias sociais; curava muitas doenças psicossomáticas;
- não caminhou sobre as águas, nem alimentou multidões com refeições miraculosas, nem converteu água em vinho;
- nem sequer ressuscitou morto. Os *cristãos gnósticos* chamavam a ressurreição de "fé dos tolos";
- do ponto de vista deles, não houve um sepulcro vazio;
- a crença na ressurreição baseou-se nas experiências visionárias de Pedro, Maria Madalena e Paulo.

Ressalve-se que mesmo Paulo, na verdade, não 'engoliu' essa da ressurreição do ponto de vista físico. Este escritor inicial do cristianismo silenciou-se sobre Jesus, em suas Cartas apostólicas. Ele não menciona nenhuma vez o homem Jesus, no sentido pleno. Ele não conhece nenhum Cristo, "segundo a carne". O Jesus ao qual Paulo se refere repetidamente é, na realidade, a entidade espiritual no centro de cada ser humano. Ele é o princípio espiritual de Cristo (o **Khristós** eterno), não o homem. Paulo não acreditava na ressurreição física de Jesus. Paulo conhecia apenas a ressurreição espiritual. *Planta-se corpo animal e colhe-se corpo espiritual* (1 Coríntios 15:44). "Paulo, de fato, quase não aborda os episódios da vida de Jesus e os ensinamentos do Nazareno, o que, para David Fitzgerald, seria indício de que o Cristo no qual ele acreditava era uma figura cósmica, de origem celestial, na qual o apóstolo teria passado a acreditar por meio de revelações místicas e da análise das Escrituras judaicas (o Antigo Testamento cristão). Não teria sido, portanto, um homem de carne e osso".[7] Ver mais no final o apêndice nº 1, sobre o *Seminário de Jesus*.

3.4. Cristãos fundamentalistas

Em forte reação aos três grupos anteriores (os protestantes liberais, os teólogos da neo-ortodoxia protestante e os pesquisadores do *Seminário de Jesus*), existe um quarto grupo, o dos chamados **cristãos fundamentalistas**, que dá plena continuidade, de maneira muito mais radical, à velha postura tradicional, anterior ao último quartel do século 18, de interpretar todos os textos bíblicos em "chave histórica", ou seja, de **interpretar a Bíblia de maneira literal e exclusivista, como "Palavra de Deus", inquestionável, isenta de qualquer erro ou mentira. Esse grupo, obviamente, guia-se por uma fé totalmente cega**. É o que vemos hoje, salvo várias exceções, a pregação que domina nas igrejas cristãs. Tudo que está na Bíblia é "palavra de Deus", inclusive as pontuações. Se pensar ao contrário, diz-se que o 'cara' está influenciado pelo demônio!

Nas palavras do renomado teólogo católico Leonardo Boff, "a tese dos fundamentalistas no âmbito religioso é afirmar que a Bíblia constitui o fundamento básico da fé cristã e deve ser tomada ao pé da letra (o fundamento de tudo para a fé protestante é a Bíblia). Cada palavra, cada sílaba e cada vírgula, dizem os fundamentalistas, é inspirada por Deus. Como Deus não pode errar, então, tudo na Bíblia é verdadeiro e sem qualquer erro. Como Deus é imutável, sua Palavra e suas sentenças também o são. Valem para sempre".[8]

---

7. FITZGERALD, Davi. Nailed: *Dez mitos cristãos que mostram que Jesus nunca sequer existiu*. ed. Amazon. (Artigo da *Folha de São Paulo*, Seção Ciência, 16.04.2017)
8. BOFF, Leonardo. *Fundamentalismo: a globalização e o futuro da Humanidade*. p. 13.

4. DISCURSO DE JESUS: *SAPIENCIAL* OU *APOCALÍPTICO?*

A grande encruzilhada na pesquisa sobre Jesus foi a discussão sobre o seu discurso. O que se sabe sobre Jesus foi escrito muitos anos após a sua morte, na base do "ouvir dizer", tanto é verdade que os evangelhos, quer sejam os canônicos, quer sejam os chamados apócrifos, são apenas "atribuídos" a eles. Efetivamente, ninguém sabe o que "Jesus disse", o que "Jesus não disse", ou "quem Jesus foi", ou "quem Jesus não foi". Discute-se, já há muito tempo, nos meios acadêmicos, com base no que escreveram sobre ele, se sua mensagem era *sapiencial* ou *apocalíptica* – ou ambas ao mesmo tempo – Várias correntes do pensamento acadêmico entram em cena, tendo por base, fundamentalmente, as informações que temos em *O livro de Q* e nas fontes canônicas, cada qual trazendo sua interpretação sobre o que realmente Jesus pregou.

Para Albert Schweitzer "As pessoas temiam que aceitar a

> O que se sabe sobre Jesus foi escrito muitos anos após a sua morte, na base do "ouvir dizer", tanto é verdade que os evangelhos, quer sejam os canônicos, quer sejam os chamados apócrifos, são apenas "atribuídos" a eles. Efetivamente, ninguém sabe o que "Jesus disse", o que "Jesus não disse", ou "quem Jesus foi", ou "quem Jesus não foi".

mensagem escatológica eliminaria a importância de suas palavras para o nosso tempo; daí a ansiedade com que se procurava nelas elementos que não teriam um conteúdo escatológico. (...) Na verdade, porém, o que há de eterno nas palavras de Jesus deve-se ao fato delas estarem numa visão escatológica de mundo e conterem os pensamentos de uma mente para qual o mundo contemporâneo com suas circunstância históricas e sociais, não tenha mais existência". (*A busca do Jesus histórico*, p. 402).

E você, no seu caso, já parou para pensar sobre este duplo discurso de Jesus? Já refletiu 'atentamente', com o espírito desarmado, de livre-pensador, os textos do quarteto canônico, Marcos, Mateus, Lucas e João? Não estamos nos referindo à 'aceitação' apenas pela **fé que crê**, sem qualquer análise, solidificada por rituais, de discursos repetitivos das igrejas, mas pela **fé que sabe**, conquistada pela experiência. Criaturas assim, não estão 'ajoelhadas' nas crenças criadas pelos homens, tidas como "palavra de Deus". É nesta ótica que Jaci Régis ensina [1], "A verdade é que as religiões em toda a história são movimentos para exercer o poder. Promovem a **fé**, mas não a **espiritualidade**". Pensemos juntos, só a verdade nos torna livre! Daí a expressão, "Conhecereis a verdade e a verdade vos libertará", atribuída a Jesus, mas já existente séculos atrás.

Então, o que você acha? A mensagem inserida pelos escritores dos evangelhos sobre Jesus traz mensagens só *éticas*, só **escatológicas (fim do mundo), ou ambas, ao mesmo tempo**? Alguns pesquisadores chegam a afirmar que, na realidade, tudo é obra dos criadores da teologia sobre o 'Cristo da fé', e não do 'Jesus histórico'. Jesus é uma coisa, o Cristo é outra. Daí afirmar Hermínio Miranda, *O Evangelho gnóstico de Tomé* que, "o cristianismo que hoje conhecemos é mais uma doutrina sobre o Cristo, do que a doutrina de Jesus". Os pesquisadores apontam mensagens *consoladoras* (éticas), mas também apontam existir mensagens *apavoradoras* (apocalípticas). Estas usam a expressão do julgamento final: Haverá "choro e ranger de dentes".

---

1. RÉGIS, Jaci. *Jornal Abertura*, Santos-SP, agosto/2016.

Vejamos alguns pensadores que se digladiaram sobre esta questão:[2]

4.1. ADOLF VON HARNACK

Foi o primeiro escritor a entrar em cena sobre a polêmica do discurso: *ético* ou *apocalíptico*? Historiador do cristianismo primitivo, autor do livro, *As sentenças de Jesus*, cingindo-se apenas ao Evangelho Q, excluindo o quarteto canônico (Marcos, Mateus, Lucas e João). Seu objetivo era excluir 'milagres' e 'mitos' atribuídos a Jesus, mostrando-o apenas como um pregador com um discurso *ético, sapiencial*.[3] Esta tese foi muito bem acolhida pelos teólogos da corrente liberal, pois o conteúdo expressava aquilo que eles consideravam como a "essência" do cristianismo.

> "A verdade é que as religiões em toda a história são movimentos para exercer o poder. Promovem a fé, mas não a espiritualidade".

4.2. JOHANNES WEISS E ALBERT SCHWEITZER

Mas como toda proposta tem seus contraditores, foi rechaçada por outros pensadores a proposta de **HARNACK**. No ano de 1892, é publicado o livro, *A Proclamação do Reino de Deus por Jesus*, por **WEISS**, trazendo uma interpretação literalmente contrária à tese de Harnack. Para este escritor, o que Jesus pregava mesmo era uma *mensagem apocalíptica*. Trata-se de forma clara, de uma linguagem profética e apocalíptica.

Nada de estranhar essa pregação apocalíptica de Jesus e aponta como fonte de tais ideias a própria literatura apocalíptica do judaísmo e defendida pelo profeta João Batista – o iniciador de Jesus. WEISS ficara impressionado com as sentenças de Jesus sobre um fu-

---

2. Estas anotações foram baseadas nas informações do texto 2 de *O livro de Q* de Burton L. Mack.

3. Em meu livro *Milagre – fato natural ou sobrenatural*, desenvolvi um trabalho com o objetivo de desmitificar os 38 milagres 'atribuídos' a Jesus. Aliás, é o que Kardec, igualmente, já o faz em seu livro *A Gênese*.

turo julgamento, com o anúncio da chegada do Reino de Deus, que seria implantado em breve. "Em verdade vos digo que não passará esta geração sem que todas essas coisas se cumpram" (Mateus 24-25). Ou seja, até que "ele retorne". Profecia que, na realidade nunca aconteceu! Jesus era um homem de seu tempo, um visionário proclamador de uma iminente transformação apocalíptica do mundo. Esta tese é hoje defendida pelo PHD, Bart EHRMAN, um dos maiores pesquisadores da Bíblia, no mundo todo.

Sua tese trazia constrangimento, pois defende que a mensagem de Jesus não era, em primeiro plano, as ideias *éticas*, já que a ordem do dia no tempo de Jesus era a linguagem *apocalíptica*. Nessa mesma linha de pensamento, outro pesquisador, **SCHWEITZER** reconstrói a vida de Jesus, escrevendo sua famosa crítica de busca do século XXI, utilizando-se das informações do escritor do Evangelho de Mateus, a partir da perspectiva de um profeta apocalíptico. Ele aproveita a 'incerteza' que os especialistas estavam vivendo quanto a esse novo paradigma de um Jesus como um "mestre da ética", para caracterizá-lo como um "pregador apocalíptico", anunciando previsões de um catastrófico fim do mundo.

Bem, mas e se buscarmos apoio em *O livro de Q*, antecessor dos canônicos? Será que encontraríamos uma luz para essa interpretação? Infelizmente, não. Em nada **Q** podia apaziguar esta questão, pois continha, além de *ensinamentos éticos*, também pronunciamentos *proféticos e apocalípticos*; neste entendimento, a advertência de Jesus ao seu movimento era para que ficassem atentos, "pois o filho do homem virá quando menos esperar". Assim, como

> O que se sabe sobre Jesus foi escrito posteriormente, muitas vezes por escritores que não conheceram Jesus, assentando-se em informações orais, na base do 'ouvir dizer'.

coletâneas de sentenças, **Q** não podia ajudar: dava sustentação às duas teses: Jesus pregava uma mensagem *sapiencial* e *apocalíptica*.

Atente-se que nem WEISS nem SCHWEITZER formularam suas bases de informações apocalípticas em **Q**, que, conforme vimos, tratava-se de um "evangelho de sentenças". A fonte de ancoragem para suas informações estava nos "evangelhos narrativos", imaginando Jesus como um guerreiro, marchando para Jerusalém com olhos em chama. É por essa razão que o texto de **Q**, de Harnack, foi abandonado, pois, propunha um Jesus **apenas** pregando uma mensagem *ética*, *sapiencial*; nesse sentido, nada poderia contribuir para um debate na construção de um Jesus histórico (real).

Essa descoberta trouxe desconforto para o mundo acadêmico, por conta dessa imagem de um Jesus como profeta apocalíptico. O que se divulgava até então, era um Jesus "fazedor de milagres", filho unigênito de Deus, trazendo uma proposta de salvador da Humanidade. No entanto, para SCHWEITZER, Jesus era mesmo um fanático pelo Reino de Deus, equivocado quanto à iminência dele. Então, diante dos fatos grafados nos evangelhos canônicos e no de Q, que dilema! Não tinha como fugir das duas propostas: ficar com *sapiencial* e *apocalíptica*.

Só a pesquisa profunda poderia dar a solução. A comunidade acadêmica, aos poucos, procurando arrefecer os ânimos da ideia *apocalipsista* de Jesus, justificava que sua mensagem continha uma boa parte de instrução (ensinamento ético e sapiencial), mais bem qualificada que a mensagem apocalíptica. Mas daí vinha a pergunta: Como um herói apocalíptico podia transmitir ensinamentos éticos nesse confuso mundo?

De virada do século XX, até hoje, os pesquisadores foram em busca de uma resposta a essa visão dupla que parecia inconciliável, pois os discursos sapiencial e apocalíptico partem de visão de mundos diferentes. Será que 'atribuíram' a Jesus, por interesses políticos, essas duas visões? Repetimos: o que se sabe sobre Jesus foi escrito posteriormente, muitas vezes por escritores que não conheceram Jesus, assentando-se em informações orais, na base do 'ouvir dizer'.

4.3. Rudolf **BULTMANN** e C. H. **DODD**

Nas décadas de 20 e 30, três soluções foram apresentadas à comunidade acadêmica, fundindo na ideia de que os ensinamentos de Jesus eram "escatológicos" (pregava o fim do mundo): Duas delas foram feitas por Rudolf Bultmann e a terceira por C. H. Dodd. Todos partiam do pressuposto de que a mensagem de Jesus era essencialmente uma pregação *apocalíptica*, mas ainda assim, tentavam dar conta da existência de um discurso *sapiencial*, em meio às sentenças. Nenhuma delas se baseava no estudo de **"Q"**. A fonte era sempre a canônica.

BULTMANN estava convencido de que Jesus proclamava a iminência do reino de Deus com uso de linguagem apocalíptica. Portanto, ele se deu ao trabalho de identificar elementos de proclamação profética que pudessem ser genuinamente atribuídos a Jesus, a partir de um conjunto de sentenças arroladas pela tradição sinóptica, enfatizando as sentenças *apocalípticas* e explicando as *sapienciais* como acréscimos posteriores feitos pela "Igreja". Explicava ele que essas mensagens éticas e sapienciais foram acrescentadas, enquanto não se chegasse ao fim do mundo. Era uma 'saída estratégica' para tentar solucionar o problema, encarando a existência das sentenças *apocalípticas*, como "autênticas" e, as "sapienciais", como acréscimos posteriores à crescente "tradição" dos ensinamentos de Jesus.

A segunda solução é apresentada por Bultmann, com o livro *Jesus*, em 1926. Ele escreve este livro como **teólogo** do *Novo Testamento* e não como **historiador**, obrigado a distinguir as sentenças autênticas em meio a uma tradição em efervescência, cheia de falsas atribuições. O autor, então, argumentava que, uma vez que as sentenças apocalípticas anunciavam um iminente reino de Deus, sem se preocupar em descrevê-lo em detalhes, e uma vez que as sentenças sapienciais reivindicavam obediência a Deus sem se preocupar em definir exatamente o que isso queria dizer, ambas poderiam ser atribuídas ao mesmo Jesus e entendidas como sua exortação de "obediência radical". Pergunta-se, então, qual dos dois Bultmann deveria ser levado a sério?

A terceira solução vem de **DODD**. Para resolver o problema da *sabedoria sapiencial* e da *escatologia apocalíptica* na pregação de Jesus, toma como pano de fundo o estudo das parábolas de Jesus, em

1935, alegando que elas contêm sentenças do gênero *sapiencial*, que Bultmann negligenciara e que muitos especialistas consideravam autênticos. E para explicar pressuposto escatológico é que todas as parábolas eram metáforas que se referiam ao reino de Deus. Para ele, algumas parábolas convidam o ouvinte a imaginar o futuro advento do reino (ideia apocalíptica), enquanto a maioria delas é narrada como se o reino pudesse ser imaginado no presente (ideia sapiencial). Uma 'ginástica' interpretativa, sem dúvida, para solucionar a ambiguidade entre a mensagem apocalíptica e a sapiencial. Com este objetivo, ele cunhou a expressão "escatologia realizada", argumentando que Jesus pretendia fazer com que seus ouvintes imaginassem o reino escatológico (futuro, final) no processo de se realizar no próprio surgimento e na pregação de Jesus.

Durou pouco esta combinação, pois, quando se defrontou com a revisão de Q, lá estava a mistura das sentenças *sapienciais* e as *apocalípticas*, em que muito poucas parábolas se incluíam em sentenças, e nenhuma que pudesse transformar aquela mistura num programa de escatologia realizada, facilmente compreensível.

4.4. James ROBINSON

Em 1964, publica um artigo sobre o gênero Q, traçando uma conexão entre ele e o *Evangelho de Tomé*, aponta ainda outras coletâneas de sentenças no cristianismo primitivo, como as parábolas de Marcos[4], a *Didaqué* e vários grupos sinóticos coptas; apresentou também vários exemplos de literaturas sapienciais do Egito antigo e do judaísmo primitivo. Ele chamou de "palavras dos sábios", em referência a Provérbios 22:17 e à frequência com que fórmulas semelhantes aparecem nas primeiras linhas dessas coletâneas de sentenças.

Assim, na esteira do entendimento de Robinson, os compiladores das sentenças de Q e do Evangelho de Tomé utilizaram, ao

---

4. Marcos, 4 (A parábola do semeador, A parábola da semente, A parábola do grão de mostarda, Jesus acalmando a tempestade).

copiar, dos mesmos sob os moldes do gênero sapiencial, sem se prender à ideia apocalíptica. Atente que *O Evangelho de Tomé*, escrito no mesmo estilo de Q, não trazia mensagem apocalíptica, mas apenas sapiencial.

4.5. JOHN KLOPPENBORG

Quem perfila este mesmo entendimento é KLOPPENBORG que testou a tese de Robinson numa publicação chamada *A Formação de Q*, em 1987. Arrolou várias coleções sapienciais do Oriente Médio, das tradições gregas e das misturas de culturas que ocorreram durante a época helenística. Com isso, ele demonstrou que a filosofia popular e cultural da época era alimentada por esses manuais de instrução, que continham provérbios, máximas, aforismos. E Q se apresentava com todas as características típicas do manual de instrução helênico. O que dá para concluir que Q se compunha, também, deste tipo de mensagem, de cunho universal, transladada de culturas mais antigas, além daquelas criadas pelo próprio povo.

4.6. DIETER LUHMANN

Em 1969, Dieter LUHMANN publicou um estudo chamado, *Editando a fonte das sentenças*; demonstra que o tema do juízo final que, pelas ideias apocalipsistas da época, em breve viria, funciona como um princípio de organização, como um todo. Embora tenha sido um avanço mostrar que *O livro de Q* era mais que um amontoado de sentenças desconexas, esse trabalho frustrou a tese que fora compilada como coletânea de sentenças sapienciais. Assim, mesmo que se quisesse, não era possível esconder essa ideia de fim de mundo, com o julgamento de Deus, no texto de Q.

Neste eixo de entendimento, nos anos 70 e 80, começou o consenso de que as sentenças proféticas e apocalípticas eram parte integrante de composição de Q. Kloppenborg revê a tese de Robinson, sugerindo que *O livro de Q* se formou em *diferentes estágios*, ou seja, que ele tinha uma história de composição e compilação. Para ele, *a camada mais antiga* era de fato uma coleção de "instrução sapiencial". As outras sentenças proféticas e apocalípticas poderiam ser vistas *como outra camada*, chamada de "Anúncio do juízo final". De fato, o *anúncio do juízo final* era o princípio organizador de Q, nesse segundo estágio de sua história composicional.

Dessa forma, chegou-se ao consenso sobre a sequência de Q, utilizando-se da tese de camadas. Nesse estudo de Kloppenborg, os dois discursos estavam presentes em Q, cada um funcionava de modo distinto e tinha entrado na história de Q, em épocas diferentes. O importante é destacar a condição de, na primeira camada, um Jesus não-apocalíptico, concluindo-se que esta camada surgiu posteriormente.

Essa posição sapiencial, como o início de linguagem de Jesus, veio a ser aclarada com a descoberta do Evangelho de Tomé, da mesma geração de Q. Também se juntaram os estudos das parábolas, do caráter aforístico das tradições das sentenças em geral, das narrativas de pronunciamentos do pré-Marcos e do cenário não apocalíptico do conceito de Reino de Deus. Atente-se que o Evangelho de Tomé continha sentenças do período mais primitivo do movimento de Jesus. Não incluía neles as profecias apocalípticas. Assim, para Kloppenborg, Jesus foi lembrado primeiro por sua sabedoria. Depois foi acrescentada a camada apocalíptica.

> Jesus, antes de pregar, "por conta própria", começou seu ministério associado a João Batista. Esse profeta era um ardente pregador apocalíptico que vivia propagando que "o fim da era estava próximo" e que as pessoas precisavam se arrepender.

4.7. Bart EHRMAN

Julgamos de bom alvitre trazer à colação a conclusão de um dos mais respeitados pesquisadores da Bíblia da atualidade, Bart **EHRMAN**, quanto à posição de Jesus em relação à sua pregação: era um profeta *apocalíptico*. Ele é retratado nos primeiros Evangelhos, os sinópticos, como um *apocalipsista*, que antecipou o fim iminente dessa era e a chegada do reino de bondade de Deus.

E tem sentido essa afirmação, pois Jesus, antes de pregar, "por conta própria", começou seu ministério associado a João Batista. Esse profeta era um ardente *pregador apocalíptico* que vivia propagando que "o fim da era estava próximo" e que as pessoas precisavam se arrepender. E dizia, em sua pregação: "[...] Produzam frutos dignos de arrependimento". "[...] O machado já está posto à raiz das árvores; toda árvore que não dá bom fruto é cortada e lançada ao fogo" (Mt 7:19-20). Esta mensagem de medo é, sem dúvida, totalmente *apocalíptica*. A qualquer momento, a ira de Deus iria se manifestar para os que não produzissem frutos de arrependimento!

Veja que ele foi batizado por João Batista, tornando-se seu discípulo e seguidor, segundo consta nos Evangelhos. João Batista é considerado o predecessor ou até o mentor de Jesus, pela proximidade das mensagens de ambos. Devia admirá-lo. É óbvio que a mensagem apocalíptica, de que o fim estava próximo, divulgada por João Batista o atraía, senão teria tomado outro rumo. Dispunha de grande quantidade de opções no mundo da diversidade religiosa, do judaísmo do século I – poderia ter-se juntado aos fariseus, por exemplo, ou se mudado para Jerusalém para enfocar a adoração do templo, ou se unido a algum outro líder religioso. No entanto, juntou-se a João Batista, que era pregador *apocalíptico*. Deve ter sido porque concordava com a mensagem. Jesus iniciou, neste entendimento, como pregador apocalipsista.[5]

---

5. Ver capítulo 10, meu livro, *O Evangelho de Maria Madalena*.

5. REMOVENDO INTERPRETAÇÕES

Hermenêutica: ciência, técnica que tem por objeto a interpretação de textos religiosos ou filosóficos, especialmente das Escrituras.

É de crer que havia uma comunidade por trás de seus textos. Quando veio à tona *O livro de Q*, os especialistas começaram a falar da "comunidade de Q". Seguramente, pensavam eles que esse grupo consistia na mais primitiva comunidade cristã. Mas o grande problema é conciliar o que pode ser ou não verdade, comparando-se Q, com os acréscimos do imaginário cristão no cenário convencional. Os evangelhos canônicos foram construídos e não representam, autenticamente, as palavras de Jesus. Assim, mesmo colocando em paralelo,

> Então, nos canônicos, Jesus foi 'construído' de acordo com as conveniências da Igreja, a tal ponto que acabou sendo aclamado Deus, *Segunda Pessoa da Trindade*. Isso só ocorreu de forma gradativa, 300 anos depois, no Evangelho de João, como informa Bart ERHMAN, no seu livro, *Como Jesus se tornou Deus*. O texto de Q compunha-se de uma cartilha de aforismos (ditado, máxima, adágio, axioma, provérbio e sentença) com recomendações comportamentais aos membros da comunidade. Não era um livro religioso!

o texto Q e os Evangelhos de Mateus e Lucas, não coincidiam os ensinamentos. De duas, uma: ou Q não expressava a verdade ou os evangelhos canônicos foram frutos de uma 'construção' (adições, cortes) de acordo com a conveniência, ao longo dos tempos. Obviamente que ficamos com a segunda conclusão.

E aí vem a grande interrogação sobre este texto de Q, como a base inicial do cristianismo primitivo, que se apresentava como 'fonte' para os escritores dos Evangelhos de Mateus e Lucas. Ora, Q, que era um Evangelho de *sentenças*, sofreu interpretações, muitas vezes, diferentes, ao ser inserido em Mateus e Lucas, como hoje conhecemos. Eles foram 'acrescentados', com o decorrer dos tempos na formação dos Evangelhos canônicos. Em outras palavras, o conteúdo de Q, não se 'encaixava' nos cânones dos textos evangélicos atuais. Ele não falava nada sobre o nascimento de Jesus, sua morte e ressurreição, nenhuma menção de Jesus como 'Cristo', nenhuma instrução para que Pedro levasse adiante a missão de Jesus, batizasse os novos discípulos, fundasse uma igreja. Inclusive a história da Trindade, uma construção teológica, da Igreja, não estava lá. Como Marcos (primeiro evangelho) nada fala sobre a infância de Jesus, Mateus e Lucas se encarregaram de inserir a narrativa dessa fase.

Então, nos canônicos, Jesus foi 'construído' de acordo com as conveniências da Igreja, a tal ponto que acabou sendo aclamado Deus, *Segunda Pessoa da Trindade*. Isso só ocorreu de forma gradativa, 300 anos depois, no Evangelho de João, como informa Bart ERHMAN, no seu livro, *Como Jesus se tornou Deus*. O texto de Q compunha-se de uma cartilha de aforismos (ditado, máxima, adágio, axioma, provérbio e sentença) com recomendações comportamentais aos membros da comunidade. Não era um livro religioso!

Para entender Q, como fonte inicial do cristianismo, era, pois, necessário remover os 'cascões' interpretativos inseridos pelo "imaginário popular", bem como as construções teológicas ao longo do tempo. Assim é que vários estudiosos, por meio de 'contorcionismo interpretativo', trazem, em se comparando Q e os textos canônicos, 'hipóteses' sobre Jesus. Daí perguntar ERHMAN, em seus dois livros: *O que Jesus **disse**? O que Jesus **não** disse? E, Quem Jesus foi? Quem Jesus não foi?*[1]

5.1. Gerd THEISSEN (1973)

Assinala o comportamento 'incomum' que se propugna a mensagem de Q, expressa como, por exemplo, as instruções "desfazer de todas as posses, vendendo tudo e entregando aos pobres"; "não se preocupar com o que comer e beber"; "deixar a família para seguir Jesus"; "entregar a própria túnica para quem tomar o seu agasalho"; "ao sair de viagem, não devem carregar dinheiro ou bolsas".

Ele entende que o povo de Q deveria ser composto de carismáticos itinerantes que imitavam o estilo de vida radical de Jesus, cumprindo com a mensagem pregada por ele, sobre o reino de Deus, demonstrando vida de desprendimentos aos bens terrenos, manifestando pobreza voluntária e mendicância, mais ou menos o que viria, posteriormente, adotar Francisco de Assis, com sua filosofia de mendicância. Encontrando resistência entre os estudiosos, por conta da dificuldade de se 'adequar' esse comportamento de Q, ao que já estava formatado na mente dos primeiros cristãos (com base, é óbvio, nos evangelhos narrativos de Mateus e Lucas).

Para dar lógica a sua interpretação, 'sugere', em 1977, que o movimento cristão de Q, seria formado por dois tipos de comunidade: uma era *fixa* e outra *itinerante*. Os profetas *itinerantes* seriam os missionários que visitavam as comunidades *fixas* e transmitiam as instruções. Em troca recebiam pouso e comida, enquanto ali permanecessem. A proposta era plausível.

5.2 Richard EDWARDS (1976)

Apontou o desconforto da 'duplicidade' da mensagem de Jesus que, em Q, proclamava uma linguagem *sapiencial* e outra *apocalíptica*. Dizia que o texto de Q não expressava uma mensagem puramen-

---

1. Respectivamente, pelas editoras: Prestígio e Ediouro.

te cristã, em se comparando ao que já estava formatado na mente do povo pelos ensinos canônicos. Para ele, a única mensagem que pode ser considerada cristã, era a espera do regresso do filho do homem. Justifica que a presença das duas sentenças (sapiencial e apocalíptica) era 'teologicamente' justificável e que a cristologia primitiva do filho do homem era necessária à luz da mensagem escatológica de Jesus e sua ressurreição.

Acontece que Q não menciona nada sobre essa história da ressurreição. Ela foi criada, sem qualquer comprovação científica, pela versão canônica. A aceitação ou não da ressurreição é apenas calcada na fé religiosa! E a dúvida permanece na intepretação deste estudioso.

5.3. Eugene BORING (1982)

Sugere que o povo de Q era composto de 'profetas estáticos', que pregavam a vinda do reino de Deus, em nome de Deus e de Jesus. Estáticos se constituíam de uma espécie de 'médiuns' proféticos – na linguagem espírita – ou, carismáticos escolhidos por Deus independentemente de suas atividades e também por tempo indeterminado.

Os profetas bíblicos eram vaticinadores do futuro, mas numa escala reduzida. Para este autor, eles compreendiam a si próprios como animados pelo espírito de Jesus, o "Senhor nas alturas"! Por muito tempo, sua tese foi acatada, pois apagava as diferenças de Q e as origens cristãs. Pergunta-se, então, será que todos os seguidores de Jesus, simplesmente por seguirem, adquiriram o dom de profetas estáticos? À medida do avanço dos estudos de Q, nos anos 80, tais hipóteses não conseguiram convencer o leitor.

5.4. Leif VAAGE (1987)

Apresenta observações que permitiram a emergência de um razoável consenso acadêmico, acerca da adesão a Q. Para ele, as sentenças de Q interessavam, principalmente, por comportamento e estilo de vida; Q se aproximava muito mais aos padrões comportamentais característicos dos "cínicos" da tradição helênica da filosofia popular do que das descrições de profetas extáticos (carismáticos) feitas por Theissen e Boring.

Informe-se *en passant* que os cínicos pertenciam a uma corrente filosófica cujo propósito da vida era viver na virtude.[2] A título de curiosidade, trazemos a conhecida história de Diógenes, típico representante dessa corrente filosófica.

> Conta-se que num encontro com Alexandre, então o homem mais poderoso conhecido, Alexandre solicitou que Diógenes pedisse o que quisesse e este pediu que Alexandre saísse de sua frente, pois estava tapando o sol. Diógenes estava com esse ato demonstrando o quão pouco ele necessitava para viver bem conforme sua natureza.

O retrato convencional das origens cristãs não ajudava muito a entender Q. Parecia que já era tempo de um esforço conjunto à parte do cenário tradicional dos primórdios cristãos e assim tentar esclarecer como seria em seu próprio mundo social do povo de Q.

Os estudiosos perceberam mais discrepâncias na interpretação das sentenças de Q, com base comparativa às convenções tradicionais dos primórdios do cristianismo. Era preciso, para se obter com maior precisão, que se lesse Q desvinculado do cenário tradicional, ou seja, analisar a história de Q, no próprio mundo social de Q.

---

2. Os cínicos gregos e romanos clássicos consideravam a virtude como a única necessidade para a felicidade e viam a virtude como inteiramente suficiente para alcançar a felicidade. Os cínicos clássicos seguiram esta filosofia a ponto de negligenciarem tudo que não promovesse a perfeição da virtude e alcance da felicidade, assim, o título cínico, deriva da palavra em grego κύων (significando "cão") porque supostamente negligenciavam a sociedade, a higiene, a família, o dinheiro, etc., de uma forma que lembra os cães. Eles procuraram libertar-se de convenções; tornando-se autossuficientes – possuindo autarquia – e vivendo apenas de acordo com a natureza. Eles rejeitavam todas as noções convencionais de felicidade que envolvessem dinheiro, poder, ou fama a fim de viverem de forma virtuosa e, portanto, feliz.

5.5. Q SEMINAR (1988)

A Sociedade de Literatura Bíblica em seu *Q Seminar* (Seminário sobre Q) começa estudo sobre a comunidade Q, em específico, sem comparação com os evangelhos narrativos. Estes sofreram acréscimos com base no imaginário popular e não podiam ser comparados, na íntegra, com Q. Foram criados, nesse seminário, "grupos de estudos" para desvendar Q, excluindo as interpretações acima expostas. Estes pesquisadores começam, para o desvendamento da verdadeira natureza de Q, calcando os estudos nas descobertas de Kloppenborg que, após pesquisas profundas, identificou em Q, as três camadas, ou estágios de instrução, ao longo dos tempos, conforme já reportamos. Assim, cada grupo "entrou de cabeça" no aprofundamento das características dessas camadas.

Então, Q, foi dividido assim:

> **Q1** – é constituída da camada mais primitiva, onde constam as *sentenças sapienciais*.
> **Q2** – anúncio do Juízo final, o segundo estágio ou camadas, com as sentenças apocalípticas de Jesus.
> **Q3** – constituído de material acrescentado, após a composição de Q2, referindo-se às *tentações de Jesus*.

Dentro do texto usam-se os seguintes sinais:

> < > conjetura acadêmica, onde o material não for mais existente;
> [ ] = observação do tradutor

No capítulo 2, da Parte II, será apresentado o **Livro completo de Q**. Nele, a identificação de cada camada será facilmente identificada por tipos de letras diferentes. (**negrito**, para Q1); (*tipo regular* para Q2), e (*itálico*, para Q3). Neste seminário, foram estudadas as particularidades de cada estágio, com características próprias, demonstrando a história social de Q, com indicações de lugar, vestimentas, comportamentos e atitudes da história social do grupo.

Percebem-se, claramente, as mudanças que foram ocorrendo com a inserção dos discursos de acordo com mudança de estágio. Os objetivos de cada camada aparecem nesses discursos, mudando o tom da conversa.

Vamos, então, à história revelada por esses grupos de estudos, desse Seminário Q. A história do povo de Q começa com um período inicial de arrebatamento, crítica social generalizada e experimentação de comportamento contracultural. Denotam-se sentenças que "batem de frente", de forma irreverente, diante das convenções sociais da época. São divulgadas sentenças que confrontavam o comportamento da sociedade, como: "Deixe que os mortos enterrem seus mortos", "Não se preocupem (...) com o que vestir" e "Emprestem sem retorno". Neste estágio, o grupo era formado, principalmente, de participantes do movimento. Esta fase é identificada, neste estudo, por Q1. É entendida por fase *sapiencial*.

Depois desta fase, aparece o Jesus apocalíptico, com o anúncio de sentenças com linguagem sobre o juízo final (mensagens apocalípticas). Esta fase é identificada como Q2.

Numa fase posterior, foram feitos acréscimos que indicavam adaptações a outras correntes do pensamento de Jesus, assim como a valores judaicos e helênicos, que a princípio se tinham evitado. Esta camada é identificada com Q3.

Eis que os especialistas deram conta de que as *sentenças sapienciais* de Q pareciam estranhas quando comparadas com máximas, provérbios e injunções típicos de uma coletânea de conhecimentos sapienciais. Concluiu-se que, o discurso de Q1 tinha sido elaborado na forma de discurso sapiencial e tratado como instruções de sabedoria. Mas não se apresentavam com ditados, princípios ou sabedoria proverbial comum. O que se descobriu é que o discurso aforístico das sentenças de Q era típico da filosofia grega cínica. Este tipo de sabedoria não pretendia uma elucidação sobre o funcionamento do mundo com o fim de recomendar atitudes e comportamentos adequados. Como vimos, a filosofia cínica demonstrava um comportamento contrário às regras sociais, como "abandonar a família", "não ter casa voluntariamente", "rejeitar os padrões normais de asseio", "vestir-se com simplicidade" e "mendigar sem constrangimento".

Então, esse comportamento de Q1, como base na filosofia cínica, antes, quando comparado às regras dos Evangelhos narrativos eram sempre desconsiderados, pois pareciam estranhos e não se 'encaixavam' no panorama tradicional da missão cristã. Estudando, assim, Q, de *per si*, sem comparação com as narrativas dos evangelhos canônicos, percebia-se que esses ensinamentos eram reflexos da filosofia cínica, do mundo helênico. A cultura grega exerceu enorme influência na formatação dos Evangelhos canônicos, tanto que os evangelhos canônicos foram escritos em grego e não na língua de Jesus, o aramaico. O comportamento do povo de Q1 não tinha a intenção de trazer um programa de reforma da sociedade, mas um chamado aos indivíduos para que vivessem contra a corrente. Era um comportamento de contestação, ao *modus vivendi* social da época. A filosofia grega cínica estava bem presente!

Se de um lado Q1, parecia mostrar um "desprezo" à sociedade, um incentivo à contracultura, do tipo cínico, a mensagem de Q2 trazia uma linguagem profética com apelo à tradição épica frequente nas escrituras hebraicas. Nessa, Jesus era associado a uma mensagem mitológica e dotado de sabedoria para fazer juízos radicais e os pronunciamentos a ele atribuídos. Aqui, os fariseus foram escolhidos como vilões, e tema do juízo final (ideias de fim do mundo) tomava conta com a pregação apocalíptica da vinda do filho do homem, com o iminente "grande julgamento".

Estudos recentes de Q sugerem que Jesus, ao contrário, foi primeiro lembrado como um "sábio cínico", e só mais tarde o imaginaram como profeta que expressou advertências apocalípticas.

Um tema comum a Q e aos evangelhos assume diferentes sentidos em cada contexto literário. Lidos em Q, estes temas são mais bem compreendidos se forem evitadas conotações evangélicas. Assim, propõem os estudiosos que as sentenças de Q deveriam ser estudadas à parte dos evangelhos narrativos.

Este é o caso dos motivos proféticos, do discurso apocalíptico, da terminologia do reino de Deus, do tema do discipulado, da condenação dos fariseus e de algumas alusões à morte por crucificação e pelo assassinato. A interpretação de temas como esses, apenas no contexto do documento Q, não via Jesus como o messias, não reconhecia líderes de um grupo especial de discípulos treinados, não imaginava que Jesus teria seguido para Jerusalém para limpar o templo ou reformar a religião judaica, não via a morte de Jesus como um episódio extraordinário e divino e não seguia os seus ensinamentos a fim de 'salvar-se' ou 'transformar-se'. Muito interesse político-administrativo da Igreja e Roma trouxeram uma série de distorções na construção dos livros nas origens do cristianismo.

Com esses estudos, identificando o conteúdo de Q, independente do contexto evangélico, foi bastante enriquecedor. Não resta dúvida de que esse processo de 'desfamiliarização' de Q, aos estudos evangélicos, foi um processo doloroso. O povo de Q pode agora ser visto como um vigoroso movimento de Jesus, situado no próprio contexto Galileu.

Assim pensando, o escritor Eugênio Lara, Jornal *Abertura*, março, 2016 expõe: "Romper radicalmente com o cristianismo significa descartar os dogmas, os rituais, o moralismo e a interpretação teológica muito marcante no espiritismo religioso. Significa recolocar Jesus de Nazaré como ser humano que foi, sem nenhum tipo de interpretação mística ou miraculosa, mas sim como o maior humanista, como um modelo moral possível a ser seguido, sem nenhum tipo de exclusividade ou hegemonia, porque mestres outros como Buda, Krishna, Confúcio, etc., são importantes como ele".

Nesse próximo capítulo, você encontrará duas versões do evangelho perdido:

1. *O livro de Q original*, sem qualquer numeração, ou capítulos como se apresenta na Bíblia. Contém apenas o material **Q1**.
2. *O livro de Q completo* incorpora os três níveis **Q1**, **Q2** e **Q3** e é composto de títulos tanto para as seções maiores quanto para os

segmentos menores. As referências são indicadas por SQ (seção Q) e são numeradas para facilitar. Entenda, todavia, que essa numeração não tem relação com os capítulos e versículos da Bíblia e difere ligeiramente das divisões propostas por Kloppenborg, com suas paralelas.

PARTE II

O TEXTO DO
EVANGELHO PERDIDO

Não se pode mais entender os *evangelhos narrativos* como relatos verídicos dos fatos históricos únicos e estupendos que estão nos fundamentos da fé cristã. Agora os evangelhos devem ser lidos como resultado de uma construção de *mitos* no cristianismo primitivo. O documento de Q impõe essa discussão, porque documenta uma história primitiva que não está de acordo com a versão dos *evangelhos narrativos*.

(MACK l. Burton. *O livro de Q*, p.18).

1. O LIVRO DE Q ORIGINAL

<Estes são os ensinamentos de Jesus. >

<Vendo a multidão, disse a seus discípulos: >

"Felizes são os pobres; o reino de Deus é deles".
"Felizes são os que têm fome; eles serão saciados".
"Felizes são os que estão chorando; eles hão de rir".
"Eu lhes digo que amem seus inimigos, abençoem quem os amaldiçoa, orem por quem os trata mal".

Se alguém lhe bater numa face, ofereça a outra. Se alguém lhe quiser arrancar o manto, deixe que leve também a túnica.

Dê a qualquer um que pedir, e se alguém tomar o que é seu, não peça que devolva.

Assim como desejam ser tratados, tratem os outros.

Se vocês amarem quem os ama, que vantagem terão? Até os cobradores de imposto amam quem os ama, não é mesmo?

E se vocês só abraçarem seus irmãos, o que estarão fazendo que os outros também não façam? Todo mundo não faz o mesmo? Se emprestarem àqueles de quem esperam receber, que créditos terão obtido? Até os malfeitores emprestam a seus semelhantes só porque esperam ser pagos. Em vez disso, amem seus inimigos, façam o bem e emprestem sem esperar retorno. Sua recompensa há de ser grande, e vocês serão os filhos de Deus. "Porque Ele faz o sol nascer para os maus e para os bons; Ele faz que a chuva caia sobre o justo e sobre o injusto".

"Sejam misericordiosos como seu Pai é misericordioso. Não julguem para não serem julgados. Porque à medida que usarem [para julgar] será a medida usada contra vocês".

"Pode um cego guiar outro cego? Os dois não vão cair num buraco? O discípulo não é superior ao mestre. Basta ao discípulo ser igual ao mestre".

"Como você pode reparar num cisco no olho de seu irmão sem se dar conta de uma trava no seu próprio olho? Como você pode dizer a seu irmão: 'Me deixe tirar esse cisco do seu olho, se você não enxerga a trava no seu próprio olho? Hipócrita! Primeiro tire a trava de seu próprio olho e depois você poderá enxergar bem para retirar o cisco que está no olho de seu irmão'."

"A boa árvore não dá frutos ruins, e a árvore ruim não dá bons frutos. Serão os figos colhidos de espinheiros, ou as uvas de urtigas? Cada árvore se conhece pelo fruto. O homem bom tira muita coisa boa de seu estoque de mercadorias e de seu tesouro; o homem mau tira coisas más. Porque a boca fala do que o coração contém".

"Por que vocês me chamam de 'Mestre, mestre', mas não fazem o que eu digo? Todo aquele que ouve minhas palavras e faz o que eu digo é como um homem que construiu sua casa sobre o rochedo. Veio a chuva, deu a torrente contra a casa, e ela não caiu, porque tinha os alicerces no rochedo. Mas todo aquele que ouve minhas palavras e não as pratica é como um homem que construiu sua casa sobre a areia. Veio a chuva, deu a torrente contra a casa, e ela desabou. Foi grande a sua ruína".

Quando um homem lhe disse: "Eu vou segui-lo aonde quer que o senhor vá", Jesus respondeu: "As raposas têm tocas, e as aves do céu, ninhos, mas o filho do homem não tem onde reclinar a cabeça".

Quando um outro lhe disse: "Deixe que eu vá antes enterrar meu pai", Jesus respondeu: "Deixe que os mortos enterrem seus mortos".

Outro ainda lhe disse: "Eu vou segui-lo, senhor, mas deixe que antes eu me despeça de minha família." Jesus então respondeu: "Quem põe a mão no arado e olha para trás não está apto para o reino de Deus."

Ele disse: "A colheita é abundante, mas os trabalhadores são poucos; peçam então ao dono da colheita que envie mais trabalhadores para sua colheita. Vão. Mas, olhem, estou enviando vocês como cordeiros no meio de lobos. Não levem dinheiro, nem bolsa, nem sandálias. E não falem com ninguém pelo caminho. Em cada casa onde entrarem, digam: Que a paz esteja nesta casa!" E se houver ali um filho da paz, a saudação de vocês será bem recebida [literalmente, 'a paz de vocês repousará sobre ele']. Se não houver, ela regressará para vocês.

Fiquem nessa mesma casa, comam e bebam o que lhes oferecerem, porque o trabalhador merece o seu salário. Não fiquem mudando de uma casa para outra.

E se vocês entrarem numa cidade e forem bem recebidos, comam o que lhes for servido. Ajudem os doentes e digam a eles: "O reino de Deus está próximo de vocês".

Mas se vocês entrarem numa cidade e não forem bem recebidos, sacudam a poeira dos pés e digam, quando forem embora: "Mesmo assim o reinado de Deus está próximo de vocês".

Em suas orações, digam:

'Santificado seja seu nome, pai'.

Que se cumpra o seu domínio.

Dê-nos o pão de cada dia.

Perdoe nossas dívidas, assim como perdoamos a nossos devedores.

"E não nos ponha à prova [em situação difícil]."

"Peçam e lhes será dado; procurem e acharão; batam à porta e ela se abrirá para vocês. Porque quem pede recebe, quem procura acha e a quem bate à porta ela se abre. Que pai, entre vocês, daria uma pedra ao filho que pede pão, ou uma cobra ao filho que pede peixe? Portanto, se vocês, embora não sejam bons, sabem dar coisas boas a seus filhos, quanto mais o pai do céu dará àqueles que pedirem!"

"Nada que esteja escondido deixará de ser revelado, nenhum segredo deixará de vir à tona. O que eu lhes digo às escuras repitam à luz do dia. E o que ouvirem em meio a sussurros, proclamem sobre os telhados".

"Não tenham medo de quem pode matar o corpo, mas não a alma. Não podemos comprar cinco pardais com dois centavos? Nenhum deles cairá por terra sem que Deus tome conhecimento. Até os fios de cabelo de suas cabeças estão contados. Então não se preocupem. Vocês valem mais do que muitos pardais".

Alguém em meio à multidão lhe pediu: "Mestre, diga a meu irmão que reparta comigo a herança". Ele, porém, respondeu: "Meu senhor, quem disse que eu sou seu juiz ou árbitro?".

Então ele contou a todos uma parábola, dizendo: "A terra de um homem rico tinha produzido em abundância, e ele pensou consigo mesmo: 'E agora, o que vou fazer? Não tenho onde guardar a colheita'. Em seguida, ele disse: 'Já sei. Vou demolir meus celeiros e construir outros, maiores, onde poderei guardar meus grãos e bens. E vou dizer a minha alma: Alma, você tem bens em estoque para muitos anos; relaxe, beba, coma e seja feliz'. Mas disse Deus a ele: 'Insensato! Esta noite mesmo você terá a alma reclamada; e tudo o que você produziu, a quem pertencerá?' Isso é o que acontece com quem acumula tesouros para si próprio sem se tornar rico diante de Deus".

"Por isso eu lhes digo: não se preocupem com a vida, quanto ao que vocês vão comer, nem com o corpo, quanto ao que vão vestir. Não será a vida mais que alimento, e o corpo mais que vestuário?"

Vejam os corvos. Eles não semeiam nem colhem, não têm celeiro nem depósito, e mesmo assim Deus os alimenta. Não valerão vocês mais do que os pássaros? Qual de vocês, com sua preocupação, pode acrescentar um único dia à própria vida?

E por que se preocuparem tanto com as roupas? Vejam como crescem os lírios. Eles não trabalham nem fiam. No entanto, nem Salomão em todo o seu esplendor foi tão magnificente. Se Deus deu roupas tão lindas à relva, que hoje viceja nos campos e amanhã será atirada ao fogo, como não daria de vestir a vocês, seus descrentes?

Então não se preocupem, perguntando-se: 'O que vamos comer?' ou 'O que vamos vestir?' Todo mundo faz isso, e seu pai sabe que vocês precisam de alimentação e vestuário. "Em vez de se preocuparem, certifiquem-se de que estão sob o domínio de Deus, e tudo isso lhes será acrescentado".

"Vendam seus bens e deem tudo à caridade [de esmola]. Acumulem seu tesouro numa conta celestial, onde as traças e os carunchos não poderão devorá-lo, e onde os ladrões não poderão roubá-lo. Onde estiver seu tesouro, lá também estará seu coração".

Ele disse: "Como é o reino de Deus? A que poderei compará-lo? Ele é como um grão de mostarda que um homem pegou e plantou no quintal. Ele cresceu, tornou-se uma árvore, e as aves do céu fizeram ninhos em seus galhos". Ele disse ainda: "O reino de Deus é como o fermento que uma mulher pegou e misturou a três medidas de farinha, de modo que toda a massa ficasse fermentada".

"Todo aquele que se enaltece será humilhado, e aquele que se humilha será enaltecido."

"Um homem ia dar um grande jantar e tinha convidado muitas pessoas. Na hora marcada para o banquete, ele mandou seu servo dizer aos convidados: 'Venham, por favor, já está tudo pronto'. Entretanto, todos começaram a dar desculpas para não ir. Disse o primeiro: 'Comprei um terreno e preciso ir vê-lo. Queira me desculpar. ' Disse um outro: 'Acabei de comprar cinco juntas de bois e tenho que experimentá-las. Queira me desculpar.' E disse um. outro: 'Casei-me há pouco e, portanto, não poderei comparecer.' O servo regressou e contou ao amo o que se passara. Indignado, disse o homem a seu servo: 'Vá depressa à cidade e traga toda a gente que encontrar pelas ruas.' O servo foi à cidade e trouxe todas as pessoas que encontrou pelas ruas. E assim a casa ficou cheia de convidados".

"Quem não odiar o pai e a mãe não pode aprender de mim".

"Quem não odiar o filho e a filha não pode pertencer a minha escola".

"Quem não aceitar sua cruz [resistir à condenação sem desanimar] para se tornar meu seguidor, não pode ser um de meus discípulos".

"Quem tentar conservar a própria vida vai perdê-la; mas quem perde a vida por minha causa vai preservá-la".

"O sal é bom, mas se o sal perder o gosto, como pode ser recuperado? Não presta nem para a terra nem para o estrume. Jogam-no fora".

2. O LIVRO DE Q COMPLETO[1]

Introdução

SQ 1. TÍTULO
<Estes são os ensinamentos de Jesus.>

SQ 2. O CENÁRIO DAS INSTRUÇÕES
[A adição do material de Q2 sobre João apagou a introdução original aos ensinamentos de Jesus. Ver SQ 7].

Pregação de João

SQ 3. O APARECIMENTO DE JOÃO
<João apareceu nos campos ao longo do rio >.

SQ 4. O DISCURSO DE JOÃO ÀS MULTIDÕES
Ele dizia às multidões que vinham para ser afundadas [no rio]: "Raça de víboras! Quem disse a vocês que fugissem da ira que virá? Mudem seus modos de agir se é que mudaram mesmo os seus modos de pensar. Não digam: 'Temos a Abraão como nosso pai'. Mas eu lhes digo que Deus pode

---

1. Tem-se aqui, fruto da construção acadêmica, o *Texto completo de Q* com todas as camadas **Q1**, **Q2** e **Q3** ao mesmo tempo, e, portanto, fornecendo-nos maior facilidade na análise.

fazer nascer até destas pedras. Agora o machado está posto à raiz das árvores. Toda árvore que não produzir bons frutos será cortada e atirada ao fogo".

SQ 5. A PREVISÃO DE JOÃO DE QUE ALGUÉM VIRÁ

"Eu afundo suas cabeças na água, mas virá em breve alguém que é mais forte do que eu, alguém cujas sandálias não sou digno de tocar. Ele vai cobrir vocês com espírito santo e fogo. Ele tem nas mãos a pá com a qual vai limpar seu terreiro e guardar o trigo em seu celeiro. E a palha ele vai queimar com um fogo que ninguém poderá extinguir".

As tentações de Jesus

SQ 6. JESUS É TENTADO PELO ACUSADOR

*Então Jesus foi conduzido pelo espírito até o deserto para ser julgado pelo acusador [**diabolos**, o anjo promotor da corte celestial]. Ele jejuou por 40 dias e teve fome. O acusador disse: "Se você é o filho de Deus, mande esta pedra se transformar em pão". Jesus, porém, respondeu: "Está escrito: 'Ninguém vive só de pão.'" Então o acusador o levou até Jerusalém e o pôs no ponto mais alto do templo, e disse: "Se você é o filho de Deus, jogue-se lá embaixo, porque está escrito: 'Ele dará ordens a seus anjos para que protejam você' e 'eles o guiarão pela mão para que você não tropece numa pedra'". Jesus, porém, respondeu: "Está escrito: 'Não testarás o senhor, teu Deus.'" Então o acusador o levou para uma montanha bem alta e mostrou a ele todos os reinos do mundo, com todo o seu esplendor, e disse: "Tudo isso eu lhe darei se você me obedecer e me reverenciar". Jesus, porém, respondeu: "Está escrito: 'Reverenciarás o senhor teu Deus e só a ele servirás '". Então o acusador o deixou.*

Ensinamento de Jesus

SQ 7. INTRODUÇÃO
<Vendo a multidão, disse a seus discípulos:>

SQ 8. SOBRE QUEM É FELIZ
"Felizes são os pobres; o reino de Deus é deles".
"Felizes são os que têm fome; eles serão saciados".
"Felizes são os que estão chorando; eles hão de rir".

Felizes são vocês quando lhes repreendem como imprestáveis por causa do filho do homem [expressão semítica que significa "ser humano", utilizável em circunlóquios, no caso para "por causa de mim" ou "por causa de Jesus"]. Alegrem-se, exultem, porque vocês têm um tesouro no céu. Era exatamente assim que tratavam os profetas.

SQ 9. SOBRE COMO REAGIR À REPREENSÃO
"Eu lhes digo que amem seus inimigos, abençoem quem os amaldiçoa, orem por quem os trata mal. Se alguém lhe bater numa face, ofereça a outra. Se alguém lhe quiser arrancar o manto, deixe que leve também a túnica. Dê a qualquer um que pedir, e se alguém tomar o que é seu, não peça que devolva".

Assim como desejam ser tratados, tratem os outros.

Se vocês amarem quem os ama, que vantagem terão? Até os cobradores de imposto amam quem os ama, não é mesmo?

E se vocês só abraçarem seus irmãos, o que estarão fazendo que os outros também não façam? Todo mundo não faz o mesmo? Se emprestarem àqueles de quem esperam receber, que créditos terão obtido? Até os malfeitores emprestam a seus semelhantes só porque esperam ser pagos.

Em vez disso, amem seus inimigos, façam o bem e emprestem sem esperar retorno. Sua recompensa há de ser grande, e vocês serão os filhos de Deus.

"Porque ele faz o sol nascer para os maus e para os bons; ele faz cair a chuva sobre o justo e sobre o injusto".

SQ 10. SOBRE FAZER JUÍZOS

"Sejam misericordiosos como seu Pai é misericordioso. Não julguem para não serem julgados. Porque a medida que usarem [para julgar] será a medida usada contra vocês".

SQ 11. SOBRE MESTRES E DISCÍPULOS

"Pode um cego guiar outro cego? Os dois não vão cair num buraco? O discípulo não é superior ao mestre. Basta ao discípulo ser igual ao mestre".

SQ 12. SOBRE HIPOCRISIA

"Como você pode reparar num cisco no olho de seu irmão sem se dar conta de uma trava no seu próprio olho? Como você pode dizer a seu irmão: 'Me deixe tirar esse cisco do seu olho, se você não enxerga a trava no seu próprio olho? Hipócrita! Primeiro tire a trava de seu próprio olho e depois você poderá enxergar bem para retirar o cisco que está no olho de seu irmão".

SQ 13. SOBRE A INTEGRIDADE

"A boa árvore não dá frutos ruins, e a árvore ruim não dá bons frutos. Serão os figos colhidos de espinheiros, ou as uvas de urtigas? Cada árvore se conhece pelo fruto. O homem bom tira muita coisa boa de seu estoque de mercadorias e de seu tesouro; o homem mau tira coisas más. Porque a boca fala do que o coração contém".

SQ 14. SOBRE A OBEDIÊNCIA PRÁTICA

"Por que vocês me chamam de 'Mestre, mestre', mas não fazem o que eu digo? Todo aquele que ouve minhas palavras e faz o que eu digo é como um homem que construiu sua casa sobre o rochedo. Veio a chuva, deu a torrente contra a casa, e ela não caiu, porque tinha os alicerces no rochedo. Mas todo aquele que ouve minhas palavras e não as pratica é como um homem que construiu sua casa sobre a areia. Veio a chuva, deu a torrente contra a casa, e ela desabou. Foi grande a sua ruína".

O que João e Jesus pensavam um do outro

SQ 15. O MOTIVO

Depois de dizer essas palavras, Jesus entrou em Cafarnaum. Um centurião [oficial romano encarregado de cem soldados], ao ouvir falar de Jesus, foi até ele suplicando: "Meu servo está de cama em casa, paralítico, à beira da morte". E Jesus respondeu: "Irei lá para curá-lo." Ao que o centurião replicou: "Senhor, não sou digno de recebê-lo em minha casa. Apenas diga a palavra e meu servo estará curado. Pois eu sou um homem que cumpre ordens, com soldados sob meu comando. Se eu disser para um deles: 'Vá', ele vai; e para outro: "Venha", ele vem. Se eu disser ao meu escravo: "Faça isto, ele faz". Ao ouvir essas palavras, Jesus ficou admirado e disse às pessoas que o seguiam: "Olhem, nem em Israel encontrei tanta fé". Em seguida, disse ao centurião: "Vá", e ao voltar para casa o centurião encontrou o servo curado".

SQ 16. A PERGUNTA DE JOÃO

João ouviu falar de tudo isso e enviou seus discípulos até Jesus, para lhe perguntar: "É o senhor aquele que está por vir ou devemos esperar por outro?" Jesus respondeu: "Vão e digam a João o que ouviram e viram: os cegos recuperam a visão, os coxos caminham, os leprosos são limpos [curados, e, portanto 'purificados'], os surdos escutam, os mortos ressuscitam e os pobres recebem boas-novas".

"E feliz é aquele que não se perturba [ao ouvir essas coisas] com relação a mim".

SQ 17. O QUE JESUS FALOU SOBRE JOÃO

Quando os discípulos de João partiram, Jesus começou a falar às multidões sobre João:

"O que vocês foram ver no deserto? Um caniço agitado pelo vento? [A resposta presumível é não.] Então me contem o que foram ver. Um homem usando roupas finas? Olhem, quem usa roupas finas está nos palácios. Então o que vocês esperavam? Um profeta? Sim, é claro, e muito mais que um profeta. É dele que está escrito: 'Eis que envio meu mensageiro à tua frente. Ele vai preparar o caminho diante de ti'. Eu lhes digo: ninguém nascido de mulher é maior que João, mas o menor no reino de Deus é maior que ele".

SQ 18. O QUE JESUS FALOU SOBRE SUA GERAÇÃO

"A que devo comparar esta geração? É como as crianças sentadas na praça, que gritam umas para as outras: 'Tocamos a flauta para vocês e vocês não dançaram'; 'cantamos um lamento e vocês não choraram.' Porque João não veio comendo nem bebendo, e eles disseram: 'É um possesso do demônio'. O filho do homem [ou seja, Jesus, ver SQ 8] veio comendo, e eles disseram: 'Vejam só que glutão, que bêbado, amigo de cobradores de impostos e pecadores.' Mas apesar do que eles dizem, os filhos da sabedoria mostram que ela tem razão".

Instruções para o movimento de Jesus

SQ 19. SOBRE TORNAR-SE DISCÍPULO DE JESUS

Quando um homem lhe disse: "Eu vou segui-lo aonde quer que o senhor vá", Jesus respondeu: "As raposas têm tocas, e as aves do céu, ninhos, mas o filho do homem não tem onde reclinar a cabeça".

Quando um outro lhe disse: "Deixe que eu vá antes enterrar meu pai", Jesus respondeu: "Deixe que os mortos enterrem seus mortos."

Outro ainda lhe disse: "Eu vou segui-lo, senhor, mas deixe que antes eu me despeça de minha família." Jesus então respondeu: "Quem põe a mão no arado e olha para trás não está apto para o reino de Deus".

SQ 20. SOBRE SERVIR AO REINO DE DEUS

Ele disse: "A colheita é abundante, mas os trabalhadores são poucos; peçam então ao dono da colheita que envie mais trabalhadores para sua colheita. Vão. Mas, olhem, estou enviando vocês como cordeiros no meio de lobos".

Não levem dinheiro, nem bolsa, nem sandálias. E não falem com ninguém pelo caminho.

Em cada casa onde entrarem, digam: "Que a paz esteja nesta casa!" E se houver ali um filho da paz, a saudação de vocês será bem recebida [literalmente, "a paz de vocês repousará sobre ele"]. Se não houver, ela regressará para vocês.

Fiquem nessa mesma casa, comam e bebam o que lhes oferecerem, porque o trabalhador merece o seu salário. Não fiquem mudando de uma casa para outra.

E se vocês entrarem numa cidade e forem bem recebidos, comam o que lhes for servido. Ajudem os doentes e di-

gam a eles: "O reino de Deus está próximo de vocês".

Mas se vocês entrarem numa cidade e não forem bem recebidos, sacudam a poeira dos pés e digam, quando forem embora: "Mesmo assim o reinado de Deus está próximo de vocês".

Pronunciamentos contra cidades que rejeitam o movimento

SQ 21. A CIDADE HOSTIL
"Digo a vocês que Sodoma terá recebido um castigo mais leve no dia do julgamento dessa cidade."

SQ 22. AS CIDADES GALILEIAS
"Ai de ti, Corazim! Ai de ti, Betsaida! Porque se os extraordinários feitos a que vocês assistiram tivessem acontecido em Tiro ou Sidon, há muito elas teriam se convertido, vestidas de cilício e sentadas sobre cinzas. No julgamento, Tiro e Sidon receberão castigo menor que o de vocês. E você acha, Cafarnaum, que vai ser elevada às alturas do céu? Você vai ser mandada é para o inferno".

Felicitações àqueles que aceitam o movimento

SQ 23. SOBRE AQUELE QUE ACOLHE O OPERÁRIO
"Quem dá boas-vindas a vocês dá boas-vindas a mim, e quem dá boas-vindas a mim dá boas-vindas àquele que me enviou."

SQ 24. SOBRE AQUELE QUE RECEBE REVELAÇÃO
Declarou Jesus: "Sou grato ao Senhor, meu Pai, mestre do céu e da terra, porque manteve tudo isso oculto dos sábios e dos entendidos, mas o revelou aos pequeninos. Estou sinceramente grato, Pai, porque foi esta Sua generosa vontade. Meu Pai conferiu a

*mim autoridade sobre todo o mundo. Ninguém reconhece o filho,
exceto o Pai; e ninguém sabe quem é o Pai senão o filho e aquele a
quem o filho o quiser revelar".*

SQ 25. SOBRE AQUELE QUE OUVE E VÊ

"Felizes os olhos que veem o que vocês veem! Digo-lhes
que muitos profetas e reis quiseram muito ver o que vocês
veem e não conseguiram, quiseram ouvir o que vocês ouvem e não conseguiram".

Fé nos cuidados do pai

SQ 26. DE COMO SE DEVE ORAR

Em suas orações, digam:
"Santificado seja seu nome, pai.
"Que se cumpra o seu domínio.
"Dê-nos o pão de cada dia.
"Perdoe nossas dívidas, assim como perdoamos nossos
devedores.
"E não nos ponha à prova [em situação difícil]".

SQ 27. FÉ AO PEDIR

"Peçam e lhes será dado; procurem e acharão; batam à
porta e ela se abrirá para vocês. Porque quem pede recebe, quem procura acha e a quem bate à porta ela se abre".

Que pai, entre vocês, daria uma pedra ao filho que pede
pão, ou uma cobra ao filho que pede peixe?

"Portanto, se vocês, embora não sejam bons, sabem dar
coisas boas a seus filhos, quanto mais o pai do céu dará
àqueles que pedirem!"

Polêmica com esta geração

SQ 28. SOBRE REINOS EM CONFLITO

Ele exorcizou um demônio que emudecera um homem, e quando o demônio foi expulso, o mudo falou e todos ficaram maravilhados. Entretanto, alguns disseram: "Ele exorciza demônios, mas por meio de Belzebu, o rei dos demônios".

Conhecendo os pensamentos de todos os presentes, ele lhes disse: "Todo reino dividido contra si próprio está arruinado, e toda casa dividida contra si própria será posta abaixo". Agora, se Satanás também está dividido contra si próprio, como seu reino poderá se manter? Vocês dizem que é por meio de Belzebu que eu exorcizo demônios. Mas se é por meio de Belzebu que eu exorcizo demônios, então por meio de quem os filhos de vocês o fazem? Por que não perguntamos a eles, para vermos o que têm a dizer?

Porém, se é pelo dedo de Deus que eu exorcizo demônios, então o domínio de Deus já chegou para vocês.

Quando um homem forte e bem armado guarda seu palácio, seus bens estão a salvo. "Mas se alguém mais forte o ataca e conquista, o mais forte derruba suas defesas e saqueia seus pertences".

Deixando claro de que lado se está

SQ 29. QUEM ESTÁ A FAVOR E QUEM ESTÁ CONTRA

"Quem não está comigo está contra mim, e quem não recolhe comigo, dispersa".

SQ 30. A VOLTA DE UM ESPÍRITO RUIM

"Quando um espírito impuro [demônio] deixa uma pessoa, vaga por regiões áridas em busca de repouso, mas não encontra. Então, diz: 'Voltarei para minha casa, de onde vim'.

Chegando lá, encontra a casa varrida e arrumada. Depois ele pega outros sete espíritos piores ainda e os acomoda ali. O estado final da pessoa, então, torna-se pior do que antes".

SQ 31. ESCUTAR E CUMPRIR OS ENSINAMENTOS DE DEUS

Enquanto ele dizia essas coisas, uma mulher ergueu a voz na multidão e disse: "Feliz o ventre que te gerou e felizes os seios que te amamentaram!" Ele, porém, respondeu: "Felizes, na verdade, são aqueles que ouvem e observam os ensinamentos de Deus!"

Julgamento sobre esta geração

SQ 32. O SINAL DE JONAS

Algumas pessoas lhe disseram: "Mestre, queremos que o senhor nos dê um sinal".

Ele respondeu: "Uma geração ruim procura um sinal, mas nenhum sinal lhe será mostrado, exceto o sinal de Jonas".

Porque assim como Jonas foi um sinal para os ninivitas, o filho do homem será o mesmo para esta geração.

A rainha do sul [a rainha de Sabá] vai se levantar no julgamento e vai condenar esta geração. Ela veio dos confins da terra para ouvir a sabedoria de Salomão, mas aqui está algo maior do que Salomão.

Os homens de Nínive vão se levantar no julgamento e vão condenar esta geração. Eles se arrependeram por meio da pregação de Jonas, mas aqui está algo maior do que Jonas.

A verdadeira iluminação

SQ 33. A LÂMPADA E O OLHO

"Ninguém acende uma lâmpada para colocá-la sob um cesto, mas sim sobre o lampadário. Assim, quem estiver em casa verá a luz. A lâmpada do corpo é o olho. Se seu olho for bom, todo o seu corpo ficará cheio de luz. Mas se for ruim, todo o seu corpo ficará cheio de escuridão. Se a luz que há em você for a escuridão, que grande escuridão não será".

Pronunciamentos contra os fariseus

SQ 34. VOCÊS, FARISEUS

"Que vergonha, fariseus! Vocês são muito escrupulosos na hora de pagar a décima [dízimo] da hortelã, da arruda e do cominho, mas deixam de lado a justiça e o amor a Deus".

Vocês devem fazer essas coisas, mas sem negligenciar as outras.

Que vergonha, fariseus! Vocês purificam o lado de fora da taça e da louça, mas por dentro vocês estão cheios de avareza e ganância. Insensatos fariseus! Purifiquem o lado de dentro e o lado de fora também vai ficar puro.

Que vergonha, fariseus! Vocês adoram ocupar a primeira fila das sinagogas e receber cumprimentos nas praças públicas. Que vergonha! Porque vocês são feito sepulturas, muito bonitas por fora, mas por dentro cheias de impurezas.

Vocês também, escribas, que vergonha! Vocês impõem aos outros pesados fardos, mas se recusam a carregar até os fardos mais leves.

Que vergonha, fariseus! Vocês erguem monumentos à memória dos mesmos profetas que seus pais assassinaram. E assim vocês testemunham e aprovam os atos de seus pais, porque eles assassinaram os profetas e vocês constroem monumentos para eles.

É por isso que a sabedoria de Deus afirmou: "Eu lhes enviarei profetas e sábios, alguns dos quais eles matarão e perseguirão", a fim de pedir contas a esta geração pelo sangue de todos os profetas, derramado desde a criação do mundo, desde o sangue de Abel até o sangue de Zacarias, morto entre o altar e o santuário.

É verdade, eu lhes garanto: esta geração terá que prestar contas. Que vergonha, escribas! Vocês levaram a chave do conhecimento para longe do povo. "Vocês não entram no reino de Deus, nem permitem que entrem aqueles que poderiam entrar".

Sobre a apreensão e a franqueza

SQ 35. SOBRE A FRANQUEZA

"Nada que esteja escondido deixará de ser revelado, nenhum segredo deixará de vir à tona. O que eu lhes digo às escuras repitam à luz do dia. E o que ouvirem em meio a sussurros, proclamem sobre os telhados".

SQ 36. SOBRE O MEDO

"Não tenham medo de quem pode matar o corpo, mas não a alma".

É melhor temer aquele que pode destruir tanto o corpo quanto a alma, na geena [o fogo do inferno].

"Não podemos comprar cinco pardais com dois centavos? Nenhum deles cairá por terra sem que Deus tome conhecimento. Até os fios de cabelo de suas cabeças estão contados". Então não se preocupem. "Vocês valem mais do que muitos pardais".

SQ 37. SOBRE AS CONFISSÕES EM PÚBLICO

"Todo aquele que admitir em público que me conhece, da mesma forma será reconhecido pelo filho do homem diante dos anjos de Deus [o tribunal celeste]". Mas aquele que me renegar em público será renegado pelo filho do homem diante dos anjos de Deus. Todo aquele que fizer um discurso contra o filho do homem será perdoado. Mas aquele que falar contra o espírito santo não será perdoado.

Quando levarem vocês até as assembleias do povo [sinagogas, ou centros locais de reunião], não se preocupem com o que terão que falar. "Na hora certa, o espírito santo lhes vai mostrar o que dizer".

Sobre os bens privados

SQ 38. PROPRIEDADES SEM IMPORTÂNCIA

Alguém em meio à multidão lhe pediu: "Mestre, diga a meu irmão que reparta comigo a herança". Ele, porém, respondeu: "Meu senhor, quem disse que eu sou seu juiz ou árbitro?"

Então ele contou a todos uma parábola, dizendo: "A terra de um homem rico tinha produzido em abundância, e ele pensou consigo mesmo: 'E agora, o que vou fazer? Não tenho onde guardar a colheita'. Em seguida, ele disse: 'Já sei. Vou demolir meus celeiros e construir outros, maiores, onde poderei guardar meus grãos e bens. E vou dizer a minha alma: Alma, você tem bens em estoque para muitos anos; relaxe, beba, coma e seja feliz' Mas disse Deus a ele: 'Insensato! Esta noite mesmo você terá a alma reclamada; e tudo o que você produziu, a quem pertencerá?' Isso é o que acontece com quem acumula tesouros para si próprio sem se tornar rico diante de Deus".

SQ 39. SOBRE ALIMENTAÇÃO E VESTUÁRIO

"Por isso eu lhes digo: não se preocupem com a vida, quanto ao que vocês vão comer, nem com o corpo, quanto ao que vão vestir. Não será a vida mais que alimento, e o corpo mais que vestuário?"

Vejam os corvos. Eles não semeiam nem colhem, não têm

celeiro nem depósito, e mesmo assim Deus os alimenta. Não valerão vocês mais do que os pássaros? Qual de vocês, com sua preocupação, pode acrescentar um único dia à própria vida?

E por que se preocuparem tanto com as roupas? Vejam como crescem os lírios. Eles não trabalham nem fiam. No entanto, nem Salomão em todo o seu esplendor foi tão magnificente. Se Deus deu roupas tão lindas à relva, que hoje viceja nos campos e amanhã será atirada ao fogo, como não daria de vestir a vocês, seus descrentes?

Então não se preocupem, perguntando-se: 'O que vamos comer?' ou 'O que vamos vestir?' Todo mundo faz isso, e seu Pai sabe que vocês precisam de alimentação e vestuário.

"Em vez de se preocuparem, certifiquem-se de que estão sob o domínio de Deus, e tudo isso lhes será acrescentado".

SQ 40. SOBRE UM TESOURO NOS CÉUS

"Vendam seus bens e deem tudo à caridade [de esmola]. Acumulem seu tesouro numa conta celestial, onde as traças e os carunchos não poderão devorá-lo, e onde os ladrões não poderão roubá-lo. Onde estiver seu tesouro, lá também estará seu coração".

O juízo iminente

SQ 41. A HORA

"Podem crer: se o dono de uma casa soubesse quando o ladrão viria, não deixaria que ela fosse arrombada. Vocês também devem se preparar, porque o filho do homem virá numa hora inesperada".

SQ 42. SOBRE A FIDELIDADE

"E quem então é o servo fiel e prudente, encarregado de servir as refeições domésticas na hora adequada? Feliz é o servo que o amo encontrar cumprindo seu dever. Com certeza eu lhes digo: o amo vai promovê-lo e entregar a ele a responsabilidade sobre todos os seus bens. Mas se esse servo pensa consigo mesmo: 'o amo está atrasado' e começa a maltratar seus colegas, a comer e a beber com os vagabundos, seu amo vai chegar num dia em que ele não o esperava, numa hora imprevista. Vai puni-lo severamente e vai entregá-lo à sorte dos desleais".

SQ 43. FOGO E DIVISÃO

"Vim para atear fogo à terra; e como eu queria que ele já estivesse aceso! Vocês pensam que eu vim trazer a paz à terra? Não, não vim trazer a paz, mas a espada. Vim para criar conflito entre pai e filho, discórdia entre mãe e filha, estranhamento entre sogra e nora. Os inimigos de uma pessoa serão seus próprios parentes".

SQ 44. SINAIS DOS TEMPOS

Ele disse às multidões: "Quando vocês veem uma nuvem se levantar no poente, dizem "Vem chuva"; e vem. Quando sopra o vento sul, vocês dizem 'Vai fazer calor'; e faz. Se vocês sabem ler os sinais dos céus, por que não conseguem discernir os sinais dos tempos? Por que não decidem por si próprios o que é justo?"

SQ 45. O ACERTO DE CONTAS

"Tente entrar em acordo com seu acusador quando estiver com ele a caminho do tribunal. Do contrário, ele vai arrastá-lo ao juiz, o juiz vai entregá-lo ao guarda e o guarda vai atirá-lo na prisão. E eu lhe asseguro: você não vai sair de lá enquanto não pagar até o último centavo".

Parábolas do reino

SQ 46. O GRÃO DE MOSTARDA E O FERMENTO

Ele disse: "Como é o reino de Deus? A que poderei compará-lo? Ele é como um grão de mostarda que um homem pegou e plantou no quintal. Ele cresceu, tornou-se uma árvore, e as aves do céu fizeram ninhos em seus galhos".

Ele disse ainda: "O reino de Deus é como o fermento que uma mulher pegou e misturou a três medidas de farinha, de modo que toda a massa ficasse fermentada".

Os dois caminhos

SQ 47. A PORTA ESTREITA E A PORTA FECHADA

"Esforcem-se para entrar pela porta estreita, porque eu lhes digo que muitos tentarão entrar e não serão capazes. Uma vez que o dono da casa tiver fechado a porta, vocês ficarão do lado de fora, baterão à porta, e dirão: 'Nós comemos e bebemos com o senhor, e o senhor nos ensinou nas ruas'. Mas ele lhes responderá: 'Não sei de onde vocês vieram. Afastem-se de mim, todos vocês que são injustos'".

SQ 48. EXCLUSÃO DO REINO

"Muitos virão do oriente e do ocidente para se sentar à mesa do reino de Deus. Haverá choro e ranger de dentes quando vocês virem Abraão, Isaac, Jacó e todos os profetas no reino de Deus e vocês próprios estiverem excluídos. Olhem bem: Os últimos serão os primeiros, e os primeiros serão os últimos".

SQ 49. LAMENTAÇÃO POR JERUSALÉM

"Jerusalém, Jerusalém, que matas os profetas e apedrejas os que te foram enviados! Quantas vezes não tentei reunir teus filhos como a galinha junta os pintinhos sob suas asas, mas não quiseste. Olha bem: tua casa está abandonada. Agora, eu te asseguro que não hás de me ver outra vez até o dia em que disseres: 'Bendito aquele que vem em nome do Senhor'."

Os verdadeiros seguidores de Jesus

SQ 50. SOBRE A HUMILDADE

"Todo aquele que se enaltece será humilhado, e aquele que se humilha será enaltecido".

SQ 51. O GRANDE JANTAR

"Um homem ia dar um grande jantar e tinha convidado muitas pessoas. Na hora marcada para o banquete, ele mandou seu servo dizer aos convidados: 'Venham, por favor, já está tudo pronto'. Entretanto, todos começaram a dar desculpas para não ir. Disse o primeiro: 'Comprei um terreno e preciso ir vê-lo. Queira me desculpar'. Disse um outro: 'Acabei de comprar cinco juntas de bois e tenho que experimentá-las. Queira me desculpar.' E disse um outro: 'Casei-me há pouco e, portanto, não poderei comparecer.' O servo regressou e contou ao amo o que se passara. Indignado, disse o homem a seu servo: 'Vá depressa à cidade e traga toda a gente que encontrar pelas ruas.' O servo foi à cidade e trouxe todas as pessoas que encontrou pelas ruas. E assim a casa ficou cheia de convidados".

SQ 52. PREÇO QUE SE PAGA PARA SER UM DISCÍPULO

"Quem não odiar o pai e a mãe não pode aprender de mim. Quem não odiar o filho e a filha não pode perten-

cer a minha escola. Quem não aceitar sua cruz [resistir à condenação sem desanimar] para se tornar meu seguidor, não pode ser um de meus discípulos. Quem tentar conservar a própria vida vai perdê-la; mas quem perde a vida por minha causa vai preservá-la".

SQ 53. O SAL INSOSSO

"O sal é bom, mas se o sal perder o gosto, como pode ser recuperado? Não presta nem para a terra nem para o estrume. Jogam-no fora".

Normas da comunidade

SQ 54. QUANDO SE ALEGRAR

"O que vocês pensam? Se um homem tivesse cem ovelhas e perdesse uma, ele não deixaria as outras 99 para procurar a outra? E se ele a encontrasse, eu lhes asseguro, ficaria mais contente por ela do que pelas 99 que não se desgarraram. Ou qual a mulher que, se tivesse dez dracmas e perdesse uma, não acenderia uma lâmpada para varrer a casa e procurar a moeda até encontrá-la? E se ela a encontrasse chamaria seus amigos e vizinhos, dizendo: 'Vamos, alegrem-se comigo, porque encontrei a dracma que tinha perdido'."

SQ 55. OU ISTO OU AQUILO

"Ninguém pode servir a dois senhores. Ou se odiará um e se amará o outro, ou se é leal a um e se despreza o outro. Não se pode servir a Deus e ao dinheiro [riqueza]".

SQ 56. O REINO E A LEI

"A lei de Moisés e os profetas [de Israel] tiveram autoridade até João. Desde então o reino de Deus vem sendo sobrepujado por homens violentos. Mas é mais fácil passar o céu e a terra do que um

único golpe da lei perder a força. Quem se divorcia da mulher co-
mete adultério, e quem se casa com mulher divorciada também".

SQ 57. SOBRE ESCÂNDALOS

"Com certeza haverá escândalos; mas ai daquele que
os causar. Melhor seria para ele ser atirado no mar com
uma pedra de moinho amarrada ao pescoço do que provocar o desgarramento de uma só pessoa desta gente pe-
quenina".

SQ 58. SOBRE O PERDÃO

"Se seu irmão pecar, você deve repreendê-lo. Se ele ouvir
você, você deve perdoá-lo. Mesmo se ele pecar contra você
sete vezes por dia, você deve perdoá-lo".

SQ 59. SOBRE A FÉ

"Se você tivesse uma fé do tamanho de um grão de mostarda, poderia dizer a esta amoreira: Vá embora daí e plante-
-se no mar, e ela lhe obedeceria".

O Juízo Final

SQ 60. O DIA DA SEPARAÇÃO

"Virão os dias em que lhes dirão: 'Olhem, ele está no
deserto.'

Vocês não devem ir até lá. Ou então: 'Olhem, ele está recluso em alguma casa'. Vocês não devem ir atrás deles. Porque
da mesma forma com que um relâmpago brilha de um lado
a outro do céu, vai ser assim no dia em que o filho do homem aparecer.

Como nos dias de Noé, assim será no dia do filho do homem. Eles comiam, bebiam, casavam e eram dados em ca-

samento até o dia em que Noé entrou na arca. Então veio o dilúvio e todos foram arrastados.

Foi o mesmo nos dias de Ló – eles comiam, bebiam, vendiam, plantavam, construíam. Mas no dia em que Ló deixou Sodoma, choveu fogo e enxofre, e todos foram destruídos.

Vai ser assim no dia em que o filho do homem aparecer.

Eu lhes digo: naquela noite haverá dois homens no campo; um será tomado e o outro, deixado. Duas mulheres estarão moendo juntas. Uma será tomada e a outra, deixada.

Onde estiver o cadáver, ali vão se reunir as águias [abutres?]".

SQ 61. A PRESTAÇÃO DE CONTAS

"Aquele dia será como um homem que partiu em viagem. Ele reuniu os servos e confiou-lhes total responsabilidade sobre suas posses. A um deles, entregou cinco talentos [uma grande soma de dinheiro], a outro, dois, a outro, um. Ao regressar, o amo chamou os servos para acertar as contas. Disse o primeiro: 'Senhor, seus cinco talentos renderam mais cinco'. E o amo respondeu: 'Muito bem, meu bom servo. Você se mostrou confiável em questões financeiras; vou encarregá-lo de assuntos mais importantes'. Veio o segundo e disse: 'Senhor, seus dois talentos renderam outros dois'. E o mestre respondeu: 'Muito bem, meu bom servo. Você se mostrou confiável em questões financeiras. Vou encarregá-lo de assuntos mais importantes'. Veio o terceiro e disse: 'Senhor, eu tive medo, porque o senhor é um homem severo. O senhor retira o que não depositou e colhe onde não semeou. Aqui está o talento que guardei com segurança para o senhor, escondido'. E o amo respondeu: 'Seu imprestável, você não sabia que eu colho o que não semeei? Então, por que não investiu meu dinheiro de modo que eu o resgatasse com juros quando voltasse?' 'Tirem o talento dele e o entreguem àquele que tem dez talentos'. Eu lhes digo: todo aquele que tem vai receber mais, e daquele que não tem, até o pouco que tem lhe será retirado".

SQ 62. PARA JULGAR ISRAEL

"E vocês, que me seguiram, sentarão em tronos para julgar as doze tribos de Israel".

3. CONTEÚDOS AFORÍSTICOS DE Q

O evangelho de Q contém um conjunto de sentenças lapidares que dão à coletânea seu tom distintivo. Um exemplo é a afirmação em Q 39, de que "a vida é mais que alimento". Cada pequena unidade de composição tem pelo menos uma sentença lapidar. Algumas são formuladas como máximas, outras, como imperativos, mas todas têm tom do discurso aforístico. São comentários críticos sobre a vida cotidiana e reco-

> Saliente-se, "que o núcleo basilar dos Evangelhos canônicos não era a vida de Jesus, mas uma coleção da Logia ou aforismos, que foram anotados em hebraico ou Aramaico por Mateus, considerado o escriba do Senhor".

mendam um comportamento não-convencional. Tais sentenças nos põem em contato com o mais primitivo estágio do movimento de Jesus, quando o discurso aforístico era a norma. Não queremos dizer que os aforismos que citaremos abaixo foram de autoria de Jesus ou de seus seguidores, mas eles certamente usavam em sua linguagem oral, pois era o que corria, nesta fase. Já informamos alhures, que os Evangelhos narrativos, tais como hoje conhecemos, só surgiram muito mais tarde com os canônicos (Marcos, Mateus, Lucas e João). Destaque-se, todavia, que Q era composto de camadas distintas, Q1, Q2 e Q3, sendo Q1, a camada mais primitiva; com o tempo foram acrescentadas outras camadas.

Para facilitar a compreensão do Evangelho de *aforismos* ou de *sentenças*, listamos alguns aforismos, encontrados neste Evangelho Q – copiados de civilizações mais antigas – e que se constituíram em "fontes" para que os escritores dos Evangelhos de Mateus e Lucas fizessem narrações, 'atribuindo-as' a Jesus. Saliente-se, então, como consequência, "que o núcleo basilar dos Evangelhos canônicos não era a vida de Jesus, mas uma coleção da *Logia* ou aforismos, que foram anotados em hebraico ou aramaico por Mateus, considerado o escriba do Senhor".[1]

Mais do que simples frases feitas, os provérbios/máximas são manifestações espontâneas da sabedoria do povo que, quase sempre, teve como única escola a própria vida. Vivendo e observando, puderam chegar a conclusões, que logo iam transformando em provérbios e máximas morais. Antes de listarmos essas "máximas" encontradas no Evangelho Q, que foram parar "na boca de Jesus", nas anotações dos escritores dos Evangelhos de Mateus e Lucas, vejamos algumas máximas, usadas atualmente: "Entre marido e mulher não metas a colher"; "Não deixes para amanhã o que podes fazer hoje"; "Quem o feio ama bonito lhe parece"; "De médico e de louco todos temos um pouco"; "Pior cego é aquele que não quer ver"; "Quem tudo quer tudo perde", entre tantos outros.

3.1. OS CONTEÚDOS NOTÁVEIS DE Q

Algumas das mais notáveis porções do Novo Testamento que são 'acreditados' terem sido originados em Q:
As bem-aventuranças.

- Amai os vossos inimigos.
- Regra de Ouro.
- Não julgueis, para que não sejais julgados.

---

1. HARPUR, Tom. *Op. cit.*, p. 147.

- O teste de uma boa pessoa.
- A Parábola dos Sábios e os Construtores Tolos.
- A Parábola da Ovelha Perdida.
- A Parábola da Festa de Casamento.
- A Parábola dos Talentos.
- A Parábola do Fermento.
- A Parábola do cego guiando outro cego.
- A Oração do Pai Nosso.
- A exposição da Lei.
- Os pássaros do céu e os lírios do campo.

3.2. Aforismos em forma de "máximas"

- Felizes são os pobres de espírito; o reino é deles. (SQ 8)
- Todo mundo abraça seus parentes. (SQ 9)
- A medida que vocês usarem será a medida usada contra vocês. (SQ 10)
- Pode um cego guiar outro cego? (SQ 11)
- O discípulo não é superior ao mestre. (SQ 11)
- A boa árvore não dá frutos ruins. (SQ 13)
- As raposas têm tocas e as árvores do céu, ninhos, mas há homens que não têm lar. (SQ19)
- A colheita é abundante, mas os trabalhadores são poucos. (SQ 20)
- Quem pede recebe. (SQ 27)
- Nada que esteja escondido deixará de ser revelado. (SQ 35)
- As pessoas valem mais que os pássaros. (SQ 36)
- A vida é mais que alimento. (SQ 39)
- O corpo é mais que o vestuário. (SQ 39)
- Onde estiver o seu tesouro aí estará o seu coração. (SQ 40)
- Quem se enaltece será humilhado. (SQ 50)
- Quem quiser conservar a própria vida vai perdê-la. (SQ 52)
- Se o sal perder o gosto, não prestará para mais nada. (SQ 53)

Essas sentenças não são apenas brilhantes, são pungentes. Algumas são incisivas, outras levemente bem-humoradas e outras chegam a ser cômicas, no sentido de que a inversão das práticas ou atitudes normais foi levada às raias do absurdo. A vida de um modo geral está sob revisão, e os valores convencionais, sob forte escrutínio.

3.3. Aforismos em forma de imperativos (ordem)

* Alegrem-se quando repreendidos. (SQ 8)
* Amem os seus inimigos. (SQ 9)
* Abençoem quem os amaldiçoa. (SQ 9)
* Agredido numa face ofereça a outra. (SQ 9)
* Dê a qualquer um que pedir. (SQ 9)
* Não julguem para não serem julgados. (SQ 10)
* Primeiro tire a trave de seu próprio olho. (SQ 12)
* Deixe que os mortos enterrem os seus mortos. (SQ 19)
* Vão, como cordeiros no meio de lobos. (SQ 13)
* Não levem dinheiro, nem bolsa, nem sandálias. (SQ 20)
* Não falem com ninguém. (SQ 20)
* Comam o que lhes oferecerem. (SQ 20)
* Peçam e lhes será dado. (SQ 27)
* Não tenham medo. (SQ 36)
* Não se preocupem com sua vida. (SQ 39)
* Certifiquem de que estão sob o domínio de Deus. (SQ 39)
* Vendam seus bens e deem tudo à caridade. (SQ 40)

3.4. Sentenças sobre o Reino de Deus no Evangelho Q

* Felizes são os pobres, o reino de Deus é deles. (SQ 8)
* Quem põe a mão no arado e olha para trás não está apto para o reino de Deus. (SQ 19)
* Se vocês entrarem numa cidade e forem bem recebidos, comam o que lhes foi servido. Ajudem os doentes e digam a eles: "O reino de Deus está próximo de vocês". (SQ 20)

- Mas se entrarem numa cidade e não forem bem recebidos, sacudam a poeira dos pés e digam, quando forem embora: "Mesmo assim o domínio de Deus está próximo de vocês". (SQ 20)
- Em suas orações, digam: "Pai... que se cumpra o seu domínio, dê--nos o pão de cada dia". (SQ 26)
- Certifiquem-se de que estão sob o domínio de Deus, e tudo isso lhes será acrescentado. (SQ 39)
- Como é o reino de Deus? É como um grão de mostarda. É como fermento que uma mulher pegou e misturou a três medidas de farinha. (SQ 46)

3.5. Aforismos nucleares com ideias cínicas

- Pobreza voluntária. (SQ 38), (SQ 39), (SQ 40)
- Empréstimo sem esperar retorno. (SQ 9)
- Crítica aos ricos. (SQ 8), (SQ 38), (SQ 40)
- Não-retaliação. (SQ 9), (SQ 10), (SQ 20)
- Alegria diante da repreensão. (SQ 8)
- Rompimento dos laços de família. (SQ 19), (SQ 52)
- Atitude destemida e despreocupada. (SQ 36), (SQ 39)
- Confiança ao cuidado de Deus. (SQ 26), (SQ 27)
- Discipulado sem afetação. (SQ 11), (SQ 14), (SQ 38), (SQ 50), (SQ 53)
- Simplicidade na busca do reino de Deus. (SQ 19), (SQ 39), (SQ 40), (SQ 52), (SQ 53)

Alguns padrões sobre o modo de vida que os historiadores reconhecem como um padrão de comportamento altamente recomendado por filósofos populares durante o período helenístico e greco-romano. A camada Q1 propõe uma ética prática para aqueles tempos amplamente conhecida como **cínica.** As sentenças mordazes, atribuídas a Jesus no Q1 mostram que seus seguidores o viam como um sábio cínico. Os cínicos eram conhecidos por mendicância, pobreza voluntária, renúncia às necessidades básicas, rompimento dos laços familiares, atitudes destemidas e despreocupadas e comportamento em público desagradável.

4. JESUS: UM CAMPONÊS JUDEU ITINERANTE

Na verdade, os pesquisadores afirmam que o 'Jesus teológico' também chamado de 'Cristo da fé', é apenas uma construção da Igreja!

Considerando trinta anos por geração, podemos afirmar que além do quarteto canônico (Marcos, Mateus, Lucas e João), considerados de **2ª geração** (dos anos 60 a 90 d.C), a pesquisa mostra a existência de outros evangelhos chamados de **1ª geração** (dos 30 aos 60 d.C). E o principal evangelho de primeira geração foi batizado de **Evangelho Q**, composto na década 50 d.C, provavelmente no Tiberíades da Galileia e que ficou perdido por muito tempo. Foi

> Hoje é ponto pacífico entre os estudiosos do cristianismo que os Evangelhos de Mateus e Lucas foram compostos tendo como fontes tanto o Evangelho de Marcos (o primeiro a ser escrito), como o *Evangelho Q*.

'recomposto' recentemente por acadêmicos especialistas em origens do cristianismo.

Hoje é ponto pacífico entre os estudiosos do cristianismo que os

Evangelhos de Mateus e Lucas foram compostos tendo como fontes tanto o Evangelho de Marcos (o primeiro a ser escrito), como o Evangelho Q. Isto para o cristão não acostumado à pesquisa científica, como sói acontecer, mas apenas à interpretação religiosa sobre o cristianismo inicial, é algo de causar 'choque'. Muitos ainda pensam que os evangelhos foram escritos por Jesus de Nazaré. Jesus não escreveu nada! Numa das palestras que fiz, em determinada cidade, ao abordar a questão de Jesus não ter escrito nada, ouvi, após a exposição, um participante comentar a alguém do lado: se Jesus nada escreveu, daqui a pouco vão dizer que Jesus não existiu! Na verdade, os pesquisadores afirmam que o 'Jesus teológico' também chamado de 'Cristo da fé', é apenas uma construção da Igreja!

Outra informação que pode surpreender os religiosos não afeitos à pesquisa científica (Kardec recomenda que o espiritismo acompanhe a ciência, ou não subsistirá), é que a conclusão que se tira é o **caráter camponês** do Evangelho Q, mostrando-nos a história inicial, em que os primeiros agrupamentos cristãos estão inseridos. As imagens que temos hoje é a de um Jesus formatado, totalmente diferente daquilo que ele foi realmente. Sei que é complicado para o cristão calcado apenas na fé que crê! Daí a necessidade de se separar o "Jesus histórico" (um ser humano, igual a nós), do "Cristo da fé" (nascido de mulher virgem, filho unigênito de Deus) este, fruto de uma construção teológica.

"Uma das reconstruções correntes da figura de Jesus, elaborada na Idade Média, apresenta-o sob a forma de um homem de estatura bastante alta e bem proporcionada, o rosto venerando coroado por longos cabelos castanhos, lisos até quase à altura das orelhas, cacheados nas pontas, dotados de um leve reflexo cerúleo e brilhante, espalhados sobre os ombros e partidos ao meio no alto da cabeça. Nariz e boca de proporções perfeitas, uma fronte lisa e serena, sem rugas, um leve rubor, barba cheia da mesma cor dos cabelos, e os olhos vivos e brilhantes completam o quadro, no todo digno da profecia bíblica".[1]

---

1. DONINI, Ambrogio. *Breve história das religiões*, p. 283.

Mas esta imagem só adquiriu vida na mente dos fiéis, pois os testemunhos históricos sobre os quais se pretende baseá-la não encontram o mínimo apoio na realidade. A imagem de Jesus é apenas uma criação fantástica, elaborada no curso dos tempos. A lenda cristã é fruto de uma complexa obra de construção realizada pelos homens durante séculos, através de um laborioso e lento processo de transformação e adaptação.

Em 2001, a BBC produziu um documentário chamado "Filho de Deus", baseado na descoberta, na Palestina, de um crânio do século I. O estudioso do Novo Testamento, Mark Goodacre, foi o responsável pelas pesquisas a respeito da aparência do cabelo e da cor da pele daquela pessoa. "As representações artísticas ao longo dos séculos têm uma variação total de Jesus e nenhuma é acurada", diz ele. De acordo com Goodacre, o cabelo foi fácil. "Há uma referência em Paulo que diz que é vergonhoso para um homem usar cabelo comprido, de modo que parece quase certo que as pessoas desse período tinham de ter cabelo razoavelmente curto. As representações tradicionais de Jesus com uma longa cabeleira dourada são completamente imprecisas".

Dr. Richard Neave teve a coragem de dizer ao mundo que a compleição física de Jesus não podia se parecer com aquelas que os artistas da Renascença pintaram e esculpiram para a Igreja. O porte físico do Cristo, imaginado nos séculos XVI e XVII, nada tem de judeu semita, mas, sim, de europeu ariano, pois eram os europeus que mandavam no mundo e, para eles, tudo o que havia de bom na raça humana tinha que obedecer aos seus padrões étnicos. A busca por conhecer os traços físicos de Jesus Cristo é uma constante entre religiosos, e algumas vezes, pesquisadores e cientistas embarcam em tentativas de revelar a imagem do homem que revolucionou a sociedade judaica de seu tempo e é tido como "filho de Deus" pelos cristãos. Um grupo de pesquisadores ingleses e israelenses divulgou uma imagem em terceira dimensão do que seria o rosto de Jesus Cristo, de acordo com informações do *site* espanhol voltado a notícias do meio cristão, *Acontecer Cristiano*.

Como seria à época   **Como é visto hoje**

(Superinteressante Ed 376 – Junho/2017)

"A Bíblia é uma grande narrativa. Você pensou naquela gente pobre, que andava perambulando pelo deserto, levada pelo impulso do vento? Eles passaram a admitir o Deus único. Um povo inculto, de pastores, aceita essa invenção espantosa da abstração. E ela traz histórias trágicas, punitivas", diz o escritor judeu Moacyr Scaliar.[2]

Os estudiosos, nos dois últimos séculos, têm se preocupado em buscar o *Jesus histórico*, tal como existiu como homem e não um produto do *mito*. Obviamente, há linhas de interpretações mais 'suaves' e as mais 'radicais'. Por exemplo, o famoso *Seminário de Jesus*, nos Estados Unidos, composto de vários estudiosos, sem compromisso com as crenças religiosas, chega a concluir que apenas 18% do total de palavras atribuídas a Jesus nos Evangelhos canônicos 'podem' ser realmente consideradas 'autênticas' e que apenas 16% do total de ações a ele atribuídas "podem ser", de fato, consideradas autênticas. Já Tom Harpur, ex-pastor evangélico, seguindo a linha de vários pesquisadores de ponta, não aceita estes dados do SJ, concluindo que o Jesus histórico não existiu, mas, tão somente o "Cristo da fé".[3] De minha parte, aceito sua existência, porém, não do ponto de vista teológico.

---

2. Ilustrada da Folha de São Paulo, em 21.03.2017.
3. BOBERG, José Lázaro. *Milagre – fato natural ou sobrenatural?* pp. 42/43.

Informa o ex-padre, Marcelo da Luz[4] que "Paulo também era *gnóstico* e que embora as Cartas de Paulo e colaboradores tenham sido os escritos inaugurais do Novo Testamento, elas **nada contam** a respeito da vida de Jesus. Evidências da existência dessa personalidade fora da narrativa bíblica são mínimas, e ele mesmo não deixou registros. Relatos acerca dos milagres e outros feitos de Jesus foram veiculados oralmente durante décadas antes de serem fixados nos evangelhos – quatro relatos oficiais cujo objetivo é comunicar a obra do Nazareno aos pósteros.

> O famoso *Seminário de Jesus*, nos Estados Unidos, composto de vários estudiosos, sem compromisso com as crenças religiosas, chega a concluir que apenas 18% do total de palavras atribuídas a Jesus nos Evangelhos canônicos 'podem' ser realmente consideradas 'autênticas' e que apenas 16% do total de ações a ele atribuídas "podem ser", de fato, consideradas autênticas.

Todo edifício da doutrina cristã está baseado em *histórias de pescadores galileus do século I*, os quais fixaram a imagem de Jesus Nazareno, um profeta religioso, independente, ao modo de filho privilegiado de Deus". O curioso é que o próprio Paulo pouco se interessa pela pessoa de Jesus, nem por suas palavras; aliás, ele não cita Jesus. Se, eventualmente, encontramos o nome de Jesus, ele não está se referindo ao Jesus de Nazaré, mas sim, ao *Khristós* (semente divina imanente em todas as criaturas). Assim é que Hórus (Deus egípcio) era **Iesus**. Aliás, na realidade, Paulo não se refere ao Jesus humano, mas sim, à presença de um Cristo espiritual interior, o *Khristós*.

Destaque-se ainda, outro evangelho considerado de *primeira geração*, o recém-descoberto, *O Evangelho de Tomé*, em 1945, em Nag Hammadi, no Egito. "Trata-se de um texto que contém altas exigências em termos de coragem de pensar pela própria cabeça, de não se deixar levar pelo pensamento de outrem, nem pela pressão da sociedade, de saber resistir e manter a firmeza no meio das dificuldades. Esses movimentos não costumam praticar o culto de personalidade, nem insistem no segmento incondicional de um líder, pois são avessos à heroicização. Lendo os textos da primeira

---

4. LUZ, Marcelo. Onde a religião termina? p. 129, cap. 5.

geração cristã, estamos diante do perfil de um cristianismo (ainda) não centrado na figura de Jesus".[5] Todos são detentores do *Khristós* e não submetidos à crença nenhuma. Entendamos, pois, que tanto o *Evangelho de Q*, quanto o *Evangelho de Tomé* ensinam a *independência*. Dizem os gnósticos, nada de submissão a padres, bispos, papas; você tem em si a potência divina, o chamado *Khristós*.

Vale acrescentar, ainda, que a tendência humana é glorificar os seus líderes. Daí a afirmação de Bertold Brecht: "Ai do povo que necessita de heróis!" O entendimento desse aforismo é **que o filósofo sabe que, quando um povo precisa de herói é porque ele ainda é escravo da tirania do medo e da ignorância. É um povo que ainda não construiu sua obra beatífica: a liberdade. E sob o jugo do herói, esse povo jamais será livre, visto que o próprio herói é um escravo. Neste caso em questão,** entregar-se a Jesus, aos santos, aos espíritos etc., passando a viver no *dolce far niente*, ausente quanto à responsabilidade de desenvolvimento do *Khristós* (presença de Deus no interior, inclusive em Jesus), é tornar-se 'dependente', sem autoconfiança, e bloquear sua ascese evolutiva.

É por isso que os primeiros evangelhos 30 a 60 d.C, de *primeira geração* insistem na responsabilidade pessoal, enquanto os de *segunda geração* vão transferindo o processo de formação cristã para a devoção dedicada à figura de Jesus. Já analisou a frase atribuída a Jesus, *"Tudo que eu faço vós também podeis fazer?"* Ela quer dizer que Jesus trabalhava o seu *Khristós* (eu e o Pai somos um) e você tem todo o potencial para evoluir por seus próprios méritos.

Jesus – conforme os evangelhos canônicos – enviava seus seguidores aos sítios da Galileia com a finalidade de 'despertar' no povo a capacidade 'adormecida' de resolver por si seus problemas. Anunciando que o "reino de Deus está próximo"(Mt 10,7; Lc 9,2). O povo começava a sonhar com coisas nunca dantes esperadas: mesa farta, saúde, bem-estar para as famílias camponesas. Os camponeses viviam marcados pela injustiça, trabalhando como arrendatários de terras dos grandes proprietários, sofren-

---

5. HOORNAERT Eduardo. *Origens do cristianismo*, p. 71.

do todas as agruras com ausência de tudo para a manutenção da família.

O caráter camponês do movimento de Jesus abre novas perspectivas. A terra ficava nas mãos dos grandes proprietários e a classe camponesa e contratada como diarista. (Veja a *Parábola dos trabalhadores da última hora*). A classe camponesa morava na terra dos grandes latifundiários, mas não tinha a propriedade, enquanto quem auferia os lucros morava na cidade. Jesus também era originário da aldeia camponesa de Nazaré. Levado pela emoção e indignação diante das condições de vida camponesa decidiu *entrar em cena* pública.

Então, só podemos entender *os evangelhos de primeira geração*, tendo como pano de fundo o mundo referencial *camponês*. Os camponeses reconheciam Jesus, sendo identificado como profeta ungido. Tratava-se de uma classe bastante religiosa. Ao longo dos séculos nasciam, morriam, sem praticamente nenhum registro que identificasse sua passagem pela terra (Não existia, obviamente, Cartório de Registro Civil, como hoje).

Informa-nos Horsley[6] que "A julgar pela tradição dos Evangelhos sinóticos, que raramente mencionam outra cidade além de Jerusalém, Jesus passou a maior parte de sua carreira andando de uma aldeia para outra. Na forma mais característica de ensino – as parábolas – tira analogias das experiências da vida camponesa da Galileia. Em qualquer sociedade tradicional como o era a da Palestina judaica do século I da era cristã, os camponeses constituem 90 por cento ou mais da população. Esses camponeses eram predominantemente 'analfabetos' e não produziam literatura, com exceção do que foi lembrado, talvez dos 'ditos' pronunciados por Jesus e dos relatos sobre ele. Ratifique-se que todos esses ditos (aforismos) foram lembrados e desenvolvidos em forma oral até serem fixados por escrito apenas nos Evangelhos do Novo Testamento".

Vários foram os movimentos surgidos contra a situação caótica em que viviam os camponeses, nos tempos iniciais do cristianismo. Jesus

---

6. HORSLEY, Richard A; HANSON, John S. *Bandidos, Profetas e Messias – Movimentos populares no tempo de Jesus*, p.7.

não foi o único a assumir liderança de um movimento camponês na Palestina. Três tipos de líderes se destacaram, antes de Jesus: *Bandidos*, *Messias* e *Profetas*. Todos eles lutavam para reverter uma situação de extrema injustiça, penúria e marginalização. Segundo Horsley, em obra já citada, Jesus nunca foi reconhecido como bandido; era reconhecido pelos camponeses como profeta ou messias. Os camponeses reconheciam em Jesus um ungido. A expressão 'reino de Deus', usada por ele, corresponde a uma longa tradição de espera por uma realeza popular. Era um ungido 'diferente'. Não andava armado, e era um ungido camponês de verdade, com método da não violência.

A tática usada por Jesus era proclamada por ele em alta voz: O reino de Deus (de justiça e fraternidade) está chegando! Esta proclamação chegava cada vez mais aos ouvidos dos camponeses que aguardavam com ansiedade, por conta da pressão em que viviam. Pensavam na remoção do sistema opressivo que se instalou no templo e na instalação de uma nova ordem social.

> Daí, afirmar o ex-sacerdote católico, Marcelo da Luz: "Jesus, provavelmente realizou algumas curas e outros fenômenos parapsíquicos (doenças psicossomáticas), contudo grande parte dos 'milagres' relatados são reconstruções teológicas posteriores, invencionices literárias carregadas de proposital simbolismo a fim de se fixar a crença em sua divindade...".

Ele fazia o que se espera de um profeta, inspirava com dinamismo que, em última análise, é de Deus. Os camponeses enxergavam nele um novo Moisés, Josué, um novo líder do tempo dos Juízes, um novo Elias ou Eliseu, de qualquer modo, uma grande figura que correspondesse à vigorosa tradição de Israel. Os profetas são figuras eminentemente populares. Conforme já abordamos alhures, Jesus seguiu os passos de João Batista, considerado seu mentor, dada a proximidade de suas mensagens. Eram 'apocalípticos' e pregavam a implantação de reino de Deus em breve.

Jesus, na condição de carpinteiro (também pedreiro e construtor, conforme, pesquisadores) podia livremente circular, sem suspeita por parte das autoridades, em oposição aos camponeses que ficavam diretamente ligados à terra. Ele começou a se relacionar com pescadores, outra classe de trabalhadores que podia se deslocar com certa liberdade e fazer companheiros entre eles. Ao enviar os apóstolos de dois em dois pelos sítios da Galileia, recomendava que eles frequentassem somente casas dispostas a recebê-los.

Ao anunciar, sem poder de armas, mas através do despertamento dos camponeses, que o reino de Deus estava chegando, suas palavras abalavam os pilares da sociedade palestinense: o templo, a dinastia de Herodes e, sobretudo a supremacia romana. Daí, de um lado, a pressa dos apóstolos em anunciar, por todos os sítios, as palavras de ordem: "O reino está chegando!" e de outro lado, a rápida reação das autoridades. A elite romana composta talvez, por apenas 10% ou um pouco mais, entrou em estado de alerta. Perceberam que Jesus era mais perigoso que os profetas exaltados, sempre armados. O negócio era eliminá-lo. Daí, a execução, como o fizeram com tantos outros líderes populares, com fim de estancar o movimento que aumentava como fermento na massa, celeremente.

Os textos de primeira geração mostram Jesus como um grande *terapeuta*. Curava os doentes. Surgem relatos de 'milagres'. Desde cedo, circulou uma coleção de milagres de Jesus, posteriormente inserida nos evangelhos de Marcos (2, 6 e 8) e no de João (2-9). As multidões começaram a seguir Jesus e seus discípulos em suas andanças pelas aldeias. A fome por que passavam os camponeses gerava por consequência doenças (30 anos era o teto de vida).

> Para os romanos, a história oficial terminou aí, com a crucificação de Jesus, por crime contra o Estado. Nada de ressurreição. Daí para frente começou a história do Cristo por conta dos cristãos. Começa, então, o "Jesus teológico" ou "Cristo da fé!".

É óbvio, no entanto que não existia milagre. Daí, afirmar o ex-sacerdote católico, Marcelo da Luz: "Jesus, provavelmente realizou algumas curas e outros fenômenos parapsíquicos (doenças psicossomáticas), contudo grande parte dos 'milagres' relatados são reconstruções teológicas posteriores, invencionices literárias carregadas de proposital simbolismo a fim de se fixar a crença em sua divindade...".[7]

---

7. LUZ, Marcelo da. *Como a religião termina?* p. 129.

Jesus não conseguia mais se esconder. Espalhava-se a notícia de um profeta ungido, como poderoso terapeuta e que pregava a *vinda de um reino de Deus*. As autoridades preocupavam-se com a liderança exercida por ele diante dos camponeses, que estavam dispostos a pressionar as autoridades e exigir uma atitude diante da fome e doença que assolavam o povo trabalhador da Galileia. Para os romanos, a história oficial terminou aí, com a crucificação de Jesus, por crime contra o Estado. Nada de ressurreição. Daí para frente começou a história do Cristo por conta dos cristãos. Começa, então, o "Jesus teológico" ou "Cristo da fé!".

O conceito predominante da pregação de Jesus era o do reinado de Deus. Jesus anunciava sua irrupção imediatamente iminente (que se manifesta agora). O reinado de Deus, num conceito escatológico, se refere ao governo de Deus que põe termo ao atual curso do mundo, que destrói tudo que é contrário a Deus, tudo que é satânico, tudo que faz o mundo gemer, e, pondo desse modo um fim a todo sofrimento e dor, estabelece a salvação para o povo de Deus que espera pelo cumprimento das promessas proféticas. A vinda do reino de Deus é um evento maravilhoso, que se realiza sem contribuição humana, unicamente por iniciativa de Deus. É no contexto dessas expectativas que se situa a pregação de Jesus.

MACK afirma que "a difusão do movimento provavelmente ocorreu no curso normal de contatos e viagens onde o debate sobre o domínio de Deus atraísse a atenção das pessoas dispostas a ouvir. Aparentemente, muitos se sentiram atraídos pelo povo de Jesus e suas conversas sobre o domínio de Deus". [8]

Para Bultmann em *Teologia do Novo Testamento*, p. 44: "Assim, fica claro, porém, que Jesus tem a certeza que reino de Deus está próximo; ele convencido de que o atual curso do mundo está sob o domínio de satanás e seus demônios; ele espera a ressurreição dos mortos e o juízo; compartilha com a ideia do inferno de fogo, no qual são lançados os condenados. O resumo de sua pregação. Assim, ele assume a imagem apocalíptica do futuro, mas de forma bastante reduzida. Afirmando: *O tempo chegou! O reino de Deus está irrompendo!*"

---

8. *Idem, ibidem,* p.126.

5. A inserção de Q nos Evangelhos de Mateus e Lucas

Hipótese das duas fontes

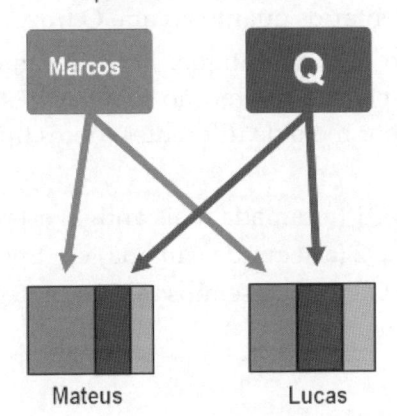

Mateus   Lucas

Mateus e Lucas inseriram "quelle" (Q), cada um de modo independente, na narrativa básica de Marcos. Mateus fez isso, principalmente, nos cinco grandes discursos, Lucas na "grande viagem", que ocupa os capítulos centrais dos evangelhos.

Nas seções a seguir, irei mostrar, em primeiro lugar, a citação de cada capítulo do documento Q, de onde, hipoteticamente, os escritores de Mateus e Lucas **copiaram**, cada qual a seu modo.

Como o objetivo do estudo é mostrar que o hipotético Evangelho **Q** serviu como uma das 'fontes' tão somente para os Evangelhos de Mateus e Lucas (não para Marcos) deixou-se de relacionar o que foi 'copiado' de Marcos.

Antes, porém, para melhor compreensão, apresentaremos algumas convenções que podem e devem ser consultadas no processo de análise e pesquisa:

1. Os textos de Q estão destacados em todo o processo da análise comparativa de cor **cinza.**

2. Logo, imediatamente abaixo, em tabela de duas colunas paralelas, inseri os conteúdos de Mateus e Lucas com as respectivas citações, onde se pode verificar a 'cópia' que cada um dos escritores assinalou.

3. Foi utilizada a versão do Livro **Q**, completo.

4. Expendi comentários quanto ao que **Q** traz.

5. Reportando o que já expliquei no texto anterior, neste Texto **Q** completo, respeitei a convenção sobre as três camadas diferenciadas no texto por meio de diferentes fontes tipográficas:

- o material de Q1 (a camada mais antiga) está em negrito;
- o material de Q2 (a segunda camada) em tipo regular;
- o material de Q3 (os acréscimos mais recentes) em *itálico*.

6. ANALISANDO O EVANGELHO DE Q

Você é portador do *Khristós* (encarnação divina em todo ser humano) tal como todos os líderes espirituais da Humanidade.

Com pesquisas sérias em livros de historiadores de religião, analisamos cada texto de Q e aqueles 'copiados' pelos escritores dos Evangelhos que levaram o nome de Mateus e Lucas, para, juntos, refletirmos sobre as *origens do cristianismo*. Tudo é analisado sem qualquer outro objetivo senão a busca da **Verdade**.

> A teologia transfere essa 'Força' somente a uma pessoa encarnada, no caso a Buda, Hórus, Krishna, Jesus, entre tantos outros. Isto quer dizer, cá entre nós no mundo cristão, que Jesus, igual a você, também é detentor do Khristós. Portanto, pé na estrada na busca do que é seu. Cada um deve dar conta de sua administração!

Neste intuito, caminhamos com o fundador do espiritismo, Kardec – o bom-senso encarnado – que nos recomenda passar tudo pelo 'crivo da razão'. Todas as informações devem ter respaldo da ciência. Não temos, conforme já reportamos, qualquer interesse em atacar a religião cristã, nem nenhuma outra fé religiosa de qualquer crença. Estamos em busca da **Verdade** espiritual, pois, aceitamos como verdade universal, a máxima 'atribuída' a Jesus: *"Conhecereis a Verdade e a Verdade vos libertará"*.

Fazemos nossas a confissão de Tom Harpur em seu livro *O Cristo dos pagãos*: "Minha fé aumentou com estes estudos. Por isso, a busca da essência dos aforismos atribuídos a Jesus, bem como a origem dos mitos cristãos trouxeram a paz a uma alma sequiosa da verdade", diz Tom Harpur um ex-pastor anglicano, autor de vários *best-sellers* sobre o cristianismo. Complementa ainda que "quase todo o pensamento de grande parte do Ocidente civilizado tem se fundamentado em uma "história" **que nunca aconteceu**, e que a Igreja cristã teria sido fundada sobre uma série de milagres **que literalmente nunca aconteceram**".

Portanto, você vai perceber a potência espiritual de que somos dotados, e que toda essência extraída dos mitos atribuídos aos deuses de várias religiões e depois a Jesus, recoloca-nos no trilho do verdadeiro sentido do ser humano, na caminhada evolutiva em busca da Perfeição infinita. Você é portador do *Khristós* (encarnação divina em todo ser humano) tal como todos os líderes espirituais da Humanidade.

Daí aceitarmos como verdade universal a expressão, atribuída a Jesus (Jo 14:12.), mas na realidade, do *Livro de Salmos* 82: "Vós sois Deuses e se o quiserdes podereis *fazer* o que *eu faço e muito mais*...". Essa é uma afirmação que realmente nos faz refletir sobre o **Poder** de que somos dotados, e muitas vezes, por conta de informações distorcidas da própria teologia, transfere-se essa **força** somente a uma pessoa encarnada, no caso a Buda, Hórus, Krishna, Jesus, entre tantos outros. Isto quer dizer, cá entre nós no mundo cristão, que Jesus, igual a você, também é detentor do *Khristós*. Portanto, pé na estrada na busca do que é seu. Cada um deve dar conta de sua administração!

Entenda, todavia, isto é 'roubo' do que somos realmente, pois você, em igualdade de condição como qualquer líder espiritual, nasce com esta FORÇA. Por isso, o desenvolvimento da 'pérola escondida' – o *Khristós* dentro de você – só pode ser trabalhada por você mesmo! Em seu livro, sobre esta ótica, pergunta o Pe. Fábio de Melo, *Quem me roubou de mim?* E nós, nesta mesma linha de raciocínio, escrevemos o livro: *Seja você mesmo!* Percebamos, pois, que nas palavras atribuídas a Jesus, por João: "Tudo que eu faço, vós também podeis fazer e **muito mais**", fica patente que se alguém pode fazer mais do que ele, refere-se neste caso que ele não atingiu o ápice da Perfeição infinita. Nesta ótica, Kardec expõe em O *Evangelho segundo o Espiritismo*, cap. 17, que a "Perfeição é sempre relativa".

Neste contexto, outro sacerdote, o ex-padre, Marcelo da Luz, em seu livro *Como a religião termina?* p. 137, afirma que "No geral, as pessoas associam automaticamente a Jesus Cristo os qualificativos "melhor" ou "maior" do mundo, assumindo de modo ingênuo as concepções 'mitológicas' criadas em torno do Nazareno e reforçadas ao longo dos séculos. Por essa razão, qualquer crítica à suposta perfeição de Jesus Cristo será tomada pelos leitores devotos como ignominiosa e insuportável. O objetivo é auxiliar os leitores devotos, mas abertos ao **discernimento**, a perceberem Jesus Cristo enquanto consciência evoluciente, sujeita como qualquer outra consciência, a erros, ciladas do ego e imaturidade. O autor ignora qual seja o atual patamar evolutivo da consciência outrora manifesta na Terra sob o nome de Jesus de Nazaré".

> O ex-padre, MARCELO DA LUZ afirma: "No geral, as pessoas associam automaticamente a Jesus Cristo os qualificativos "melhor" ou "maior" do mundo, assumindo de modo ingênuo as concepções 'mitológicas' criadas em torno do Nazareno e reforçadas ao longo dos séculos. Por essa razão, qualquer crítica à suposta perfeição de Jesus Cristo será tomada pelos leitores devotos como ignominiosa e insuportável".

Procuremos, pois, analisar os textos de Q, Mateus e Lucas – que serão comentados – a partir da "pregação de João" (Q1), até "Recompensa do seguimento" (Q50), com espírito 'desarmado' de quaisquer preconceitos, ou seja, como o espírito de livre-pensador. Na: *Revista Espírita* – Jornal de estudos psicológicos – fevereiro de

1867, assevera Kardec, "o livre pensamento eleva a dignidade do homem; dela faz um ser ativo e inteligente, em vez de uma *máquina de crer*".

É preciso ficar atento quanto à passagem do estilo aforístico de Q1 (1.º estágio do Evangelho de Q), que, até então, é calcada na noção dos 'cuidados de Deus', derivado do modo com que a natureza provê as criaturas de suas necessidades básicas, e que, poeticamente, "veste os lírios do campo", para a transição a Q2 (2.º estágio) com uma nova postura, onde se ouve a voz de um profeta que não se furta a pregar o 'castigo' e o fardo da meação 'apocalíptica'. Neste estágio, o Jesus de Nazaré é apocalíptico, tal como fora seu iniciador João Batista.

Então, sintetizando, no *Evangelho de Q*, percebem-se de acordo com os aforismos pronunciados, três fases distintas.

> **Q1** – primeira fase – Jesus é identificado como *pregador* da *filosofia cínica*.
>
> **Q2** – 2.ª fase – Jesus é agora um *pregador apocalíptico* anunciando o fim do mundo, aos camponeses, com a eminente implantação do reino de Deus na Terra.
>
> **Q3** – 3.ª fase – consiste apenas em acréscimos fragmentários. Esta camada pode ser compreendida como um estágio de reinterpretação dos ensinos de Jesus.

Mas convém deixar claro, como vimos na primeira parte, que esses ensinamentos, conforme afirmam os pesquisadores sobre *as origens cristãs* não são originais de Jesus, apenas 'atribuídos' a ele, pelos construtores dos Evangelhos posteriores.

PARTE III

COMENTÁRIOS AO EVANGELHO Q

A numeração é própria e corresponde à divisão baseada em F. NEIRYNCK, *Q-Parallels*. A numeração adotada pelo *Internacional Q Project* (IQP) usa a sigla Q seguida pela correspondente numeração dos versos em Lucas (no canto de cada bloco). Assim, antes de iniciarmos o estudo de cada seção com as coletâneas de aforismos, atentemos para essa numeração.

> **{Q1} Anúncio do juízo por João Batista**, a título de exemplo, está colocado ao lado de Lc: 3:7-9, 16:17 e corresponde ao primeiro bloco.
>
> **{Q2} Tentação de Jesus** ao lado de Lc: 4:1, 1:3, e, assim, sucessivamente, tudo segundo o IQP, até o último verso de Lucas, e corresponde ao segundo bloco.
>
> **{Q50} Recompensa do seguimento** Lc: 22:28-30, e corresponde ao último bloco.

1. PREGAÇÃO DE JOÃO[1]
– O iniciador de Jesus –

SQ 3. O APARECIMENTO DE JOÃO
<João apareceu nos campos ao longo do rio.>

SQ 4. O DISCURSO DE JOÃO ÀS MULTIDÕES
Ele dizia às multidões que vinham para ser afundadas [no rio]: "Raça de víboras! Quem disse a vocês que fugissem da ira que virá? Mudem seus modos de agir se é que mudaram mesmo os seus modos de pensar. Não digam: 'Temos a Abraão como nosso pai'. Mas eu lhes digo que Deus pode fazer nascer até destas pedras. Agora o machado está posto à raiz das árvores. Toda árvore que não produzir bons frutos será cortada e atirada ao fogo".

SQ 5. A PREVISÃO DE JOÃO DE QUE ALGUÉM VIRÁ
"Eu afundo suas cabeças na água, mas virá em breve alguém que é mais forte do que eu, alguém cujas sandálias não sou digno de tocar. Ele vai cobrir vocês com espírito santo e fogo. Ele tem nas mãos a pá com a qual vai limpar seu terreiro e guardar o trigo em seu celeiro. E a palha ele vai queimar com um fogo que ninguém poderá extinguir."

---

1. Os textos dos Evangelhos de Mateus e Lucas foram extraídos do livro *Sinopse dos Evangelhos de Mateus, Marcos e Lucas e da Fonte 'Q'*, de Johan Konings.

ANÚNCIO DO 'JUÍZO' POR JOÃO BATISTA

Mt 3:7-12.	Lc 3:7-9.16b-17 Q1
7 Vendo muitos dos fariseus e saduceus vindo para seu batismo, disse-lhes: Crias de víboras, quem vos orientou a fugir da ira que está para vir?	7 Dizia, portanto, às turbas que saíam a caminho para serem batizadas por ele: Crias de víboras, quem vos orientou a fugir da ira que está para vir?
8 Fazei, portanto, fruto adequado à conversão,	8 Fazei, portanto, frutos adequados à conversão, e não comeceis a dizer convosco mesmos: Por pai temos Abraão!, pois digo-vos que Deus pode destas pedras erguer filhos para Abraão.
9 e não penseis em dizer convosco mesmos: Por pai temos Abraão!, pois digo-vos que Deus pode destas pedras erguer filhos para Abraão.	9 Já está deitado o machado à raiz das árvores. Toda árvore, portanto, que não fizer bom fruto será cortada e lançada ao fogo.
10 Já está deitado o machado à raiz das árvores. Toda árvore, portanto, que não fizer bom fruto será cortada e lançada ao fogo.	16b Eu vos batizo com água, mas vem o mais forte do que eu, do qual não sou apto a desatar as correias de suas sandálias. Ele vos batizará com Espírito santo e fogo,
11 Eu vos batizo com água, para a conversão, mas o que vem depois de mim é mais forte do que eu – do qual não sou apto a carregar as sandálias. Ele vos batizará com Espírito santo e fogo;	17 ao qual a joeira {está} em sua mão para limpar sua eira e recolher o trigo no seu celeiro; a palha, porém, ele queimará com fogo inextinguível.
12 ao qual a joeira {está} em sua mão, e ele limpará sua eira e recolherá seu trigo no celeiro, a palha, porém, ele queimará com fogo inextinguível.	

COMENTÁRIOS:

O termo 'juízo' está estreitamente ligado à imaginação apocalíptica. Os evangelhos falam no 'Juízo final', quando serão separados os bons dos maus. Uns serão encaminhados para o 'céu', e outros, para utópico 'inferno'. A *Parábola das ovelhas e dos cabritos* é uma alegoria criada para mostrar como Deus agirá no Juízo Final (Mt 25:31-46), colocando os 'bons' (ovelhas) à sua direita, e os maus (cabritos) à sua esquerda. É chamada a atenção do povo de Q sobre a preocupação de se sair mal num julgamento último, mesmo de forma sub-reptícia, estando presente na pregação de João desde (Q1) até a parábola dos talentos (Q.61). Em Mateus (3.7.10), retrata-se Deus pronto para punir os pecadores, dizendo "está deitado o machado à raiz das árvores. Toda árvore, portanto, que não der bom fruto será cortada e lançada ao fogo".

"Grande parte dos anúncios proféticos, das imagens de destruição e das parábolas de exclusão baseiam sua força nesse pano de fundo, mesmo quando isso não está explicitado. Também foi a moldura apocalíptica o que forçou uma nova concepção de Deus e permitiu imaginar-se o domínio de Deus como um reino a ser plenamente revelado somente nos fins dos tempos".[2]

Neste contexto, toda pregação de João Batista tinha cunho apocalítico, expressando a ideia de um Deus 'julgador' e 'vingativo', pois sua vinda era iminentemente aguardada pelo povo judeu. João Batista, então, conclamava o povo ao batismo do arrependimento dos 'pecados', porque *os tempos estavam chegados*! A ideia do povo judeu era a de um Deus antropomórfico vingativo, um Deus-pessoa; enquanto a ideia

> "Uma descoberta impressionante do pesquisador Bart EHRMAN, ao revelar que o relato da ressurreição de Jesus, no Evangelho de Marcos (o primeiro a ser escrito) foi acrescentado muitos anos depois".

espírita (Questão n.º 1 de *O Livro dos Espíritos*) é a de "inteligência suprema e causa primeira de todas as coisas". Longe da ideia do Deus pessoa.

Entenda, todavia, no que se refere ao batismo de Jesus por João, segundo pesquisadores, ele não passa de um 'mito', copiado de Q e inserido nos evangelhos de Mateus e Lucas, não por interesse biográfico, mas sim, para despertar a fé dos seguidores na sua sagração como Messias, enviado por Deus.

Segundo a grande maioria dos cristãos, Jesus teria afirmado que o batismo é necessário para a "salvação" e que só pode ser "cristão" (e "salvar-se") "quem crer e for batizado" (Mc 16:16). Os mesmos cristãos, baseados numa passagem do Evangelho de Mateus (Mt 28:19), asseguram que Jesus ordenou o seguinte: "Ide, portanto, e fazei que todas as nações se tornem discípulas, batizando-as 'em nome do Pai, do Filho e do Espírito Santo'".

Trata-se, obviamente, de uma 'construção' teológica, que foi colocada na boca de Jesus. A verdade, porém, ao que se tem notícia, é que o *Jesus histórico* nunca disse isso. "Tanto o versículo bíblico de Marcos

---

2. MACK, Burton L. *idem, ibidem*, p.131.

(Mc 16:16) como o de Mateus (Mt 28:19) não são autênticos, uma vez que não se encontram em versões mais antigas dos mesmos evangelhos. Isto quer dizer que, por interesse político, foram acrescentados por algum copista. Além disso, a passagem de Mateus foi copiada do chamado *Pseudo Evangelho de Marcos* (Mc 16:9-20), que, por sua vez, é um caso de acréscimo ao Evangelho de Marcos, uma vez que não consta nas versões mais antigas desse mesmo Evangelho".[3]

"Uma descoberta impressionante do pesquisador Bart Ehrman, ao revelar que o relato da ressurreição de Jesus, no Evangelho de Marcos (o primeiro a ser escrito) foi **acrescentado** muitos anos depois". Usando do método histórico-crítico, que consiste em comparar os manuscritos mais antigos com as cópias mais novas, descobre que houve acréscimo nos doze últimos capítulos (Mc 16:12-20). Esses doze versículos falam das aparições de Jesus ressuscitado e de sua suposta ordem aos discípulos, dizendo-lhes: *"Ide por todo o mundo, proclamai o Evangelho a toda criatura. Aquele que crer e for **batizado** será salvo; o que não crer será condenado (Mc 16:15-16)"*.[4] Situação coercitiva, que obriga a se batizar 'na marra', senão...

Fica, portanto, mais do que claro que a doutrina do **batismo** não foi ensinada pelo *Jesus histórico*. Esses versículos estão ausentes de dois de nossos mais antigos e melhores manuscritos do Evangelho de Marcos, apesar de ser bastante provável que o Jesus histórico tenha sido batizado por João Batista, ele nunca fez uso do batismo nem ordenou aos discípulos que fossem por todo o mundo *evangelizando* e *batizando* toda criatura em nome da Trindade, nem jamais afirmou que só seria salvo quem cresse e fosse batizado. Isso tudo foi doutrina mítica 'acrescentada' posteriormente pela Igreja, a fim de legitimar biblicamente a sua hegemonia eclesial. Com base nesse dado histórico, o **batismo** é, por conseguinte, mais um *mito* cristão. Por conseguinte, não é o batismo nem qualquer outro sacramento ou prática ritualística que "salva" (ou "liberta") e que caracteriza o "cristão", como Jesus o definiu.

---

3. SOUZA, José Pinheiro. *Mitos cristãos*, p. 133.
4. EHRMAN, Bart D. *O que Jesus disse? O que Jesus não disse?* pp. 76-77.

Tom Harpur, em Cristo dos pagãos,[5] traz interessantes pesquisas em torno do mito do batismo de Jesus. Trata-se, na realidade, de um ato simbólico que retrata o processo da encarnação de que todos nós tomamos parte. A água que é despejada denota matéria (o nosso corpo é feito de dois terços de água, e a água é o símbolo da matéria na teologia antiga).

1. Jesus – declaram todos os quatro evangelhos – foi batizado pelo primo João, que tinha o alcunha de 'o Batista'. Posteriormente, João decapitado pelo tetrarca Herodes Antipa (4 a.C – 39 d.C) – em homenagem à famosa dança de Salomé – para agradar à esposa, Herodias, e a morte dele assinalou o início do ministério de Jesus. Igualmente Hórus no rio Eridamus (ou Arutana) pelo João Batista egípcio, Anup, que também foi mais tarde decapitado. Kuhn afirma que Hórus, no seu batismo, foi "transformado do verbo feito carne em verbo feito verdade" – uma mudança do natural para inteiramente espiritual – O anunciador de Hórus foi Anup; 'ele quem prepara o caminho para o outro mundo', 'ele é a força que endireita os caminhos para os reinos superiores do céu'; o de Jesus foi João Batista. A descrição feita por Mateus (3:3): "Porque este é o anunciado pelo profeta Isaías, que diz: Voz que clama no deserto; preparai o caminho do Senhor, endireitai as veredas".

2. "Hórus, e depois Jesus, receberam o batismo aos 30 anos de idade. Há uma lacuna no histórico de vida de todos os deuses solares antigos, entre os 12 aos 30 anos de idade. Ambos os números são simbólicos, significando a conclusão e o pleno desenvolvimento dos ciclos, o fim de uma era, ou etapas de transição e transformação. Aos 30 anos, todos eles aparecem como Deus adulto, ou homem feito," conforme anotações de Kuhn. Hórus e Jesus aparecem ao público aos 12 anos – um símbolo desse rito de passagem e do despertar para as plenas faculdades intelectuais.

3. Também adiciona a pesquisa de Goodfrey Higgins, observando que, em passagem dos textos egípcios, o próprio Osíris era caracterizado como a videira e Hórus como Unbu, o ramo. Em João, 15,

---

5. Tom HARPUR, ex-pastor anglicano, professor de grego e Novo Testamento na Universidade de Toronto e autor de vários *best-sellers*, entre eles *O Cristo dos pagãos* e *Transformando água em vinho*.

Jesus diz que ele é "a verdadeira videira" e que seus seguidores são "os ramos", destinados a dar muitos frutos. "Hórus desempenhou esse papel simbólico no Egito, muito tempo antes de Jesus". É mais uma cópia do escritor do Evangelho de João da literatura egípcia.[6]

"Quanto à afirmação de que os *tempos são chegados* e de que, a hora do julgamento estava se aproximando, não era nenhuma novidade; os profetas já faziam esta previsão há 800 anos a.C. [...]". [7] O povo judeu pregava a ideia do apocalipsista (fim do mundo). Pasmem! Até hoje, é comum ouvirmos essa linguagem bíblica, na presença de fenômenos naturais como *tsunamis*, desastres, enfim, algo anômalo, aparecem 'saberetas' religiosos, verberando: "É, os tempos estão chegados!" Mesmo no espiritismo, na versão apenas religiosa, vários seminários são promovidos com este título apocalíptico.

"Num nível mais profundo e esotérico, **o batismo é *uma alegoria da evolução da alma na matéria, a alma de cada um de nós***. O Evangelho de João começa com o batismo de Jesus, símbolo da encarnação no ambiente líquido do corpo humano, isto é, a imersão total no reino material. Assim como Jesus entra nas águas do rio Jordão, a alma de cada um de nós 'desce' para viver no ventre materno. Dois terços do corpo humano, como sabemos são feito de água".[8]

Nesta linha de obrigatoriedade do batismo, a Igreja Católica criou o chamado **limbo** – teorizado por Santo Agostinho – o lugar para onde os bebês que não tivessem sido batizados iriam quando morressem, de acordo com séculos de tradição e ensinamentos. Isto é o que chamamos de "legislar" para Deus! A teologia católica é campeã, nesse processo, introduzindo tantos dogmas e transmitindo-os aos seus seguidores, como se fossem criados por Deus. É por isso que afirmamos, em nossos livros, que "religião é coisa do homem e não de Deus!" A Igreja Católica Romana, por decreto papal,

6. HARPUR, Tom. *O Cristo dos pagãos*, p.110.
7. CROSSAN, John Dominique. *O Jesus histórico*, pp. 267/268.
8. HARPUR, Tom. *Transformando água em vinho*, p. 49.

'enterrou' definitivamente o conceito de limbo. Num documento muito esperado, a Comissão Teológica Internacional da Igreja disse que o *limbo* reflete uma "visão excessivamente restritiva da salvação". O limbo, que vem da palavra em latim para "borda", "limite", era considerado por teólogos medievais um estado, ou lugar, reservado aos mortos não batizados, incluindo gente de bem que havia vivido antes da chegada de Cristo. Depois de trazer tantos estragos a muitas famílias, que se enquadravam nestas condições, durante muito tempo, isto que é solução para quem legisla para Deus!

2. AS TENTAÇÕES DE JESUS

SQ 6. JESUS É TENTADO PELO ACUSADOR

*Então Jesus foi conduzido pelo espírito até o deserto para ser julgado pelo acusador [**diabolos**, o anjo promotor da corte celestial]. Ele jejuou por 40 dias e teve fome. O acusador disse: "Se você é o filho de Deus, mande esta pedra se transformar em pão'". Jesus, porém, respondeu:*

"Está escrito: 'Ninguém vive só de pão. '" Então o acusador o levou até Jerusalém e o pôs no ponto mais alto do templo, e disse: "Se você é o filho de Deus, jogue-se lá embaixo, porque está escrito: 'Ele dará ordens a seus anjos para que protejam você' e 'eles o guiarão pela mão para que você não tropece numa pedra'". Jesus, porém, respondeu: "Está escrito: 'Não testarás o senhor, teu Deus. '" Então o acusador o levou para uma montanha bem alta e mostrou a ele todos os reinos do mundo, com todo o seu esplendor, e disse: "Tudo isso eu lhe darei se você me obedecer e me reverenciar". Jesus, porém, respondeu: "Está escrito: 'Reverenciarás o senhor teu Deus e só a ele servirás '". Então o acusador o deixou.

Tentação de Jesus

Mt 4,1-4.8-10.5-7.11	Lc 4,1-13 Q2
1 Então, Jesus foi conduzido para o deserto pelo espírito, para ser tentado pelo diabo,	1 Jesus, cheio de Espírito santo, voltou do Jordão foi conduzido no espírito pelo deserto,
2 e tendo jejuado quarenta dias e quarenta noites, posteriormente, teve fome.	2 {por} quarenta dias sendo tentado pelo diabo, e ele não comeu nada naqueles dias e, quando terminaram, teve fome. 3 Disse-lhe o diabo: Se és Filho de Deus, dize a esta pedra que se torne pão.
3 E aproximando-se o tentador disse-lhe: Se és Filho de Deus, dize que estas pedras se tornem pães!	4 E respondeu-lhe Jesus: Está escrito (que): Não só de pão viverá o homem.
4 Ele, respondendo, disse: Está escrito: Não só de pão viverá o homem, mas de toda palavra saindo da boca de Deus.	5 E, conduzindo-o, mostrou-lhe todos os reinos da terra habitada, num instante de tempo,
8 Novamente, leva-o o diabo a uma montanha muito alta e mostra-lhe todos os reinos do mundo e sua glória,	6 e disse-lhe o diabo: A ti darei toda esta exusia, e a glória deles – porque a mim foi entregue, e eu a dou a quem eu quero –;
9 e disse-lhe: A ti darei tudo isso, se caindo te prostrares para mim.	7 portanto, se tu te prostrares diante de mim, será toda tua.
10 Então, diz-lhe Jesus: Vai-te, Satanás, pois está escrito: Para o Senhor, teu Deus, te prostrarás e só a ele prestarás culto. Então o diabo leva-o consigo à cidade santa e colocou-o no pináculo do templo e diz-lhe: Se és Filho de Deus, joga-te daqui abaixo! Pois está escrito (que): Aos seus anjos mandará a teu respeito, e nas mãos te levarão, para que não ofendas numa pedra o teu pé.	8 E, respondendo, Jesus disse-lhe: Está escrito: Para o Senhor teu Deus te prostrarás e só a ele prestarás culto.
	9 Depois, o diabo levou Jesus a Jerusalém e, colocando-o no ponto mais alto do templo, disse-lhe: Se és Filho de Deus, lança-te daqui para baixo.
	10 Pois está escrito (que): Aos seus anjos mandará a teu respeito que te protejam,
7 Jesus lhe disse:	11 e (que): Nas mãos te levarão, que não ofendas numa pedra o teu pé.
8 Novamente está escrito: Não tentarás o Senhor teu Deus.	12 E, respondendo, disse-lhe Jesus (que): Foi dito: Não tentarás o Senhor, teu Deus.
11 Então o diabo o deixa, e eis, os anjos aproximaram-se e o serviam.	13 E terminando toda tentação, o diabo ficou distante dele até o momento {marcado}.

Comentários:

No Evangelho de Mateus, Jesus sofre três supostas "tentações demoníacas", mas não se deixa vencer por nenhuma delas. Simbolicamente, todos nós também sofremos "tentações demoníacas", mas para a doutrina espírita, os chamados "demônios" são apenas espíritos desencarnados imperfeitos (desde a sua criação), suscetíveis de regeneração e evolução, como qualquer um de nós.[1] Ainda, podemos interpretar os demônios do ponto vista psicológico – que nos parece, ser a maioria – os desequilíbrios emocionais causados por nós mesmos e que os religiosos atribuem ao demônio (espíritos inferiores), sem, portanto, a presença de espírito algum. Quantas pessoas buscam a casa espírita alegando estarem sendo assediadas por entidades perturbadoras (demônios, para a maioria cristã), mas que, na realidade, nada mais são do que expressão de desarmonias emocionais. A propósito, esse é o entendimento de Emmanuel, "os sintomas patológicos na experiência comum, em maioria esmagadora, decorrem dos reflexos infelizes da mente sobre o veículo de nossas manifestações, operando desajustes nos implementos que o compõem".[2]

Nesse sentido, as *tentações de Jesus*, bem como as de todos nós, pelo chamado "demônio" devem ser interpretadas de forma 'simbólica', 'alegórica', e não na literalidade. "Lendária é a história da 'tentação', que reflete sobre o tipo da messianidade de Jesus ou sobre o tipo da fé cristã no Messias".[3] A luta de Jesus com o "diabo" (ou 'demônio') significa, 'simbolicamente', que Jesus precisou enfrentar muitas forças que tentavam impedi-lo de realizar sua missão. As "tentações" são inevitáveis a todos nós. Não há quem não seja tentado. Jesus, mesmo no sentido mítico, traz o exemplo de

> "(...) as tentações de Jesus, bem como as de todos nós, pelo chamado "demônio" devem ser interpretadas de forma 'simbólica', 'alegórica', e não na literalidade".

que, embora "tentados", poderemos vencer nossas tentações, viver uma vida na presença de Deus (*O Christós*), de onde extrairemos forças para vencermos o mal, os desafios e as dificuldades de nossa vida, sobretudo, mediante a vivência do amor-caridade.

Disse em meu livro *O Evangelho de Judas*, p.168, que 'as tentações' funcionam como testes de aprendizagem, tais como quando o professor elabora aos seus alunos, como recurso didático de aferição

---

1. KARDEC, Allan. *O Céu e o Inferno*, capítulo 9, n° 193.
2. XAVIER, Francisco Cândido. Emmanuel. z*Pensamento e vida*, lição 28.
3. BULTMANN, Rudolf. *Teologia do Novo Testamento*, p. 66.

de aprendizagem. "Tende grande gozo quando cairdes em várias tentações". Não faz parte do pensamento moderno uma ideia como essa. Em nosso tempo, procura-se o menor esforço e o maior prazer. A Epístola de Tiago nos mostra que as tentações e as provações são elementos presentes e importantes na vida. Por que essa importância? Tiago mesmo responde: "sabendo que a prova da vossa fé produz a paciência" (Tg 1:3). Ele não nos tenta. Entretanto, permite a tentação. Esta vem de dentro de nós, atraída por fatores externos (Tg 1:14-17). A isca é o exterior. A tentação está na isca do peixe.[4]

Ora, se não existe inferno, como pode Jesus ter sido tentado pelo diabo e passado grande parte de sua vida pública "expulsando demônios" do corpo das pessoas? Como comprovam os estudiosos críticos das religiões, o inferno (ou os infernos) e o diabo são velhos mitos e, portanto, não podem ser interpretados ao pé da letra, como verdades históricas e absolutas. As narrativas da suposta tentação de Jesus pelo diabo, da suposta "expulsão de demônios" do corpo das pessoas e da suposta "descida aos infernos", após sua morte, são 'lendas' inventadas pela imaginação da Igreja antiga, ou copiadas da literatura de outras religiões ou culturas bem mais antigas do que o cristianismo. Na literatura budista, por exemplo, Buda também foi tentado pelo diabo, prova de que a figura mítica do diabo já existia antes do cristianismo, pois Buda viveu cerca de cinco séculos antes de Cristo.

Várias passagens do Novo Testamento mostram Jesus "expulsando demônios", chamados também de "espíritos impuros ou imundos"; por exemplo, Marcos (9:17-28) narra a cura de um menino "possuído por um espírito imundo"; na realidade, o referido menino sofria, no entendimento de Kardec, de *epilepsia*, e não de "possessão demoníaca". É que, na época em que o evangelho foi escrito, todas as doenças eram míticas e erroneamente interpretadas como obra do demônio, o qual não é um personagem real, mas mítico. Quanto à cura e libertação de possessos, com a análise ponderada e racional, Kardec adverte que "**a possessão não é evi-**

---

4. Ler mais em meu livro *O Evangelho de Judas*, p.168.

dente (grifos meus). Provavelmente, naquela época, como ainda hoje acontece, atribuíam-se à influência dos demônios todas as enfermidades cuja causa não se conhecia principalmente a mudez, a epilepsia e a catalepsia".[5]

Segundo o escritor Juan Arias, "a origem remota de Satã e dos demônios na Bíblia, particularmente nos evangelhos, se encontra na mitologia egípcia. Como o inimigo de Hórus era Satã, deduz-se que daí teria vindo a teoria de Satanás e dos demônios contida nos evangelhos. Hórus, assim como o *Cristo da fé*, também lutou no deserto, durante quarenta dias, contra as tentações de Satã, numa luta simbólica entre a luz e a escuridão". [6] Não há uma só das respostas de Jesus a Satã, na tentação do deserto, que não saíram do *Deuteronômio* da Bíblia hebraica (Velho Testamento), como também um encontro entre a pessoa do Salvador e o princípio do mal encontrado no paralelo nas literaturas do zoroastrismo (persa) e do budismo, assim como dos textos egípcios. [7] Neste contexto, o teólogo e ex-padre católico Franz Griese informa-nos que, pelos menos 4 textos do Novo Testamento são cópias do budismo: Simeão no Templo, **a tentação do diabo**, o milagre da multiplicação de pães e a caminhada de Pedro sobre o mar. [8]

Para Tom Harpur, ex-pastor anglicano, p.105/106, em *O Cristo dos pagãos*: "O *Khristós*, Hórus, que representava a luz espiritual é retratado como constantemente envolvido em um "intenso estado de guerra espiritual", com diversos seres míticos, incluindo o dragão de sete cabeças das trevas chamadas Sut (e uma variedade de outros nomes). De maneira semelhante, os Evangelhos retratam Jesus, o representante da luz contra as trevas, envolvido numa batalha constante, contra o seu adversário Satã. A história da *tentação* de Jesus, conforme é contada nos Evangelhos Sinópticos, simboliza vividamente isso e de novo pode ser encontrada no ritual egípcio em

---

5. Ler em meu livro *Milagre – fato natural ou sobrenatural?* p. 197.
6. ARIAS, Juan. *Jesus, Esse grande desconhecido*, p. 112.
7. HARPUR, Tom. *O Cristo dos pagãos*, p. 47.
8. GRIESE, Franz, *La desilusion de un sacerdote* p. 115.

uma forma primitiva. Hórus é posto à prova no deserto de Amenta (terra) e conduzido a uma montanha elevada, chamada Hetep, pelo seu irmão gêmeo mau e arquirrival, Sut, para um teste espiritual. Sut representa, a cada passo, a oposição das trevas a Hórus, a boa luz. Mas assim como Satã, ele finalmente é derrotado. A afirmação de Jesus sobre ter visto Satã "cair como um raio" foi antecedida milênios antes de Hórus quando, na suprema vitória sobre Sut, ele diz a Osíris, seu pai: 'Trago-te os aliados de Sut acorrentados'".

Em trecho de seu outro *best-seller*, o mesmo HARPUR, arremata, dizendo: "Você logo percebe que está na presença de um mito, pois não há informação precisa de tempo ou lugar e nenhuma possiblidade de relato de testemunhas oculares. O evangelista está simplesmente relatando ou criando a história ou mitos. O 'deserto', que, acontece tantas vezes nas Escrituras, também é, simplesmente, uma referência alegórica. É uma metáfora da vida da alma no corpo, neste plano de existência física. Aliás, o Antigo Testamento usa a mesma metáfora quando se trata das peregrinações dos israelitas no deserto. A menção de Jesus vivendo 'entre as feras' é uma característica única em Marcos, e de novo é um lembrete oportuno de que temos uma natureza animal que não pode ser disfarçada ou ignorada, embora – observe com cuidado – o texto enfatize claramente nossa natureza espiritual, dizendo que não foi o acaso, mas o espírito que 'impeliu' Jesus para o teste no deserto. Esse confronto entre o espírito e nossa natureza animal não é só inevitável; absolutamente essencial para haver qualquer oportunidade de crescermos e evoluirmos até nos tornarmos plenamente os seres luminosos que estamos destinados a ser algum dia. Pode ser um processo demorado e doloroso. Mas, deve se acrescentar de alguma maneira, que não estamos sozinhos; o modelo ideal da figura do Cristo nos Evangelhos (ainda que mito) está aí para nos inspirar em nossa jornada."[9]

Os termos: "deserto", "40 dias" e "Terra Prometida" têm, pois, sentido simbólico, senão vejamos:

---

9. HARPUR, Tom. *Transformando água em vinho*, pp. 57/58.

- O **deserto** não é uma dimensão literal. Ele representa este mundo em que perambulamos como espíritos encarnados. Ele expressa nossa alienação ao nosso verdadeiro lar.
- A **Terra Prometida** não é um pedaço de território que tem que ser conquistado pelo saque e pelo assassinato em massa. É uma região especial do coração onde Deus reside.[10]
- Os **40 dias** têm sentido simbólico, dependendo da teologia do autor.

10. *Idem, ibidem*, p. 184.

3. ENSINAMENTO DE JESUS

SQ 7. INTRODUÇÃO

<Vendo a multidão, disse a seus discípulos:>

SQ 8. SOBRE QUEM É FELIZ

"Felizes são os pobres; o reino de Deus é deles".

"Felizes são os que têm fome; eles serão saciados".

"Felizes são os que estão chorando; eles hão de rir".

Felizes são vocês quando lhes repreendem como imprestáveis por causa do filho do homem [expressão semítica que significa "ser humano", utilizável em circunlóquios, no caso para "por causa de mim" ou "por causa de Jesus"]. Alegrem-se, exultem, porque vocês têm um tesouro no céu. Era exatamente assim que tratavam os profetas.

As bem-aventuranças

Mt 5,1-12	Lc 6,20-26 Q3
1 Vendo as turbas, subiu ao monte, e estando ele sentado, aproximaram-se dele os discípulos,	20 E ele tendo elevado os olhos para os seus discípulos dizia:
2 e abrindo sua boca ele os ensinava, dizendo:	Felizes os pobres, porque vosso é o reino de Deus!
3 Felizes os pobres no espírito, porque deles é o reino dos Céus.	21 Felizes os famintos agora, porque sereis saciados!
4.Felizes os entristecidos, porque eles serão consolados.	Felizes os que chorais agora, porque rireis!
5 Felizes os mansos, porque eles herdarão a terra.	22 Felizes sois quando vos odiarem os homens e quando vos separarem e injuriarem e expulsarem vosso nome como maligno por causa do Filho do Homem.
6 Felizes os famintos e sedentos da justiça, porque eles serão saciados. '	
7 Felizes os misericordiosos, porque eles receberão misericórdia.	23 Alegrai-vos, naquele dia, e exultai, pois eis, o vosso salário é muito, no céu, pois da mesma forma os seus pais fizeram com os profetas.
8 Felizes os puros no coração, porque eles verão a Deus.	
9 Felizes os fazedores de paz, porque eles serão chamados filhos de Deus.	24 Todavia, ai de vós, ricos, porque tendes vossa consolação!
10 Felizes os perseguidos por causa da justiça, porque deles é o reino dos Céus.	25 Ai de vós, os fartos agora, porque tereis fome!
11 Felizes sois quando vos injuriarem e perseguirem e [mentindo] disserem tudo de maligno contra vós, por causa de mim.	Ai dos que rides agora, porque pranteareis e chorareis!
12 Alegrai-vos e jubilai, pois o vosso salário {é} muito, nos céus; pois assim perseguiram os profetas antes de vós.	26 Ai, quando falarem bem de vós todos os homens, pois o mesmo fizeram os seus pais com os falsos profetas.

Comentários:

"O famoso *Sermão da Montanha* de maneira nenhuma foi exposto pela primeira vez no Evangelho de Mateus. Esse Evangelho pertencia – de uma forma ou de outra – a todo corpo das religiões antigas, arcanas ou secretas. Por exemplo, não há uma única palavra ou aforismo nele que não seja semelhante ou não se encontre explicitamente nos textos judaicos do *Mishná*, do *Midrash* e do *Talmud*"[1]

---

1. *Mishná* – foi redigido pelos mestres tanaítas, termo que deriva da palavra hebraica que significa "ensinar" ou "transmitir uma tradição"; do *Midrash* (uma maneira de interpretar histórias bíblicas que vai além de simples destilação de ensinamento religioso, legal ou moral). Ele preenche muitas lacunas deixadas na narrativa bíblica sobre eventos e personalidades que são apenas insinuados ou do *Talmud* (um livro sagrado dos judeus; um registro das discussões rabínicas que pertencem à lei, ética, costumes e história do judaísmo)

Muito embora possa parecer um pouco 'chocante', mas, conforme as observações que adicionamos realizadas pelos pesquisadores de ponta, sabe-se, hoje, o *sermão da Montanha* é 'fictício' e não contém conceito e ensinamentos originais de Jesus, e foi escrito 'por várias mãos'. Harpur – ex-pastor anglicano – diz-se que *ele é o maior sermão que nunca foi pronunciado*.[2] Muitos pensam que o cristianismo caiu, 'milagrosamente' do céu, como 'revelação'. Ele aparece no Evangelho **Q** – que serviu de Fonte para as anotações de Mateus e Lucas, em seus evangelhos – com uma cópia de *aforismos* já divulgados e que corriam entre os povos, antes mesmo do cristianismo.

Informe-se, logo de início, que as *bem-aventuranças* referem-se ao discurso de abertura do *Sermão da Montanha*. Os escritores do Evangelho de Mateus sempre associaram Jesus a Moisés. Tinha Jesus que ser igual ou maior que Moisés. Assim é que se Moisés recebeu no *monte Sinai* os Dez Mandamentos, o *monte das Beatitudes* era onde se 'acredita' geralmente que Jesus pronunciou o *Sermão da Montanha*. Este Sermão foi inserido no Evangelho de Mateus dos capítulos 5 a 7:29. Não consta nas anotações do escritor do Evangelho de Marcos, primeiro a ser escrito. Mateus e Lucas, que 'copiaram' Marcos, obviamente nada encontraram ali sobre esse sermão. Teria sido copiado da coleção de provérbios, chamada de **Q**; para outros pesquisadores que contestam a existência de **Q**, o escritor de Mateus, como informa Papias de Hierápolis (70-140 d.C.) reuniu uma enorme coleção de 'ditos' de sabedoria, 'da melhor maneira que podia' que circulavam nas culturas do antigo Mediterrâneo. Lucas, que escreve sobre o *Sermão da Montanha* de forma resumida e esparsa em seu evangelho, escolheu as partes que mais lhe agradavam. Interessante anotar, ainda, que para o escritor de Mateus o discurso ocor-

> Muito embora possa parecer um pouco 'chocante', mas, conforme as observações que adicionamos realizadas pelos pesquisadores de ponta sabe-se, hoje, o sermão da Montanha é 'fictício' e não contém conceito e ensinamentos originais de Jesus, e foi escrito 'por várias mãos'. HARPUR – ex-pastor anglicano – diz-se que "ele é o maior sermão que nunca foi pronunciado".

---

2. HARPUR, Tom. *Transformando água em vinho*, p. 115.

reu numa 'montanha' (Jesus é apresentado pelo escritor de Mateus como segundo Moisés, na verdade alguém maior que Moisés), enquanto que, para redator de Lucas, o fato ocorreu numa 'planície'.

Acredita-se que o Sermão é, na verdade, uma cópia de provérbios, que vão desde suas bem-aventuranças (a abertura deste Sermão) até a parábola do *homem prudente*, que construiu casa sobre a rocha. Atente-se que O Velho Testamento não se refere a ele nenhuma vez, Marcos (o mais antigo) tampouco menciona; o mesmo acontece com o Evangelho de João, o menos histórico, – segundo os pesquisadores do Seminário de Jesus – porém, o mais espiritualizado de todos.

Nesta ótica, pode-se dizer com segurança que o *Sermão do Monte* (em cuja abertura, ratificando, traz as promessas das *bem-aventuranças*) é uma construção inteiramente artificial dos redatores ou editores de Mateus, e o local onde foi dito é totalmente fictício. Em outras palavras, foi escrito por várias 'mãos'. "A verdade é que ninguém sabe onde aconteceu o Sermão da Montanha, pois ele nunca foi pronunciado literalmente em lugar algum". [3]

Há ainda informação de pesquisadores acadêmicos que as *bem-aventuranças* já eram divulgadas nas culturas mais antigas, antes de aparecer no Evangelho **Q**, e depois nas cópias de Mateus e Lucas, como ensinamento de Jesus. No entanto, não há qualquer crítica quanto à essência destes pensamentos aforísticos, pois, uma vez interpretada 'simbolicamente' é de valor extraordinário para o crescimento moral da Humanidade. Nós mesmos, já escrevemos um livro sobre o assunto, *O segredo das bem-aventuranças*, onde estudamos todo o *Sermão da Montanha*, e que tem feito bem a muita gente.[4] Esse Sermão pertencia – de uma forma ou de outra – a todo corpo das religiões antigas, arcanas ou secretas. Por exemplo, não há uma única palavra ou *aforismo* nele que não seja semelhante ou não se encontre explicitamente nos textos judaicos do *Mishna*, do *Midrash* ou do *Talmud*. O sétimo livro de Hermes intitula-se Seu Sermão Secreto sobre o "Monte da Regeneração".

---

3. *Idem, ibidem*, p.117.
4. *O segredo das bem-aventuranças*, por esta editora, José Lázaro Boberg.

SQ 9. SOBRE COMO REAGIR À REPREENSÃO

"Eu lhes digo que amem seus inimigos, abençoem quem os amaldiçoa, orem por quem os trata mal".

"Se alguém lhe bater numa face, ofereça a outra". "Se alguém lhe quiser arrancar o manto, deixe que leve também a túnica".

"Dê a qualquer um que pedir, e se alguém tomar o que é seu, não peça que devolva".

"Assim como desejam ser tratados, tratem os outros".

"Se vocês amarem quem os ama, que vantagem terão? Até os cobradores de imposto amam quem os ama, não é mesmo?"

"E se vocês só abraçarem seus irmãos, o que estarão fazendo que os outros também não façam? Todo mundo não faz o mesmo? Se emprestarem àqueles de quem esperam receber, que créditos terão obtido? Até os malfeitores emprestam a seus semelhantes só porque esperam ser pagos. Em vez disso, amem seus inimigos, façam o bem e emprestem sem esperar retorno. Sua recompensa há de ser grande, e vocês serão os filhos de Deus."

"Porque ele faz o sol nascer para os maus e para os bons; ele atira a chuva sobre o justo e sobre o injusto".

Amar os inimigos

Mt 5:44.39b-42; 7:12; 5:46-48.45	Lc 6:27-36 Q4
44 Eu, porém, vos digo: amai os vossos inimigos. e orai por aqueles que vos perseguem, 39b Mas, a quem te esbofeteia na [tua] face direita, vira-lhe também a outra! 40 E ao que querendo entrar em juízo contigo e tomar a tua túnica, dá-lhe também o manto! 41 E quem te requisita por uma milha, vai com ele duas! 42 Ao que pedindo-te, dá, e ao querendo receber empréstimo de ti não vires as costas. 7.12 Tudo, portanto, quanto quereis que os homens vos façam, fazei vós também assim a eles; pois esta é a Lei e os profetas. 46 Pois se amais os que vos amam, que salário tendes? Não fazem o mesmo os publicanos? 47 E se saudais somente os vossos irmãos, que fazeis demais? Não fazem o mesmo também os gentios? . 45 Para que vos torneis filhos do nosso Pai que está nos céus; porque o seu sol surge sobre maus e bons e ele faz chover sobre justos e injustos. 48 Portanto, sede vós perfeitos como o vosso Pai celeste é perfeito.	27 Mas a vós que me ouvis, digo: amai os vossos inimigos, fazei bem aos que vos odeiam. 28 Bendizei os que vos amaldiçoam e orai pelos que vos caluniam. 29 Ao que te bate na face, dispõe também a outra, e ao que tira o teu manto, também a túnica não proíbas. 30 A todo pedindo-te dá, e do tirando o teu, não exijas de volta. 31 E assim como desejais que os outros façam a vós, fazei a eles do mesmo modo. 32 E se amardes os que vos amam, qual é vossa graça? Pois também os pecadores amam os que os amam; 33 "[pois] e se fizerdes bem aos que vos fazem bem, qual é vossa graça? Também os pecadores fazem coisa igual. 34 E se emprestardes aos de quem esperais receber, qual [é] vossa graça? Também os pecadores emprestam aos pecadores, para que recebam de volta o igual". 35 Todavia, amai os vossos inimigos, fazei o bem e prestai ajuda sem esperar nada em troca, e vosso salário será muito, e sereis filhos do Altíssimo, porque ele é bondoso também para com os ingratos e maus. 36 Tornai-vos compassivos, como [também] o vosso Pai é compassivo.

COMENTÁRIOS:

Esta seção traz a injunção do tipo *cínico* para que os seguidores do movimento "abençoem quem os amaldiçoa" e depois se transforma numa sofisticada explicação sobre o que significa "amem os seus inimigos"

Observem, neste capítulo do *Evangelho de Q*, que seus 'construtores' juntaram vários 'aforismos' que corriam desde tempos mais recuados, antes do cristianismo, e *'colocaram na boca'* de Jesus. Alguns pesquisadores de renome afirmam que havia uma coleção de provérbios que já corria muitos anos antes do cristianismo. Não se sabe, mas acreditamos que muitos deles 'poderiam' ter sido pronunciado pelo *Jesus histórico* a seus seguidores, em suas pregações.

KERSTEN afirma que Jesus não foi o único que ensinou *a amar os inimigos*. *Krishna*, na Índia – como o Cristo (ou Jesus) histórico – também ensinava um código de moral (ou de ética) universal, resumido na lei do amor: a bondade, a retidão, o amor ao próximo (até mesmo ao inimigo), a retribuição do mal com o bem, o desapego, a caridade, a humildade, a esperança, o perdão, a renúncia das riquezas, a união com Deus etc.[5]

> **"Amar o próximo como a si mesmo"** é o ensinamento principal do Jesus dos Evangelhos. Atente, porém, que abrindo o *Livro de Levítico*, 19:18, por exemplo, você vai perceber que ele fazia parte da tradição judaica há séculos.

ARIAS diz que Jesus foi um pacifista no sentido atual do termo.[6] "E se é verdade que ele recriminou a máxima judia do "olho por olho, dente por dente", propondo no seu lugar o amor aos inimigos, também é verdade que essa doutrina já existia em algumas seitas judaicas mais liberais". Ora, como se reportou alhures, "amar os inimigos" não é original de Jesus nem do povo judeu, pois já fora copiado de outros povos mais antigos. Buda já pregava isto em torno de cinco séculos antes de Jesus.

"Amar o próximo como a si mesmo" é o ensinamento principal do Jesus dos Evangelhos. Atente, porém, que abrindo o *Livro de Levítico* 19:18, por exemplo, você vai perceber que ele fazia parte da tradição judaica há séculos: "Não te vingarás, nem guardarás ira contra os filhos do teu povo; mas "amarás o teu próximo como a ti mesmo"; os aforismos do *Livro de Provérbios*, que muitas vezes têm afinidade estreita com seus antecessores egípcios, também deixam claro que devemos praticar o bem, isto é, tratar com bondade todas as pessoas, inclusive os nossos inimigos.[7]

---

5. KERSTEN, Holger. Jesus viveu na Índia: a desconhecida história de Cristo antes e depois da crucificação 1986, pp. 136-137, Apud 45, de *Mentiras sobre Jesus*.
6. ARIAS, Juan. *Jesus, esse grande desconhecido*, p. 196.
7. HARPUR, Tom. *Transformando água em vinho*, p. 119.

Todo conteúdo da Bíblia é 100% humano, não pode ser interpretado na literalidade. É isso que aconteceu com alguns copistas na elaboração dos textos, mudando a interpretação literal de alguns deles. Veja o caso do versículo 5:22 de Mateus que diz: "aquele que se irar contra o seu irmão, estará sujeito a julgamento". O pesquisador Harpur, p.120, no livro *Transformando água em vinho*, para abrandar a informação para aquele que, *sem motivo*, se irar, contra o seu irmão, está sujeito a julgamento, afirma que o mandamento "amai os vossos inimigos" foi mudado para "orai por vossos inimigos".

Buda, em primeiro lugar, ensinava pagar o mal com o bem, recomendando 'amar os inimigos', não acumular riquezas supérfluas, e optar pela misericórdia em vez do sacrifício. Em Jesus acontece o mesmo, o que evidencia que esses ensinamentos são anteriores aos de Jesus de Nazaré. Neste contexto, a grande afinidade existente entre os ensinamentos éticos de Buda e de Jesus é bem conhecida: Ambos proíbem matar, roubar, mentir e ter relações sexuais ilícitas. Ambos mandam respeitar os mais velhos. Ambos louvam a paz interior. Ambos querem pagar o mal com o bem, e recomendam **amar os inimigos**, não acumular riquezas supérfluas, e optar pela misericórdia em vez do sacrifício.

O JULGAMENTO

> ### SQ 10. SOBRE FAZER JUÍZOS
> **"Sejam misericordiosos como seu Pai é misericordioso. Não julguem para não serem julgados. Porque a medida que usarem [para julgar] será a medida usada contra vocês".**

O JULGAMENTO (continuação)

SQ 11. SOBRE MESTRES E DISCÍPULOS

"Pode um cego guiar outro cego? Os dois não vão cair num buraco?"

"O discípulo não é superior ao mestre. Basta ao discípulo ser igual ao mestre".

SQ 12. SOBRE A HIPOCRISIA.

"Como você pode reparar num cisco no olho de seu irmão sem se dar conta de uma trava no seu próprio olho? Como você pode dizer a seu irmão: 'Me deixe tirar esse cisco do seu olho', se você não enxerga a trava no seu próprio olho? Hipócrita! Primeiro tire a trava de seu próprio olho e depois você poderá enxergar bem para retirar o cisco que está no olho de seu irmão".

NÃO JULGAR; O GUIA CEGO; O MESTRE E O DISCÍPULO; A TRAVE E O CISCO

Mt 7,1-2; 15,14; 10,24-25a; 7,3-5.	Lc 6,37-4237 Q5
1 Não julgueis, para que não sejais julgados, 2 pois com o juízo com que julgardes sereis julgados, e com a medida com que medirdes medir-se-á para vós. 15.14 Deixai-os! São cegos guias [de cegos]. Se um cego guia um cego, ambos cairão no buraco. 10.24 O discípulo não está acima do mestre, nem o servo acima do seu senhor. 25 Basta para o discípulo ser como o seu mestre, e para o servo, ser como o seu senhor. 3 Por que vês o cisco no olho do teu irmão e não consideras a trave no teu olho? 4 Ou, como dirás ao teu irmão: Deixa que expulse o cisco do teu olho? e eis, a trave {está} no teu olho? 5 Hipócrita! Expulsa primeiro do teu olho a trave, e então enxergarás para tirar o cisco do olho do teu irmão.	37 E não julgueis, e não sereis julgados; e não condeneis, e não sereis condenados; absolvei, e sereis absolvidos. 38 Dai e vos será dado: uma medida boa, calcada, sacudida, trasbordante darão no vosso regaço, pois com a medida com que medirdes, medir-se-á para vós. 39 Ele disse-lhes também uma parábola: Pode um cego guiar um cego? Não cairão ambos num buraco? 40 Um discípulo não está acima do mestre; todo bem instruído será como o seu mestre. 41 Por que vês o cisco no olho do teu irmão, mas não consideras a trave no próprio olho? 42 Como podes dizer a teu irmão: Irmão, deixa-me expulsar o cisco no teu olho, não percebendo tu mesmo a trave no teu olho? Hipócrita, expulsa primeiro a trave do teu olho e então enxergarás para expulsar o cisco do olho do teu irmão.

COMENTÁRIOS:

Esse bloco de SQ 10 transforma advertência "Não julguem para não serem julgados" num princípio ético de consequências teológicas.

"Há inúmeras evidências indicando que os *aforismos*, os fundamentos admitidos dos evangelhos, não foram pronunciados por Jesus nem inventados depois por seus seguidores. Muitos deles eram preexistentes, pré-históricos e, portanto, certamente, pré-cristãos. Eram coleções de aforismos egípcios, hebraicos, gnósticos, e, portanto, não podem ser interpretados por si mesmos como prova de que o Jesus dos Evangelhos tenha vivido como um homem ou mestre. Esses *aforismos* eram todos ensinamentos orais dos antigos egípcios, muitas eras antes de terem sido registrados por escrito".[8] Então, acredita-se que Jesus era detentor, de memória, desses aforismos, cujos conteúdos utilizava em seus contatos com seus seguidores. O diferencial diante de um público em que 90% eram analfabetos, em que a cultura era passada de forma oral, e em que todo detentor desses ensinos, era considerado 'sábio' na época. Jesus lidava com o pessoal da periferia (pescadores, marginalizados, camponeses, entre outros) e não com a elite da Palestina. A maioria das informações incluídas no Evangelho original de Mateus, em especial, foi incluída com o motivo óbvio de cumprir a profecia do Velho Testamento. Em outras palavras, Jesus é criado para cumprir o que já fora escrito em relação a um contexto diferente.

Eis os aforismos constantes neste texto acima, sob comento:

> Jesus lidava com o pessoal da periferia (pescadores, marginalizados, camponeses, entre outros) e não com a elite da Palestina. A maioria das informações incluídas no Evangelho original de Mateus, em especial, foi incluída com o motivo óbvio de cumprir a profecia do Velho Testamento.

---

8. HARPUR, Tom. *O Cristo dos pagãos*, cap. I.

"Não julgueis, para que não sejais julgados".

"São cegos guias [de cegos]".

"Vês o cisco no olho do teu irmão e não consideras a trave no teu olho?"

"O discípulo não está acima do mestre, nem o servo acima do seu senhor".

O que fizeram os escritores de *O Evangelho de Q*? Simplesmente 'juntaram' essas sentenças ou máximas, que eram pronunciadas de forma 'independente', em momentos propícios e colocaram, nos 'lábios' de Jesus, como se fossem dele. O povo sendo iletrado certamente, quem era detentor dessa cultura desses aforismos, era considerado sábio. Você não conhece o ditado popular – aforismo de hoje – que, "na terra de cego quem tem um olho é rei"! É o que ocorre, comumente, quando um analfabeto se socorre de um alfabetizado para solucionar os seus problemas! Atente-se que tanto o *Evangelho Q*, como o *Evangelho de Tomé* (este último recentemente descoberto, no ano de 1945, em Nag Hammadi, no Egito), considerados como de "primeira geração" (dos 30-60) anos d.C., como já comentamos alhures, eram evangelhos de *sentenças, aforismos, máximas, etc*. Só mais tarde é que, com o surgimento do quarteto canônico, chamado de segunda geração (60-90) anos d.C., é que os evangelhos tomaram a forma *narrativa*. Assim, esses aforismos traziam profundos ensinamentos morais. Não é o que fazemos hoje, quando utilizamos provérbios?

Neste entendimento, embora constem como palavras originais de Jesus, certos *aforismos,* ainda que de alto valor espiritual, não resistem ao crivo da verdade. Sabe-se, hoje, por pesquisadores acadêmicos de religião, que muitas informações 'atribuídas' a Jesus foram inseridas tão somente no séc. IV, através do Concílio de Niceia, em 325 d.C., quando, por ordem do Imperador Constantino, que era analfabeto, foram formatadas nos Evangelhos. Veja, por exemplo, o caso da 'mulher adúltera', através da comparação dos manuscritos mais antigos (onde essa história não existia) e os recentes, quando foi inserida, por algum 'copista', muitos anos após a morte de Jesus. Isto denota que essa história não é original de Jesus. Obviamente, pouco importa se foi dita por Jesus ou por outro escritor, confesso gostar muito dessa passagem, donde se extrai excelente lição de moral. E Kardec em *O Evangelho segundo o Espiritismo*, didatiza: [9] "Podem dividir-se em cinco partes as matérias contidas nos Evangelhos: *os atos comuns* da *vida do Cristo; os milagres; as predições;* as *palavras que foram tomadas pela Igreja para fundamento de seus dogmas;* e *o ensino moral*". As quatro primeiras têm sido objeto de controvérsias; a última, porém, conservou-se constantemente inatacável de todas as partes do Evangelho, **fique com a parte moral! (grifos meus).**

Segundo os integrantes do *Seminário de Jesus*, o Nazareno não é o autor da passagem evangélica, falsamente atribuída a ele pelo evangelista Mateus: **"Não julgueis, para não serdes julgados, pois com o julgamento com que julgais sereis julgados, e com a medida com que medis sereis medidos"** (Mateus 7:1-2).

> A proibição de julgar o próximo, não é de autoria de Jesus, uma vez que a proibição de julgar os outros já existia muito tempo antes dele, não só no judaísmo como também em outras religiões mais antigas.

Esclarecem os pesquisadores do **SJ** (Seminário de Jesus, no livro *The Five Gospels*, p. 154) que essa passagem do evangelista Mateus, referente à proibição de julgar o próximo, não é de autoria de Jesus, uma vez que a proibição de julgar os outros já existia muito tempo antes dele, não só no judaísmo como também em outras religiões mais antigas. Além disso, se Jesus tivesse sido o verdadeiro autor dessa passagem bíblica de Mateus, ele estaria defendendo também a chamada lei de talião, "olho por olho, dente por dente", uma das mais antigas leis existentes no mundo, até mesmo no *Código de Hamurabi*, no reino da Babilônia, desde o ano 1780 a.C. O conteúdo da lei de talião é idêntico ao do referido versículo de Mateus: "Pois com o julgamento com que julgais sereis julgados, e com a medida com que medis sereis medidos" (Mateus 7:2). O conteúdo vinga-

---

9. KARDEC, Allan. *O Evangelho segundo o Espiritismo*, Introdução.

tivo desse versículo bíblico, prevendo um castigo igual ao dano causado, idêntico ao da lei de talião, existente também no Antigo Testamento (Êxodo 21:23-24, "vida por vida, olho por olho, dente por dente, pé por pé, queimadura por queimadura, ferida por ferida, golpe por golpe"), é uma doutrina religiosa que acreditamos não pertencer ao Jesus histórico, substituída pelo amor e o perdão. Nada de vingança. Como parte da mesma lei do amor, Jesus não teria proibido ninguém de ajudar o próximo a enxergar e corrigir os seus erros, o que é uma tarefa válida. O que Jesus efetivamente teria proibido seria a condenação do próximo sem julgamento justo, o menosprezo entre as pessoas e qualquer discriminação entre irmãos. Isso é o que não devemos fazer. Jesus também aprova a "correção fraterna": "Se o teu irmão pecar, vai corrigi-lo a sós contigo. Se ele te ouvir, ganhaste o teu irmão. Se não te ouvir, porém, toma contigo mais uma ou duas pessoas, para que toda questão seja decidida pela palavra de duas ou três testemunhas" (Mateus 18:15-16). Quanto à rejeição da lei de talião, eis o que diz o próprio Jesus: Ouvistes que foi dito: Olho por olho e dente por dente. **Eu, porém, vos digo**: não resistais ao homem mau; antes, àquele que te fere na face direita oferece-lhe também a esquerda; e àquele que quer pleitear contigo, para tomar-te a túnica, deixa-lhe também a veste; e se alguém te obriga a andar uma milha, caminha com ele duas. Dá ao que te pede e não voltes às costas ao que te pede emprestado (Mateus 5:38-42).[10]

De igual forma, o aforismo sobre o *cisco no olho*, mesmo na hipótese de Jesus ter feito esse pedido, ele não falou de "cisco" nem de "trave no olho alheio", como está escrito no seguinte versículo do Evangelho de Mateus: "Por que reparas o cisco que está no olho do teu irmão, quando não percebes a trave que está no teu?" (Mateus 7:3) Essa famosa passagem evangélica envolve um grande erro de tradução, conforme nos esclarece o teólogo e ex-padre católico Franz Griese, nos seguintes termos: O tradutor do texto de Mateus, escrito originalmente em hebraico, esque-

10. SOUZA, José Pinheiro de. *Mentiras sobre Jesus*, p. 58.

ceu-se de que a palavra "rhen" significa "olho" e, popularmente, "poço". Além disso, ele também se esqueceu de que ninguém tira um cisco do próprio olho e, menos ainda, uma trave do próprio olho ou do olho de outra pessoa. Por outro lado, sabemos que os judeus, devido à escassez de água na Palestina, cuidavam muito de seus poços e procuravam mantê-los sempre limpos, chegando mesmo a denunciar os que tinham sujeira. Foi por causa desse fato, que Jesus teria dito: "Por que reparas a lasca fina que está no poço de teu irmão, quando não percebes a trave que está no teu próprio poço?"[11]

No SQ 11, o escritor aproveita a observação tipo cínico sobre "o cego que guia outro cego", para advertir que ninguém pense que é mais sábio que o próprio mestre.

O SQ 12 situa-se no limite entre uma acusação aos hipócritas que têm travas nos olhos e uma injunção para que se cuide dos próprios pontos cegos antes de fazer crítica a um irmão.

SQ 13. SOBRE A INTEGRIDADE

"A boa árvore não dá frutos ruins, e a árvore ruim não dá bons frutos. Serão os figos colhidos de espinheiros, ou as uvas de urtigas? Cada árvore se conhece pelo fruto. O homem bom tira muita coisa boa de seu estoque de mercadorias e de seu tesouro; o homem mau tira coisas más. Porque a boca fala do que o coração contém."

---

11. GRIESE, Franz. *La Desilusión de un sacerdote: la verdad científica sobre la religión cristiana.* 2. ed. reformada y aumentada. Buenos Aires: Editorial Cultura Laica, 1957, p. 112-113.

A ÁRVORE E OS FRUTOS

Mt 7:18-20.16; 12:35. 34b; 7:17; 12:33	Lc 6:43-45 Q6
7.18 Uma árvore boa não pode fazer frutos maus, nem uma árvore ruim fazer frutos bons. 19 a Toda árvore [...] 20 Pois bem, por seus frutos os reconhecereis. 16 Por seus frutos os reconhecereis. Acaso dos espinheiros se colhem uvas, ou dos cardos, figos? 12.35 O homem bom do bom tesouro faz sair {coisas} boas, e o homem mau, do tesouro maligno faz sair coisas malignas. 34 b Pois da abundância do coração, a boca fala. 7.17 Assim, toda árvore boa faz frutos bons, mas a árvore ruim faz frutos maus. 12.33 Ou fazei a árvore boa e o fruto, bom; ou fazei a árvore ruim e o fruto, ruim. Pois pelo fruto se conhece a árvore.	43 Pois não há árvore boa fazendo fruto ruim, nem (novamente) árvore ruim fazendo fruto bom. 44 Pois cada árvore é conhecida a partir do próprio fruto. Pois dos espinheiros não recolhem figos, nem vindimam uva de sarça. 45 O homem bom do bom tesouro do coração profere o bem, e o maligno, do maligno {tesouro} profere o maligno. Pois da abundância do coração fala a sua boca.

COMENTÁRIOS:

Este aforismo sobre *A árvore e os frutos* (SQ 13) transforma a observação sobre as árvores e os frutos num conselho moralista para que se conforme o que se diz ao que se pensa realmente.

Esta expressão faz parte do *Sermão da Montanha*. Conforme já se reportou, embora constante de o *Evangelho Q,* ele é 'cópia' de cultura anterior, muito antes de Jesus de Nazaré, o Cristo do cristianismo. Não são, portanto, palavras textuais de Jesus. É uma adaptação que os escritores dos Evangelhos de Mateus e Lucas fizeram ao copiar de Q. Obviamente, 'colocaram na boca de Jesus' esses brilhantes *aforismos*. Isto, no entanto, não tem objetivo de deslustrar a beleza do *Sermão da Montanha* descartando seus ensinamentos, como se eles não tivessem valor algum. Muito pelo contrário, estas expressões, quando interpretadas 'simbolicamente', trazem profundos conteúdos espirituais. Aqui mais uma vez, através desses *aforismos*, é demonstrada a presença do *Christós*, nome atribuído à presença encarnada do Deus interior, presente em toda a Humanidade; é propriedade espiritual de todos, independentemente de crença religiosa. Depois, o próprio escritor de João, ao utilizar-se do *Salmo* 82:6 e introduzir em seu Evangelho "Vós sois deuses", atribuindo a Jesus a afirmação, *"Vós podeis fazer o que eu faço e muito mais".* (Jo 14:12). E daí? Como sair dessa enrascada? Deve-se ser "dependente" ou "independente"?

Entenda-se, todavia, que esta expressão castradora não se refere somente ao *Christós* de Jesus, mas de todos nós. Então, a expressão 'árvores e frutos' descreve o potencial divino de que somos portadores. O objetivo evolutivo do ser humano, independentemente de sua fé, é o progresso (Ver *O Livro dos Espíritos*, cap. VIII). Neste sentido, todos nós temos um 'estoque' de mercadoria e tesouro infinito *in potentia*, tudo em abundância. Conforme a evolução espiritual da criatura, ela 'tira' coisas boas do *Christós*.

> Aqui mais uma vez, através desses aforismos, é demonstrada a presença do Christós, nome atribuído à presença encarnada do Deus interior, presente em toda a Humanidade.

SQ 14. SOBRE A OBEDIÊNCIA PRÁTICA

"Por que vocês me chamam de 'Mestre, mestre', mas não fazem o que eu digo? Todo aquele que ouve minhas palavras e faz o que eu digo é como um homem que construiu sua casa sobre o rochedo. Veio a chuva, deu a torrente contra a casa, e ela não caiu, porque tinha os alicerces no rochedo. Mas todo aquele que ouve minhas palavras e não as pratica é como um homem que construiu sua casa sobre a areia. Veio a chuva, deu a torrente contra a casa, e ela desabou. Foi grande a sua ruína."

Os que dizem: Senhor! Senhor!
A casa bem alicerçada

Mt 7:21.24-27	Lc 6:46-49 Q7
21 Nem todo o que me chama: Senhor! Senhor!, entrará no reino dos Céus, mas {só} aquele que faz a vontade do meu Pai nos céus. 24 Portanto, todo o que ouve estas minhas palavras e as pratica será assemelhado a um varão sensato, que construiu sua casa sobre a pedra. 25 E desceu a chuva e vieram os rios e sopraram os ventos e caíram contra aquela casa, e ela não caiu, fora alicerçada sobre a pedra. 26 E todo o que ouve estas minhas palavras e não as pratica será assemelhado a um varão tolo, que construiu sua casa na areia. 27 E desceu a chuva e vieram os rios e sopraram os ventos e bateram contra aquela casa, e ela caiu, e era grande sua queda!	46 Por que me chamais: Senhor! Senhor!, e não fazeis o que digo? 47 Todo o que vem a mim e ouve as minhas palavras e as pratica, demonstrar-vos-ei a quem é semelhante: 48 é semelhante a um homem construindo uma casa, que cavou e aprofundou e colocou o alicerce sobre a rocha. Vindo a enchente, o rio lançou-se contra aquela casa, e não a conseguiu abalar, por estar ela bem construída. 49 Quem, porém, tiver ouvido e não praticado é semelhante a um homem que construiu uma casa sobre a terra, sem alicerce; contra a qual se lançou o rio, e logo ela caiu, e tornou-se grande a ruína daquela casa.

COMENTÁRIOS:

SQ 14 ilustra a força de uma áspera repreensão "Por que vocês me chamam de mestre, mas não fazem o que eu digo?", com uma parábola sobre a construção de uma casa firme.

E afinal, onde podemos encontrar a síntese dos ensinamentos 'atribuídos' a Jesus, nos Evangelhos canônicos? "O modelo mais condensado se encontra em Mateus, capítulos 5 a 7, passagem, já comentada do *Sermão do Monte*". Apenas acrescentaria: Fora disso não há salvação! Não podemos centrar nossa visão em Paulo; mas em Jesus que deixou bem claro que **"Nem todo aquele que me diz 'Senhor, Senhor', entrará no Reino do Céu"**. Destaque-se que, na verdade, ninguém **entra** no reino dos céus, mas **desenvolve** em si o potencial, pois do *Christós*, semente imanente em toda criatura. "Só entrará aquele que põe em prática a vontade do meu Pai, que está no céu". (Mt 7:21). Neste mesmo sentido só 'desenvolve' esse reino, quem pratica ações positivas em consonância com as Leis (energia) divinas.

Registramos em meu livro, *O segredo das bem-aventuranças*, p. 318: "O que cada um *faz* é o que, na realidade, revela o que é; segue--se que não basta, tão somente, dizer Senhor! Senhor! Em *O Evangelho segundo o Espiritismo*, o espírito Simeão questiona: "Será bastante trazer os sinais do Senhor para ser-se fiel servidor seu"? Bastará dizer: Sou cristão, para que alguém seja um seguidor de Cristo? Procurai os verdadeiros cristãos e os reconhecereis pelas suas obras".[12] Perguntamos, então, como vão suas obras?

> Ou, então, se pertencer à religião católica, clamar por Nossa Senhora, Virgem Maria, etc.; se Espírita, recorrer aos Espíritos, apenas da boca para fora. Fala que, dissociada da ação, sem qualquer mudança efetiva, não tem valor algum.

Podemos complementar, pelo que já argumentamos, perguntando: qual é sua essência? É o mesmo que, diante de problemas por que passa, no momento, dizer: Ó Deus, ó Deus! Ou, então, se pertencer à religião católica, clamar por Nossa Senhora, Virgem Maria, etc.; se espírita, recorrer aos espíritos, apenas da boca para fora. Fala que, dissociada da ação, sem qualquer mudança efetiva, não tem valor algum. Aliás, é o que Jesus insiste, com base no capítulo anterior, demonstrando que não importa a religião adotada, pois o rótulo externo não 'salva' ninguém. Repitamos, uma vez mais, que 'salvar', quer dizer *desenvolver, educar* os potenciais divinos de que todos somos portadores, em estado dormente. "E isto depende da vontade da própria criatura no processo de crescimento".[13] Para melhor entendimento do texto, Mateus ancora-se numa parábola:

> "Portanto, quem ouve essas minhas palavras e as põe em prática, é como o homem prudente que construiu sua casa sobre a rocha. Caiu a chuva, vieram as enxurradas, os ventos sopraram com força contra a casa, mas a casa não caiu, porque fora construída sobre a rocha. Por outro lado, quem ouve essas minhas palavras e não as põe em prática, é como o homem sem juízo,

---

12. KARDEC, Allan. O *Evangelho segundo o Espiritismo*, cap.18, item16.
13. *O segredo das bem-aventuranças*, por esta editora, José Lázaro Boberg.

que construiu sua casa sobre a areia. Caiu a chuva, vieram as enxurradas, os ventos sopraram com força contra a casa, e a casa caiu, e a sua ruína foi completa!" (Mt 7:24-27).

Sem precisar levar em consideração outras passagens, inclusive, já citadas por nós, somente essa daria para concluir que a prática do amor ao próximo é a base de nossa 'salvação' (educação da alma), portanto, é algo relacionado com a nossa disposição íntima de agir a favor dele e não uma salvação de "graça", pelo fato de alguém ter morrido na cruz, como querem muitos.

Embora o texto do *Sermão da Montanha* já existisse, antes do cristianismo e fosse utilizado por civilizações mais antigas, ninguém, em sã consciência, pode objetar a excelência dos ensinamentos deste sermão, constituindo-se ele num paradigma de comportamento. Nesse entendimento, é que Mahatma Gandhi, embora não-cristão, afirma que "se perdessem todos os livros sacros da Humanidade e só salvasse o *Sermão da Montanha*, nada estaria perdido." Assim também entendemos. No entanto, embora esses ensinamentos sejam insuperáveis, quando analisados sob a ótica da *unicidade de existência* – acatada pela grande maioria do mundo cristão, exceto o espiritismo – eles se tornam irreais e impossíveis. Pergunte a qualquer pessoa de sua admiração, por mais espiritualizada que seja, e que tenha atingido idade avançada, se ela conseguiu aplicar o rol de orientações constante no Sermão do Monte. É impossível.

4. O QUE JOÃO E JESUS PENSAVAM UM DO OUTRO

SQ 15. O MOTIVO

Depois de dizer essas palavras, Jesus entrou em Cafarnaum. Um centurião [oficial romano encarregado de cem soldados], ao ouvir falar de Jesus, foi até ele suplicando: "Meu servo está de cama em casa, paralítico, à beira da morte". E Jesus respondeu: "Irei lá para curá-lo." Ao que o centurião replicou: "Senhor, não sou digno de recebê-lo em minha casa. Apenas diga a palavra e meu servo estará curado. Pois eu sou um homem que cumpre ordens, com soldados sob meu comando. Se eu disser para um deles: 'Vá', ele vai; e para outro: "Venha", ele vem. Se eu disser ao meu escravo: 'Faça isto', ele faz." Ao ouvir essas palavras, Jesus ficou admirado e disse às pessoas que o seguiam: "Olhem, nem em Israel encontrei tanta fé." Em seguida, disse ao centurião: "Vá", e ao voltar para casa o centurião encontrou o servo curado.

O centurião de Cafarnaum

Mt 7:28a; 8:5-10.13	Lc 7:1-10 **Q8**
7.28 E aconteceu: quando Jesus terminou essas palavras... Tendo ele entrado em Cafarnaum, aproximou-se dele um chefe de cem, invocando-o 8.6 e dizendo: Senhor, o meu criado está deitado em casa, paralisado, violentamente atormentado. 7 E diz-lhe: Eu, indo, o curarei. 8 E, respondendo, o chefe de cem disse: Senhor, não sou apto para que entres sob o meu teto, Mas somente dize por palavra, e o meu criado ficará salvo. 9 Pois também eu sou um homem sob exusia, tendo abaixo de mim soldados, e digo a este: Caminha!, e caminha, e a outro: Vem!, e vem; e ao meu servo: Faze isto!, e faz. 10 Tendo ouvido, Jesus admirou e disse aos que estavam seguindo: Amém, digo-vos: com ninguém em Israel encontrei tamanha fé. 13 E Jesus disse ao chefe de cem: Parte! Como creste aconteça para ti. E o [seu] criado ficou sarado naquela mesma hora	1 Depois que completou todos os seus ditos aos ouvidos do povo, entrou em Cafarnaum. 2 De algum chefe de cem, um servo estava mal – a ponto de falecer –, o qual lhe era caro. 3 Tendo ouvido a respeito de Jesus, enviou-lhe anciãos dos judeus, rogando-lhe para que, indo, salvasse o seu servo. 4 Eles, tendo chegado junto de Jesus, invocam-no insistentemente, dizendo (que): Ele é digno de que concedas isto, 5 pois ama a nossa nação, e a sinagoga, ele {a} construiu para nós. 6 Jesus caminhava com eles. Já ele estando (distanciado) não longe da casa, o chefe de cem mandou amigos, dizendo: Senhor, não te incomodes, pois não sou apto para que entres sob o meu teto. 7 Por isso, eu nem me julguei digno de ir a ti, mas dize por palavra, e fique sarado o meu criado. 8 Pois também eu sou homem posto sob exusia, tendo abaixo de mim soldados, e digo a este: Caminha!, e caminha, e a outro: Vem!, e vem; e a meu servo: Faze isto!, e faz. 9 Tendo ouvido isto, Jesus admirou-o e, voltando-se, disse à turba que o seguia: Digo-vos, nem em Israel encontrei tamanha fé. 10 E, retornando para casa, os que tinham sido mandados encontraram o servo recobrando saúde.

Comentários:

Segundo a linha de raciocínio de que o *Sermão da Montanha* já era pronunciado em muitas civilizações mais antigas, muito antes de se constar no *Evangelho Q*, e ser copiado para aparecer como palavras de Jesus, de acordo com os escritores de Mateus e Lucas, o milagre do **criado do centurião,** que é parte deste sermão é também mais umas das narrações que não aconteceu historicamente. Trata-se de mais uma historieta, aceita como verdade histórica.

Assim, as narrativas constantes de Mateus e Lucas se divergem. Diz-nos o primeiro, que o servo estava apenas 'paralítico' (8:6), enquanto o segundo, sem precisar a enfermidade, anota que se achava 'em perigo de vida' (7:2); Mateus usa o termo *criado*, que pode ser filho ou servo (geralmente jovem), enquanto Lucas esclarece tratar-se de 'servo'; em Mateus o centurião vai pessoalmente a Jesus; em Lucas, ele se serve de uma embaixada de anciãos judeus. Veja que ao dizer, "Nem ainda em Israel achei tanta fé" (7:9), 'o milagre' dessa cura tem como objetivo enaltecer duas qualidades: a **fé** e a **humildade**, condições para abrir espaço íntimo (limpeza interna) para alinhamento com o *Christós* (Deus em nós).

E Jesus disse ao centurião: Parte! Como **creste** aconteça para ti. E o [seu] criado ficou sarado naquela mesma hora (8:13). Então, podemos compreender bem a interpretação mística do fato narrado, e extrair o que ocorre na intimidade de cada um, no processo de cura. Quando criamos, em razão do grau evolutivo, espaço para a recipiência da Perfeição, conectamos com o Universo. A fonte de Perfeição está em toda criatura no Encontro Supremo com o *Christós* (Deus, na intimidade). O milagre da cura se faz pelo contato com o Eu Interno ou Consciência Cósmica. Bastava-lhe, então, expressar seu desejo, protocolando-o na mente, para vê-lo satisfeito. Simboliza aí a cura íntima dos seus comandados pelos pensamentos. Na verdade, quem cura, cura a si mesmo! Já li uma interpretação religiosa de um líder espírita, que "Jesus mandou alguns espíritos para curar o doente, antes que o centurião chegasse!" (sic)

> A fonte de Perfeição está em toda criatura no Encontro Supremo com o Christós (Deus na intimidade). O milagre da cura se faz pelo contato com o Eu Interno ou Consciência Cósmica.

SQ 16. A PERGUNTA DE JOÃO

João ouviu falar de tudo isso e enviou seus discípulos até Jesus, para lhe perguntar: "É o senhor aquele que está por vir ou devemos esperar por outro?" Jesus respondeu: "Vão e digam a João o que ouviram e viram: os cegos recuperam a visão, os coxos caminham, os leprosos são limpos [curados, e, portanto 'purificados'], os surdos escutam, os mortos ressuscitam e os pobres recebem boas-novas".

"E feliz é aquele que não se perturba [ao ouvir essas coisas] com relação a mim."

A PERGUNTA DE JOÃO BATISTA

Mt 11:2-6	Lc 7:18-23 Q9
2 João, tendo ouvido falar na prisão das obras do Ungido e, tendo mandado (pelos seus discípulos), 3 disse-lhe: És tu, o que há de vir, ou devemos esperar outro? 4 e, respondendo, Jesus disse-lhe: Andando comunicai a João o que ouvis e vedes; 5 cegos veem novamente e paralíticos andam em redor, leprosos são purificados e surdos ouvem, e mortos são erguidos e pobres são evangelizados, 6 e feliz é quem não se escandaliza por causa de mim!	18 E a João, os seus discípulos comunicaram (a respeito de) tudo isso. E João, tendo chamado a si uns dois dos seus discípulos, 19 mandou-os ao Senhor, dizendo: És tu o que há de vir ou devemos esperar outro? 20 Tendo chegado junto a ele, os varões disseram: João Batista nos enviou, dizendo: És tu o que há de vir ou devemos esperar outro? 21 Naquela hora curou a muitos de doenças e moléstias e espíritos malignos, e a muitos cegos deu a graça de verem. 22 E respondendo disse-lhes: Andando comunicai a João o que vistes e ouvistes: cegos veem novamente, paralíticos andam em redor, leprosos são purificados e surdos ouvem, mortos são erguidos e pobres são evangelizados, 23 e feliz é quem não se escandaliza por causa de mim.

COMENTÁRIOS:

Para começar a análise da pergunta de João, é preciso antes, que se deixe claro que os milagres atribuídos a Jesus são construções *mitológicas*. Trata-se de cópias das civilizações mais antigas referentes às dramatizações dos deuses anteriores, mas que nunca aconteceram. **Não são, pois, fatos históricos**. Para transformar Jesus em Deus, os evangelistas atribuíram milagres a ele, que, na realidade nunca existiram. É questão de fé, mas que não passa pelo 'crivo da ciência', como recomendou Kardec.

O codificador, influenciado pelas ideias dos pensamentos de seu tempo, o Iluminismo – a era da razão – baniu, peremptoriamente, a ideia de 'milagres'. Não se eximiu, no entanto, de explicá-los, de forma racional, mas, em outra obra, *A Gênese – Os milagres e as predições segundo o Espiritismo*. Nesta, a Ciência é chamada a explicar a Gênese, segundo as leis da matéria e alerta que 'milagres' são contrários às Leis Naturais, mostrando que não se está diminuindo Deus, ou negando a Sua existência. Muito pelo contrário, já que Deus prova sua grandeza e seu poder pela imutabilidade de Suas leis, e não por sua suspensão.

João Batista pergunta, conforme o *Evangelho de Q* e repetido nas cópias dos escritores de Mateus e Lucas: "És tu o que há de vir ou devemos esperar outro?" Trata-se, evidentemente, de 'montagem' para que Jesus demonstrasse sobre sua divindade na produção de milagres. Na verdade, fora algumas curas psicossomáticas, como o caso da sogra de Pedro – se é que realmente aconteceu – ele nunca os produziu.

> Os milagres atribuídos a Jesus são reproduções *praticamente idênticas* *às dramatizações das religiões antigas e não acontecimentos reais ou históricos. Todos esses milagres evangélicos de Jesus são historicamente impossíveis, porque* "eles já existiam como representações míticas (...) e retratados na dramatização dos mistérios".

Os milagres atribuídos a Jesus são reproduções *praticamente idênticas às dramatizações das religiões antigas e não acontecimentos reais ou históricos. Todos esses milagres evangélicos de Jesus são historicamente impossíveis, porque "eles já existiam como representações míticas (...) e retratados na dramatização dos mistérios". Haviam sido realizados anteriormente pelo deus pré-cristão Iusa/Hórus – ou Jesus egípcio – e quem realiza todos os milagres repetidos do Novo Testamento. O milagroso dos Evangelhos era o mítico da religião egípcia e subsequentes mistérios – todos comprovadamente preexistentes. O Deus encarnado cura aqueles que convocam o seu poder interior. Isso se aplica atualmente; tanto quanto no Egito antigo, quanto na Palestina 2.000 anos atrás. Espiritualmente, a mensagem é que o Cristo (ou divindade) dentro de cada um de nós pode ser invocado para ajudar-nos em todas as enfermidades.*[1]

"Exemplo de um resultado risível, a partir de uma interpretação meramente literal, é esta passagem que diz que dois discípulos de João Batista perguntaram a Jesus se ele era mesmo o Messias, Jesus responde: Ide, e anunciai a João o que estais ouvindo e vendo: os cegos veem, os coxos andam, os leprosos são purificados, os surdos ouvem, os mortos são ressuscitados e aos pobres está sendo pregado o Evangelho". Um belo consolo aos pobres! Numa leitura simplesmente literal, o destino parece ser o de ouvir eternamente os sermões e arengas dos pregadores. Na verdade, nessa e em outras passagens, *os pobres são os que ainda não reconheceram o tesouro interior, ou a 'pérola' de grande valor*. Claramente, pessoas nesse estado precisam ouvir as boas-novas sobre quem realmente são. Há uma passagem no Evangelho de Tomé que confirma essa interpretação: Na sentença 3, Yeshua (Jesus) explica: "*Quando conseguis conhecer a vós mesmos [quem realmente sois], logo sois conhecidos e compreendereis que sois filhos do Pai vivo. Mas, se não conhecerdes, vivereis essa pobreza*".[2]

---

1. MASSEY, Gerald, citado por Tom Harpur. *O Cristo dos pagãos*, p.108. (Ver meu livro *Milagre – fato natural ou sobrenatural*, 2ª parte).

2. HARPUR, Tom. *Transformando água em vinho*. p. 185.

SQ 17. O QUE JESUS FALOU SOBRE JOÃO

Quando os discípulos de João partiram, Jesus começou a falar às multidões sobre João: "O que vocês foram ver no deserto? Um caniço agitado pelo vento? [A resposta presumível é não.] Então me contem o que foram ver. Um homem usando roupas finas? Olhem, quem usa roupas finas está nos palácios. Então o que vocês esperavam? Um profeta? Sim, é claro, e muito mais que um profeta. É dele que está escrito: 'Eis que envio meu mensageiro à tua frente. Ele vai preparar o caminho diante de ti'. Eu lhes digo: ninguém nascido de mulher é maior que João, mas o menor no reino de Deus é maior que ele".

TESTEMUNHO SOBRE JOÃO BATISTA

Mt 11:7-11	Lc 7:24-28 Q10
7 Tendo eles ido a caminho, Jesus começou a dizer às turbas a respeito de João: Que saístes observar no deserto? Um junco abalado pelo vento?	24 Tendo-se ido os mensageiros de João, começou a dizer às turbas a respeito de João: Que saístes observar no deserto? Um junco abalado pelo vento?
8 Mas que saístes ver? Um homem trajado de {roupas} confortáveis? Eis, os que usam {roupas} confortáveis estão nas casas dos reis. 9 Mas que saístes ver? Um profeta? Sim, digo-vos, e mais que um profeta.	25 Mas que saístes ver? Um homem trajado com roupas finas? Eis, os que ficam em traje esplêndido e luxo estão nos {palácios} régios. 26 Mas que saístes ver? Um profeta? Sim, digo-vos, e mais que um profeta.
10 Este é a respeito de quem está escrito: Eis, eu envio meu mensageiro diante de tua face, que preparará o teu caminho perante ti.	27 Este é a respeito de quem está escrito: Eis envio meu mensageiro diante de tua face, que preparará o teu caminho perante ti.
11 Amém, digo-vos, entre os nascidos de mulher não foi erguido maior que João, o Batista; o menor, porém, no reino dos Céus é maior do que ele.	28 Digo-vos: entre os nascidos de mulher não há nenhum maior que João; o menor, porém. no reino de Deus é maior do que ele.

COMENTÁRIOS:

O pronunciamento 'atribuído' a Jesus, pelos escritores de Q, depois copiados por Mateus e Lucas era uma forma de convencer os judeus de que Jesus estava "anunciado nas escrituras, ou, em outras palavras, **estava agora cumprindo as escrituras**". E aí o sentido de 'cumprir as profecias', como se algo já estivesse realmente previsto. Além disso, a nação de Israel achava-se em estado de excitação e descontentamento como consequência da tirania e extorsão por parte de Roma. João Batista tinha a incumbência de denunciar a corrupção nacional e repreender os pecados dominantes. Ele dirigia suas advertências contra os líderes religiosos de Israel, notadamente contra os fariseus e saduceus (Mateus 3:7).

Mais uma vez, façamos a comparação com fatos anteriores ao cristianismo: Buda criticava os brâmanes e Jesus, os fariseus e saduceus. Mais um texto que foi buscar em Buda o desempenho de Jesus. Declarava ele que seu orgulho, egoísmo e crueldade demonstravam serem eles uma raça de víboras, uma terrível maldição para o povo. De acordo com as palavras do profeta Isaías, ele seria a voz que clamaria no deserto: "Eis a voz do que clama: Preparai no deserto o caminho do Senhor; endireitai no ermo uma estrada para o nosso Deus". Isaías 40:3.

> SQ 18. O QUE JESUS FALOU SOBRE SUA GERAÇÃO
> "A que devo comparar esta geração? É como as crianças sentadas na praça, que gritam umas para as outras: 'Tocamos a flauta para vocês e vocês não dançaram'; 'cantamos um lamento e vocês não choraram'. Porque João não veio comendo nem bebendo, e eles disseram: 'É um possesso do demônio'. O filho do homem [ou seja, Jesus, ver SQ 8] veio comendo, e eles disseram: 'Vejam só que glutão, que bêbado, amigo de cobradores de impostos e pecadores.' Mas apesar do que eles dizem, os filhos da sabedoria mostram que ela tem razão".

Gente cheia de contradição

Mt 11:16-19.	Lc 7:31-35 Q11
16 A que, portanto, compararei esta geração? É igual a crianças, sentadas nas praças, que, gritando para as outras, 17 dizem: És tu o que há de vir ou devemos esperar outro. Tocamos flauta e não dançastes, cantamos lamentos e não batestes {no peito}! 18 Pois veio João, nem comendo nem bebendo, e dizem: Tem um demônio. 19 Veio o Filho do Homem, comendo e bebendo, e dizem: Eis um homem comedor e bebedor de vinho, amigo de publicanos e pecadores. E a sabedoria tem sido justificada desde as suas obras.	31 A que, portanto, assemelharei os homens desta geração e a que são semelhantes? 32 São iguais às crianças, sentadas na praça e gritando umas para as outras, que dizem: Tocamos flauta para vós, e não dançastes, cantamos lamentos e não chorastes!. 33 Pois veio João, o Batista, não comendo pão, nem bebendo vinho, e dizeis: Tem um demônio! 34 Veio o Filho do Homem, comendo e bebendo, e dizeis: Eis um homem comedor e bebedor de vinho, amigo de publicanos e pecadores! 35 E a sabedoria tem sido justificada desde todos os seus filhos.

Comentários:

Há menções à 'raça de víboras' e a esta 'geração ruim' que não mudam de ideia (SQ 4, SQ 32), esta 'geração' não aderiu à dança nem ao lamento (SQ 18), as cidades como Corazim, Betsaida e Cafarnaum que foram soberbas demais para mudar seus modos de vida (SQ 20, SQ 22), e a legistas e fariseus que se recusaram a ingressar no reino de Deus devido a suas posições privilegiadas e que, além disso, impediram que outros ingressassem por meio de suas normas de pureza (SQ 44). São sentenças pungentes vociferadas para o mundo inteiro ouvir, como flechas romanas atiradas contra o céu, iluminando a noite com suas pontas de fogo. Entretanto, a natureza de sua mensagem, retórica e estilo encobrem os estratagemas de seus autores. É muito claro que eles sabiam que estavam gritando para os ventos. Quase podemos vê-los no processo de elaboração daquilo que gostariam de dizer àqueles que despertam sua ira: Olhem só, fariseus, as faltas que vocês cometeram![3]

---

3. MACK, Burton L. Op .cit., p. 133.

5. INSTRUÇÕES PARA O MOVIMENTO DE JESUS

SQ 19. SOBRE TORNAR-SE DISCÍPULO DE JESUS

Quando um homem lhe disse: "Eu vou segui-lo aonde quer que o senhor vá", Jesus respondeu: "As raposas têm tocas, e as aves do céu, ninhos, mas o filho do homem não tem onde reclinar a cabeça".

Quando outro lhe disse: "Deixe que eu vá antes enterrar meu pai", Jesus respondeu: "Deixe que os mortos enterrem seus mortos".

Outro ainda lhe disse: "Eu vou segui-lo, senhor, mas deixe que antes eu me despeça de minha família." Jesus então respondeu: "Quem põe a mão no arado e olha para trás não está apto para o reino de Deus".

Condições para seguir

Mt 8:19-22	Lc 9:57-62 — Q12
19 E aproximando-se, um escriba disse: Mestre, eu te seguirei aonde fores. 20 E diz-lhe Jesus: As raposas têm tocas e os pássaros do céu, ninhos; mas o Filho do Homem não tem onde reclinar a cabeça. 21 Outro dos [seus] discípulos disse-lhe: Senhor, permite-me primeiro ir-me e sepultar o meu pai. 22 Jesus, porém, lhe diz: Segue-me, e deixa que os mortos sepultem os seus mortos.	57 E, eles caminhando, no caminho alguém disse a ele: Eu te seguirei aonde (te) fores. 58 E Jesus lhe disse: As raposas têm tocas e os pássaros do céu, ninhos; o Filho do Homem, porém, não tem onde deite a cabeça. 59 "Disse a outro: Segue-me. Este disse: [Senhor], permite-me, indo-me, primeiro sepultar meu pai. 60 (Ele) lhe disse: Deixa os mortos sepultarem os seus mortos; tu indo-te, anuncia o reino de Deus. 61 Um outro também lhe disse: Eu te seguirei, Senhor, permite-me, porém, primeiro despedir-me dos de minha casa. 62 Jesus disse[-lhe]: Ninguém que pôs a mão no arado e olha para trás está apto para o reino de Deus.

Comentários:

Aqui neste quadro, também, percebe-se a junção de três aforismos, que eram utilizados pelo povo, muitos anos antes de Jesus:

"As raposas têm tocas e os pássaros do céu, ninhos; mas o Filho do Homem não tem onde reclinar a cabeça".

Isto nos reporta à fase abordada por Q1, em que Jesus é entendido como *filósofo cínico*. Um Jesus à moda cínica, certamente provocaria embaraço nos dias de hoje, devido ao fato de que os cínicos são lembrados, principalmente, por seus modos bastante antipáticos. A caricatura moderna dos antigos cínicos, em geral, traz à mente a figura desagradável de Diógenes.[1] As sentenças mordazes atribuídas

---

1. Encontrando Diógenes sentado no chão ao lado de seu barril, tomando sol, o imperador, extasiado, apressou-se em lhe dizer: "Sou Alexandre, aquele que conquistou todas as terras. Peça-me o que quiser que eu lhe darei. Palácios, terras, honrarias, escravos ou tesouros jamais vistos. O que você quer, ó Sábio?". Diógenes levantou os olhos e respondeu: "Senhor, apenas não tire de mim o que não pode me dar". Percebendo que se posicionara entre Diógenes e o sol, Alexandre, perplexo ante a profundidade do que havia escutado, se retirou daquele lugar, deixando também a Capital grega, para nunca mais voltar. Alexandre, o Grande, é considerado o maior conquistador da história. Diógenes, por sua vez, é considerado o maior entre os filósofos Cínicos.

a Jesus mostram que os seus seguidores o viam como um sábio tipo cínico. Eram conhecidos por mendicância, pobreza voluntária, renúncia às necessidades básicas, rompimento com os laços de família, atitudes destemidas e despreocupadas e comportamento público desagradável. O estilo do discurso cínico era caracteristicamente aforístico, assim como o de Q1 – em primeira fase – Temas como: *pobreza voluntária* (SQ 38, 39 e 40); crítica aos ricos (SQ 8, 38 e 40); *não retaliação* (SQ 9 e 17); *rompimento dos laços de família* (SQ 19 e 52); *atitude destemida e despreocupada* (SQ 36 e 39); *confiança nos cuidados de Deus* (SQ 26 e 27); *simplicidade na busca do reino de Deus* (SQ19, 39, 40, 52 e 53), entre outros. Ao contrário da acepção moderna e vulgar da palavra para o cinismo, o objetivo essencial da vida era a conquista da virtude moral, que somente seria obtida eliminando-se da vontade de todo supérfluo, tudo aquilo que fosse exterior. Defendiam um retorno à vida da natureza, errante e instintiva, como a dos cães. Afirmavam que dispunha o homem de tudo de que necessitava para viver, independentemente dos bens materiais. Isto demonstrava condição de autossuficiência do sábio, a quem basta ser virtuoso para ser feliz. Se Jesus se apresentava como cínico, no entendimento de seus seguidores, então, nada de anormal na sua afirmação: "As raposas têm tocas e os pássaros do céu, ninhos; mas o Filho do Homem não tem onde reclinar a cabeça".[2]

"Deixe que os mortos enterrem seus mortos".

Condições para seguir Jesus, tendo como pano de fundo a *filosofia cínica*, o objetivo era o desprezo às coisas do mundo; quando outro lhe disse: "Deixe que eu vá antes enterrar meu pai", Jesus respondeu: "Deixe que os mortos enterrem seus mortos".

Emmanuel, pela psicografia de Chico Xavier, na lição 143, no livro, *Fonte viva* dá interpretação simbólica a este aforismo, "Segue-me e deixa aos mortos o cuidado de enterrar os seus mortos", diferenciando 'cadáver' e 'morto' dizendo que: "O **cadáver** é carne

---

2. MACK, Burton L., *Op. cit.* pp. 112-133.

sem vida, enquanto que um **morto** é alguém que se ausenta da vida". É este o sentido da frase "ressuscitar mortos", atribuída a Jesus, que, na verdade nunca aconteceu. Ressuscitar, sim, as pessoas que estão alheias à vida. Nada de ressuscitar cadáver que é totalmente diferente.

ACORDA E AJUDA

Jesus não recomendou ao aprendiz deixasse "aos cadáveres o cuidado de enterrar os cadáveres", e sim conferisse "aos mortos o cuidado de enterrar os seus mortos".

Há, em verdade, grande diferença.

O cadáver é carne sem vida, enquanto que um morto é alguém que se ausenta da vida.

Há muita gente que perambula nas sombras da morte sem morrer. Trânsfugas da evolução, cerram-se entre as paredes da própria mente, cristalizados no egoísmo ou na vaidade, negando-se a partilhar a experiência comum.

Mergulham-se em sepulcros de ouro, de vício, de amargura e ilusão. Se vitimados pela tentação da riqueza, moram em túmulos de cifrões; se derrotados pelos hábitos perniciosos, encarceram-se em grades de sombra; se prostrados pelo desalento, dormem no pranto da bancarrota moral, e, se atormentados pelas mentiras com que envolvem a si mesmos, residem sob as lápides, dificilmente permeáveis, dos enganos fatais.

Aprende a participar da luta coletiva.

Sai, cada dia, de ti mesmo, e busca sentir a dor do vizinho, a necessidade do próximo, as angústias de teu irmão e ajuda quanto possas.

Não te galvanizes na esfera do próprio "eu".

Desperta e vive com todos, por todos e para todos, porque ninguém respira tão somente para si.

Em qualquer parte do Universo, somos usufrutuários do esforço e do sacrifício de milhões de existências.

Cedamos algo de nós mesmos, em favor dos outros, pelo muito que os outros fazem por nós.

Recordemos, desse modo, o ensinamento do Cristo.

Se encontrares algum cadáver, dá-lhe a bênção da sepultura,

na relação das tuas obras de caridade, mas, em se tratando da jornada espiritual, deixa sempre "aos mortos o cuidado de enterrar os seus mortos".

"Quem põe a mão no arado e olha para trás não está apto para o reino de Deus".

Dentro desta forma de pensar dos cínicos, ele ensina que aquele que já atingiu a condição de pureza para o reino de Deus, não pode ficar pensando em coisas que já passaram. O passado já passou. O negócio é daqui para frente. Neste entendimento cínico, um dos presentes disse: "Eu vou segui-lo, senhor, mas deixe que antes eu me despeça de minha família". Jesus, então, respondeu-lhe: "Quem põe a mão no arado e olha para trás não está apto para o reino de Deus". Lembremo-nos da resposta de Jesus sobre sua família, quando em uma reunião com os discípulos, (Mc 3:20-21; 31-35): *Olha que tua mãe e teus irmãos te buscam aí fora. – E ele respondeu, dizendo: Quem é minha mãe, e quem são meus irmãos? – E olhando para os que estavam sentados à roda de si: Eis aqui, lhes disse, minha mãe e meus irmãos. Porque o que fizer a vontade de Deus, esse é meu irmão, e minha irmã e minha mãe.*

> Hoje quem escreve sobre Jesus, atribuindo a afirmação de "O homem mais inteligente da história", "o médico das almas", "o maior psicólogo do mundo", entre tantos outros adjetivos 'atribuídos' a ele, desconhece, obviamente, que se trata de o *Cristo da fé*, não o *Jesus histórico*.

O escritor de Q aproveitou para colocar na boca de Jesus esses aforismos. E, os escritores de Mateus e Lucas simplesmente 'copiaram' na elaboração do Evangelho, atribuído a eles. Não queremos, todavia, descartar esses aforismos por que não eram originais de Jesus. Seja de quem for, quem criou ou pronunciou, esses conteúdos são de beleza poética singular, trazendo em sua essência muita sabedoria e lições morais de valor inestimável. Eram pensamentos ou máximas de caráter universais pronunciados oralmente; posteriormente, foram anotados por escrito, em determinada época. Acreditamos que Jesus, na pregação oral, 'poderia' ter usado esses aforismos, e isso, obviamente, 'encantava' seus seguidores, pois eram ensinamentos, com grandes tiradas morais para vida na sociedade da época. Hoje quem escreve sobre Jesus, atribuindo a afirmação de *"O homem mais inteligente da história"*, *"o médico das almas"*, *"o maior psicólogo do mundo"*, entre tantos outros adjetivos 'atribuídos' a ele, desconhece, obviamente, que se trata de o *Cristo da fé*, não o *Jesus histórico*. O Cristo da fé é, como já nos reportamos, produto de uma construção teológica.

SQ 20. SOBRE SERVIR AO REINO DE DEUS

Ele disse: "A colheita é abundante, mas os trabalhadores são poucos; peçam então ao dono da colheita que envie mais trabalhadores para sua colheita. Vão. Mas, olhem, estou enviando vocês como cordeiros no meio de lobos".

Não levem dinheiro, nem bolsa, nem sandálias. E não falem com ninguém pelo caminho.

Em cada casa onde entrarem, digam: "Que a paz esteja nesta casa!" E se houver ali um filho da paz, a saudação de vocês será bem recebida [literalmente, 'a paz de vocês repousará sobre ele']. Se não houver, ela regressará para vocês.

Fiquem nessa mesma casa, comam e bebam o que lhes oferecerem, porque o trabalhador merece o seu salário. Não fiquem mudando de uma casa para outra.

E se vocês entrarem numa cidade e forem bem recebidos, comam o que lhes for servido. Ajudem os doentes e digam a eles: 'O reino de Deus está próximo de vocês'.

Mas se vocês entrarem numa cidade e não forem bem recebidos, sacudam a poeira dos pés e digam, quando forem embora: "Mesmo assim o reino de Deus está próximo de vocês".

Missão dos setenta (e dois)

Mt 9:7-38; 10,16.9-10b.11-13.10c.8.7.14-15	Lc 10:2-12 **Q13**
9.37 Então diz aos seus discípulos: A colheita {é} grande, os operários, porém, poucos.	2 E dizia-lhes: Grande é, em verdade, a seara, mas os obreiros são poucos.
38 Suplicai, pois, ao Senhor da colheita, para que faça sair operários à sua colheita!	Rogai, pois, ao Senhor da seara que envie obreiros para a sua seara.
10.16 Eis, envio-vos como ovelhas para o meio de lobos.	3 Ide; eis que vos mando como cordeiros ao meio de lobos.
Tornai-vos, portanto, inteligentes como as serpentes e sem malícia como as pombas.	4 Não leveis bolsa, nem alforje, nem alparcas; e a ninguém saudeis pelo caminho.
9 Não adquirais ouro, nem prata, nem bronze aos vossos cintos;	5 E, em qualquer casa onde entrardes, dizei primeiro: Paz seja nesta casa.
10 nem alforje para o caminho, nem duas túnicas, nem sandálias, nem cajado,	6 E, se ali houver algum filho de paz, repousará sobre ele a vossa paz; e, se não, voltará para vós.
11 E em qualquer cidade ou povoado em que entrardes, examinai quem nela é digno e permanecei ali até sairdes.	7 E ficai na mesma casa, comendo e bebendo do que eles tiverem, pois digno é o obreiro de seu salário. Não andeis de casa em casa.
12 Entrando na casa, saudai-a,	
13 E se a casa for digna, venha a vossa paz sobre ela; se, porém, não for digna, a vossa paz volte para vós.	8. E, em qualquer cidade em que entrardes, e vos receberem, comei do que vos for oferecido.
10c pois o operário é digno de sua alimentação.	9. E curai os enfermos que nela houver, e dizei-lhes:
8 Curai enfermos, erguei mortos, purificai leprosos, expulsai demônios.	É chegado a vós o reino de Deus.
7 Caminhando, proclamai dizendo (que): Chegou perto o reino dos Céus.	10 Mas em qualquer cidade, em que entrardes e vos não receberem, saindo por suas ruas, dizei:
14 E quem não vos receber, nem escutar vossas palavras, saindo (fora) daquela casa ou cidade, sacudi a poeira de vossos pés.	11 Até o pó, que da vossa cidade se nos pegou, sacudimos sobre vós. Sabei, contudo, isto, que já o reino de Deus é chegado a vós.
15 Amém, digo-vos: será mais suportável para a terra de Sodoma e Gomorra, no dia do juízo, do que para aquela cidade.	12 E digo-vos que mais tolerância haverá naquele dia para Sodoma do que para aquela cidade.

COMENTÁRIOS:

Jesus, como "camponês judeu itinerante", exercia a carpintaria e, por conta da profissão, podia circular livremente, sem criar suspeitas por parte das autoridades, em oposição aos camponeses que ficam diretamente ligados à terra.[3] Assim, relacionava-se com os pescadores, outra classe de trabalhadores que poderia circular com certa liberdade e fazer companheiros entre eles. Um movimento de camponeses provocaria 'suspeita' no meio das autoridades, enquanto um movimento de pescadores e artesões suscitaria menos desconfiança. Por mais que ele tenha atraído multidões de seguidores ocasionalmente (e isso pode ser apenas um exagero desculpável da parte dos evangelistas), o núcleo de seus companheiros, conforme informam os pesquisadores, muito provavelmente era formado por camponeses iletrados como ele (segundo a tradição, vários desses discípulos, como Pedro, Tiago e João, eram pescadores).

Jesus, segundo os escritores do Evangelho de Lucas (10:2), manda os apóstolos de dois em dois pelos sítios da Galileia e recomenda que eles frequentem unicamente casas dispostas a recebê-los. Usa, através de aforismo, a advertência: "envio-vos como ovelha no meio de lobos". "Tornai-vos, portanto, inteligentes como as serpentes e sem malícia como as pombas". "Não adquirais ouro, nem prata, nem bronze aos vossos cintos; nem alforje para o caminho, nem duas túnicas, nem sandálias, nem cajado".

Não deveriam ir de lugar em lugar nem falar em praça pública, senão despertaria o exército romano, sobre o movimento. O discurso dá orientações sobre a forma adequada na eventualidade de ser "bem ou mal recebido" ao entrar numa casa em outra cidade. As instruções de como se portar na estrada são de "não se use bolsa nem sandália, nem carregue cajado nem se cumprimente ninguém". Ao chegar à casa do hospedeiro use a expressão "paz". Nas casas se pode discutir a

> Quando Jesus proclama a iminência da instalação do Reino de Deus (o reino da justiça e da fraternidade), dizendo, o reino de Deus está chegando, os ecos abalam os pilares da sociedade palestinense.

---

3. O termo grego dos Evangelhos que normalmente traduzimos como "carpinteiro" engloba, na verdade, também as funções de pedreiro – "construtor" talvez fosse um equivalente mais preciso. Hoje se diz de "marido de aluguel". Pau para toda obra.

boa-nova do reino iminente, com vizinhos e, eventualmente simpatizantes que vão chegando. Os apóstolos têm de *sacudir a poeira dos pés* contra os que não simpatizavam. Isto denota que o movimento experimenta a rejeição pública. É uma advertência contra possíveis traidores. É preciso trabalhar em segredo.

Quando Jesus proclama a iminência da instalação do Reino de Deus (o reino da justiça e da fraternidade), dizendo, *o reino de Deus está chegando*, os ecos abalam os pilares da sociedade palestinense. As autoridades percebem que o anúncio de chegada imediata do Reino de Deus coloca em perigo o sistema político como um todo. Ouve-se na voz do povo de um poderoso curandeiro que anda pela Galileia. A casa de Herodes começa a se inquietar. Pensa-se, então, na eliminação de Jesus. Tal solução só pode ser a intervenção violenta, por mais que acarrete danos morais à imagem da instituição.[4]

A injunção para se pedir "ao dono da colheita que envie mais trabalhadores" para o trabalho evoca um estágio do movimento em que se desenvolveram grupos domésticos que eram considerados como a forma correta de organização do povo de Jesus. Na verdade, todo o discurso gira em torno de uma simples questão, o problema da atitude adequada na eventualidade de ser "bem ou mal recebido" ao entrar numa casa em outra cidade.

Caracterizando o *comportamento cínico* (primeiro estágio do *Evangelho de Q*) é relacionada, por consequência, uma série de recomendações:

1. Na estrada são as de que não se use bolsa, nem sandália, nem carregue cajado, nem cumprimente ninguém.

2. Ao chegar à casa, depende da presença ali de "um filho da paz" e é assinalada pela troca do cumprimento tradicional: "Paz".

3. Se forem recebidos, comam o que lhes forem servidos; não ofendam o seu anfitrião; ajudem os doentes, dizendo que o domínio de Deus está próximo.

---

4. HOORNAERT, Eduardo. *Op. cit.* pp. 81-83.

4. Porém, se não forem bem recebidos, simplesmente "sacudir a poeira dos pés antes de ir embora". Isso significa que o movimento experimentou rejeição pública.

Concordamos com o entendimento de MACK, em *O livro de Q*, p. 126, que "A difusão do movimento provavelmente ocorreu no curso normal de contatos e viagens onde quer que o debate sobre o domínio de Deus atraísse a atenção de pessoas dispostas a ouvir. Aparentemente, muitos se sentiram atraídos pelo povo de Jesus e suas conversas sobre o domínio de Deus".

6. PRONUNCIAMENTO CONTRA AS CIDADES QUE REJEITAM O MOVIMENTO

SQ 21. A CIDADE HOSTIL

"Digo a vocês que Sodoma terá recebido um castigo mais leve no dia do julgamento dessa cidade".

SQ 22. AS CIDADES GALILEIAS.

"Ai de ti, Corazim! Ai de ti, Betsaida! Porque se os extraordinários feitos a que vocês assistiram tivessem acontecido em Tiro ou Sidon, há muito elas teriam se convertido, vestidas de cilício e sentadas sobre cinzas. No julgamento, Tiro e Sidon receberão castigo menor que o de vocês. E você acha, Cafarnaum, que vai ser elevada às alturas do céu? Você vai ser mandada é para o inferno".

JULGAMENTO DAS CIDADES GALILEIAS QUE REJEITAM O MOVIMENTO

Mt 11:21-23ª	Lc 10:13-15 Q14
21 Ai de ti, Corazim! Ai de ti, Betsaida! Porque, se em Tiro e Sidônia tivessem sido feitas as obras de poder feitas em vós, tempo atrás se teriam convertido, {cobertos} de saco e cinza. 22 Todavia, digo-vos: para Tiro e Sidônia será mais suportável no dia do juízo que para vós. 23 E tu, Cafarnaum, serás enaltecida até o céu? Até o Hades descerás!	13 Ai de ti, Corazim! Ai de ti, Betsaida! Se em Tiro e Sídon tivessem sido feitas as obras de poder feitos em vós, há muito tempo, sentadas sobre saco e cinza, se teriam convertido. 14 Todavia, no dia do julgamento, para Tiro e Sídon será mais suportável do que para vós. 15 E tu, Cafarnaum, serás enaltecida até o céu? Até o Hades descerás!

COMENTÁRIOS:

São repreensões que se apresentam nos discursos 'atribuídos' a Jesus em suas andanças pela comunidade rural. Expõe discursos aos 'não membros do movimento' como se os seus criticados estivessem presentes. É o caso das sentenças SQ 22 e SQ 34: "Ai de ti, Corazim!"; "Que vergonha, fariseus!". Há menções à "raça de víboras" e a "esta geração ruim" que não mudam de ideia (SQ 4, SQ 32). As cidades como Corazim, Betsaida e Cafarnaum que foram soberbas demais para mudar o seu modo de vida (SQ 20 e SQ 22) e a legistas e fariseus que se recusaram a ingressar no reino de Deus devido as suas posições privilegiadas e que, além disso, impediram que outros ingressassem, por meio de suas normas de pureza (SQ 34). É muito claro que eles estavam gritando para os ventos.

7. FELICITAÇÕES ÀQUELES QUE ACEITAM O MOVIMENTO

SQ 23. SOBRE AQUELE QUE ACOLHE O OPERÁRIO
"Quem dá boas-vindas a vocês dá boas-vindas a mim, e quem dá boas-vindas a mim dá boas-vindas àquele que me enviou".

A ACOLHIDA DOS MISSIONÁRIOS

Mt 10:40.	Lc 10:16. Q15
40 Quem vos recebe, me recebe; e quem me recebe, recebe o que me enviou.	16 Quem vos escuta, me escuta; e quem vos rejeita, me rejeita; quem me rejeita, rejeita o que me enviou.

COMENTÁRIOS:

Não se pode entender o movimento de Jesus sem reconhecer o seu **caráter camponês.** Tudo que se apresenta principalmente nas pinturas, Jesus de olhos claros, de manto vistoso, ora ao lado dos discípulos, ora ao lado de crianças, ainda daqueles se assentavam para ouvi-lo é pintada de forma 'poética', como se tudo fosse um mar de rosas em que os ouvintes estão pacificamente bebendo seus ensinamentos. **Mas a realidade era outra**. Os camponeses, com cerca de 90% da população, eram a classe sofrida em que faltava o necessário para viver. Aguardava-se a vinda do reino de Deus que iria colocar as coisas no devido lugar, acabando com as discriminações. Era o que anunciava Jesus e, por isso, era o líder que projetava uma nova vida para eles, sem fome, doenças. Jesus, e ele mesmo, é originário da aldeia camponesa de Nazaré.

Importante para entender Jesus é visualizá-lo como um camponês judeu itinerante e a presença na história judaica, primariamente, de quatro filosofias ou partidos dos judeus: Saduceus, Fariseus, Essênios e Zelotas.

Saduceus – Seita judia, que se formou por volta do ano 248 antes de Jesus Cristo, assim chamada por causa de Sadoque, seu fundador. Os saduceus não acreditavam na imortalidade da alma nem na ressurreição, nem nos anjos bons e maus. Entretanto, acreditavam em Deus, mas, nada esperando após a morte, só O serviam tendo em vista recompensas temporais, ao que, segundo eles, se limitava a sua providência. Assim, a satisfação dos sentidos constituía para eles o objetivo essencial da vida.

Fariseus – (Do hebreu *parasch* = divisão, separação.) – A tradição constituía parte importante da teologia dos judeus. Consistia numa compilação das interpretações sucessivas dadas sobre o sentido das Escrituras e tornadas artigos de dogma. Entre doutores, constituía assunto de discussões intermináveis, na maioria das vezes sobre simples questões de palavras ou de formas, no gênero das disputas teológicas e das sutilezas da escolástica da Idade Média.

Essênios – Seita judia, fundada por volta do ano 150 antes de Jesus Cristo, ao tempo dos macabeus, e cujos membros, habitando uma espécie de mosteiro, formavam entre si um tipo de associação moral e religiosa. Distinguiam-se pelos costumes brandos e pelas virtudes austeras, ensinavam o amor a Deus e ao próximo, a imortalidade da alma e acreditavam na ressurreição. Viviam em celibato, condenavam a escravidão e a guerra, punham em comunhão os seus bens e se entregavam à agricultura.

Zelote é uma palavra grega que significa "zeloso". Os zelotes tinham um intenso zelo por Deus (At 21.20). Era um grupo religioso com marcado caráter militarista e revolucionário que se organizou opondo-se à ocupação romana de Israel. Também eram designados sicários (sanguinários), devido ao punhal que levavam escondidos e com o qual atacavam os inimigos. Não hesitavam em usar a força, a violência e as intrigas para alcançar seu objetivo, que era libertar a nação de Israel do jugo estrangeiro.

Além disso, a bibliografia secundária enfatiza-se pelas expectativas messiânicas judaicas, que os cristãos acreditavam terem sido cumpridas em Jesus. Ao lado dessas quatro "filosofias" dos letrados, houve numerosos outros movimentos sociais, compostos basicamente de camponeses. O conflito fundamental na Palestina judaica era entre os grupos dominantes judeus e os romanos de um lado, e os camponeses judeus de outro. A força motriz para as mudanças na situação social quase sempre vinha de algum tipo de agitação popular, com demonstrações de protesto e greves camponesas surgiam de tempos em tempos.

> Jesus usa o poder religião de maneira hábil para chegar a desestabilizar o sistema: "O reino de Deus está chegando". Trata-se de uma tática de espalhar a Boa-nova através de seus discípulos, já que era impossível fazer tudo sozinho.

A forma mais elementar desses movimentos sociais foi o **banditismo social** – aqueles que foram expulsos de suas terras por expressões econômicas ou entraram em conflito político com os grupos dominantes, juntavam-se em grupos que estavam sofrendo os problemas comuns. Eles se mantinham com assaltos a caravanas romanas de suprimento ou incursões nas áreas fronteiriças.

Tivemos, depois, os **movimentos sociais messiânicos** populares em que numerosos camponeses judeus se uniram em torno de um líder carismático, que aclamavam de rei. Sob a condução de tais líderes eleitos (ou, tradicionalmente, 'ungidos') reivindicaram sua independência em rebelião armada.

Paralelamente, sob certos aspectos aos **movimentos sociais messiânicos**, houve diversos movimentos proféticos que se manifestaram em torno da metade do século I, d.C. **Profetas** inspiraram grandes grupos de seguidores a deixarem suas casas e terras para unir-se em ações divinamente lideradas, de libertação do domínio estrangeiro. Cada um desses movimentos proféticos foi aparentemente inspirado por alguma visão de um ato escatológico de libertação, modelado segundo um dos grandes atos salvíficos históricos.

Jesus não é o único que assume a liderança de um movimento camponês na Palestina naquele tempo. Horsley e Hanson[1] tiveram a ideia de perguntar quais eram os nomes que os camponeses deram na época a líderes de movimentos de libertação. Ele chegou a três termos típicos: Bandido, Messias, Profeta. Ele adota uma tipologia dos movimentos camponeses e registra os seguintes nomes:

Bandidos famosos: Ezequias (cerca de 47-38 a.C.), os salteadores de caverna na década de 30 d.C., Eleazar Bem Dinai (30-50 d.C.), Tomolau (início da década de 40 d.C.), Jesus, filho de Safias (década de 60 d.C.) e João de Giscala (66 d.C).

Messias: Judas, filho de Ezequias (4 a.C.), Simão (4 a.C.), Antroges (4-20 d.C.), Manaém, filho de Judas, o galileu (66 d.C.), Simão bar Giora (68-70 d.C.) e Bar Kokeba, (132-135 d.C.).

Profetas conhecidos: João Batista (no final da década de 20 d.C.), o Samaritano (26-30 d.C.), Teudas (45 d.C.), o Egípcio (56 d.C.), Jesus, filho de Ananais (62-60 d.C.)

Todos eles procuram reverter uma situação de extrema injustiça, penúria e marginalização, por que passavam os camponeses. Normalmente, são dirigidos contra a elite nacional templária, a casa de Herodes ou representantes do império romano. Jesus era conhecido como um messias ou profeta.

Em sua pregação apocalíptica, afirma a maioria dos pesquisadores, de forma convicta, que "Jesus proclamou o reino vindouro

---

1. HORSLEY, Richard A. e HANSON John S. *Movimentos populares no tempo de Jesus*, texto 3.

de Deus, no qual não haveria mais injustiça, sofrimento ou mal, no qual todos, ricos e pobres, escravos e libertos, homens e mulheres, estariam em pé de igualdade. Essa mensagem de esperança demonstrou-se particularmente atraente para aqueles que, naquele tempo, eram excluídos – o pobre, o doente, o banido e as mulheres".[2]

Neste contexto afirma HOORNAERT, "os camponeses estavam atentos no aparecimento de um profeta e ungido (como David) que conduza à resistência de seu povo contra a dominação, ou de um profeta tipo Elias ou Eliseu. Figuras como Amós, Miquéias ou Jeremias são, também, muito populares. Levado pela emoção e indignação diante das condições de vida camponesa ele decide entrar em ação. Ele é reconhecido pelos camponeses como um profeta ungido".[3]

> Levado pela emoção e indignação diante das condições de vida camponesa ele decide entrar em ação. Ele é reconhecido pelos camponeses como um profeta ungido.

Líder, e, por essa razão, era chamado de 'rei'; ele foi condenado pelos romanos sob a acusação de ser 'rei dos judeus' (Mc 15:26). Informa HORSLEY, "que *todos os reis populares aclamados pelo povo eram líderes armados*. Jesus foge desse figurino. É um ungido camponês de verdade". Não anda armado. Jesus, ao enviar seus apóstolos dois a dois pelos sítios da Galileia, recomenda que eles frequentem unicamente casas dispostas a recebê-los. Não devem ir de lugar em lugar nem falar em praça pública. Se os apóstolos tivessem trabalhado abertamente, as autoridades do templo certamente teriam enviado um contingente de soldados para o norte. Jesus usa o poder da religião de maneira hábil para chegar a desestabilizar o sistema: *"O reino de Deus está chegando"*. Trata-se de uma tática de espalhar a Boa-nova através de seus discípulos, já que era impossível fazer tudo sozinho.[4]

---

2. EHRMAN, Bart. *O que Jesus disse, o que Jesus não disse?* p. 189.
3. Idem ibidem *Movimentos populares no tempo de Jesus*, no mesmo texto 3.
4. HOORNAERT, Eduardo. *Op. cit.*, pp. 72-74.

SQ 24. SOBRE AQUELE QUE RECEBE REVELAÇÃO

Declarou Jesus: "Sou grato ao senhor, meu pai, mestre do céu e da terra, porque manteve tudo isso oculto dos sábios e dos entendidos, mas o revelou aos pequeninos. Estou sinceramente grato, pai, porque foi esta sua generosa vontade. Meu pai conferiu a mim autoridade sobre todo o mundo. Ninguém reconhece o filho, exceto o pai; e ninguém sabe quem é o pai senão o filho e aquele a quem o filho o quiser revelar".

SQ 25. SOBRE AQUELE QUE OUVE E VÊ

"Felizes os olhos que veem o que vocês veem! Digo-lhes que muitos profetas e reis quiseram muito ver o que vocês veem e não conseguiram, quiseram ouvir o que vocês ouvem e não conseguiram."

JÚBILO DE JESUS

Mt 11:25-27;13,16-17	Lc 10:21-24 Q16
25 Naquele momento, respondendo, Jesus disse: Eu te louvo, Pai, Senhor do céu e da terra, porque escondeste estas coisas aos sábios e entendidos e as revelaste aos pequeninos.	21 Naquela mesma hora, ele exultou no Espírito santo e disse: Eu te louvo, Pai, Senhor do céu e da terra, porque escondeste estas coisas aos sábios e entendidos e as revelaste aos pequeninos. Sim, Pai, porque assim houve agrado diante de ti.
26 Sim, Pai, porque assim houve agrado diante de ti.	22 Tudo me foi entregue por meu Pai, e ninguém conhece quem é o Filho, senão o Pai, e ninguém conhece o Pai, senão o Filho e aquele a quem o Filho o quiser revelar.
27 Tudo me foi entregue por meu Pai, e ninguém conhece o Filho, senão o Pai, nem ao Pai alguém conhece, senão o Filho e aquele a quem o Filho o quiser revelar.	23 E voltando-se para os discípulos, em particular, disse: Felizes os olhos que veem o que vedes!
16 Vossos olhos, porém, {são} felizes, porque veem, e vossos ouvidos, porque ouvem!	24. Pois digo-vos que muitos profetas e reis quiseram ver o que vedes, e não viram; e ouvir o que ouvis, e não ouviram.
17 Pois amém, digo-vos que muitos Profetas e justos desejaram ver o que vedes, e não viram; ouvir o que ouvis, e não ouviram.	

Comentários:

Sobre SQ 24 – A autoridade não foi conferida somente a Jesus, mas a todos nós, pois somos a encarnação de Deus, que os gregos chamavam de *Khristós*. Quando se diz que revelou aos pequeninos, tem sentido de humildade, pureza, que cada um conquista por esforço próprio. A autoridade é conquista da alma. Não existe Deus escondendo de uns em detrimento de outros. O mérito é que leva o ser a sintonizar com a potência divina. Tanto Jesus, como qualquer de nós pode alcançar tudo, sem privilégio a ninguém. A *Parábola do Semeador* – já ensinada pelos povos antigos – e também utilizada por Jesus, se reporta ao aforismo 'olhos e aos ouvidos'.

1. Uma parte das sementes caiu à beira do caminho e os pássaros vieram e as comeram.
2. Outra parte caiu no meio de pedras, onde havia pouca terra. Essas sementes brotaram depressa, pois a terra não era funda, mas, quando o sol apareceu, elas secaram, pois não tinham raízes.
3. Outra parte das sementes caiu no meio de espinhos, os quais cresceram e as sufocaram.
4. Uma outra parte ainda caiu em terra boa e deu frutos, produzindo 30, 60 e até mesmo 100 vezes mais do que tinha sido plantado. Quem pode ouvir, ouça.

Sobre SQ 25 – Refere-se àquele que "ouve e vê". A mensagem central dessa parábola, é que todos nós recebemos o dom ou semente do Cristo interior. Os que foram semeados em boa terra são aqueles que ouvem a palavra e a recebem, frutificando a trinta, a sessenta a cem, por um. O cultivo da semente interior tem de ser entendido como um processo contínuo ao longo de toda a vida. *O Evangelho de Q* expõe: "Felizes os olhos que veem o que vocês veem! Digo-lhes que muitos profetas e reis quiseram muito ver o que vocês veem e não conseguiram, quiseram ouvir o que vocês ouvem e não conseguiram". O sentido deste aforismo conduz o povo a refletir sobre o nosso modo de ver e de ouvir para edificar o homem novo apregoado pelo Evangelho. Cuidado, vigilância agudeza de espírito, sagacidade, penetração, perspicácia.

8. FÉ NO CUIDADO DO PAI

SQ 26. DE COMO SE DEVE ORAR

Em suas orações, peçam:

"Santificado seja seu nome, Pai".

Que se cumpra o seu domínio.

Dê-nos o pão de cada dia.

Perdoe nossas dívidas, assim como perdoamos nossos devedores.

E não nos ponha à prova [em situação difícil].

O Pai Nosso

Mt 6:9-13	Lc 11: 2b-4 **Q17**
Portanto, vós orareis assim: Pai nosso, que estás nos Céus, santificado seja o teu nome; 10 Venha o Teu reino, seja feita a Tua vontade, assim na terra como no céu; 11 O pão nosso de cada dia nos dá hoje; 12 E perdoa-nos as nossas dívidas, assim como nós perdoamos aos nossos devedores; 13, E não nos conduzas à tentação; mas livra-nos do mal; porque teu é o reino, e o poder, e a glória, para sempre. Amém.	Pai nosso, que estás nos Céus, santificado seja o Teu nome; venha o Teu reino; seja feita a Tua vontade, assim na Terra, como no Céu. 3 Dá-nos cada dia o nosso pão cotidiano; 4 E perdoa-nos os nossos pecados, pois também nós perdoamos a qualquer que nos deve, e não nos conduzas à tentação, mas livra-nos do mal.

COMENTÁRIOS:

No Evangelho de Lucas (11.1) consta que Jesus, estando a orar num certo lugar, quando acabou, lhe disse um dos seus discípulos: Senhor ensina-nos a orar, como também João Batista ensinou aos seus discípulos. E daí ele ensinou aos discípulos a oração do Pai Nosso. No entanto há controvérsia de que ele tivesse, efetivamente, transmitido a oração como hoje é conhecida. Os pesquisadores, em sua grande maioria, concordam que a oração foi 'montada', através dos tempos. Juan Arias [1], em seu livro, *Jesus – esse grande desconhecido –*, p.185, afirma que "É quase certo que Jesus **nunca** ensinou essa oração a seus discípulos, pelo menos em forma de oração, ainda que ela contenha uma ou outra frase que 'teria' sido pronunciada pelo Mestre. Trata-se, muito provavelmente, de uma oração que foi sendo construída nas primeiras comunidades com a junção de várias sentenças ou aforismos até fixar-se na forma em que chegou até nós". [2]

Atente que há duas versões sobre o *Pai Nosso,* (além de Q), em se comparando com o Evangelho Q. Mateus é mais completo do que escreveu o escritor de Lucas. Constate você mesmo no texto de Q, acima.

De fato, *John Dominic Crossan* (Fundador e atual Presidente do *Seminário de Jesus*) registra no seu livro *O Jesus histórico*, p. 330, três versões distintas do Pai-nosso:

1. Uma é essa que aparece no Evangelho de Lucas (11:2-4), como uma invocação ao Pai, seguida de cinco súplicas. Poderia ser a súplica recolhida da Fonte Q: "Pai, santificado seja o teu nome. Venha a nós o teu reino. O pão nosso de cada dia, dá-nos hoje. E perdoa-nos nossos pecados, pois também perdoamos a todos que nos devem. E não nos deixes cair em tentação".

---

1. Juan Arias – escritor e jornalista – cursou teologia, filosofia, psicologia, línguas semíticas e filosofia comparada na Universidade de Roma. Durante quatorze anos foi correspondente na Itália e no Vaticano para o jornal espanhol *El País*. Antes disso escreveu para o jornal *Pueblo* trabalhos do II Conselho do Vaticano. É autor de vários livros.

2. Sugerimos a leitura da interpretação que fizemos do Pai Nosso, no livro *A oração pode mudar sua vida*, 2.ª parte.

2. A outra versão é a do Evangelho de Mateus (6:9-13), mas a oração começa dizendo: Pai nosso "que estais nos céus" e nela se fazem não cinco, mas sete súplicas. As duas súplicas novas são: "Seja feita a vossa vontade, assim na Terra como no céu" e "livrai-nos do mal". Pode ser que Mateus (ou autor do texto) tenha introduzido a fórmula usada em sua comunidade quando ele escreveu o evangelho.

3. A terceira versão é a da *Didaché*[3], onde também aparecem sete súplicas em vez de cinco. No entanto, ela começa com a saudação: "Pai nosso que estás no céu". Poderia ser uma variante da versão conhecida de Mateus.

O fato é que todas as súplicas feitas no pai-nosso cristão **existem nas preces judias.** Não são, portanto, originais de Jesus. Mas existe uma peculiaridade que, segundo os exegetas, só pode ser de Jesus (ou, então, foi colocada em sua boca): Chamou Deus de "Pai" (*abba*, em aramaico), um termo totalmente desconhecido na tradição palestina pré-cristã.

Informe-se ainda que o Pai Nosso não tem nada de apocalíptico. Desde que não se faça uma leitura exclusivamente espiritual dessa oração, ela serve como um belo resumo dos temas e preocupações que estão por trás da visão que Jesus tinha do reino de Deus. Denota-se, nessa oração característica do estágio 1 de Q, a confiança total, entregando sempre a Deus, a solução. É nesta linha de pensamento que escrevemos o livro *Peça e receba – o Universo conspira a seu favor*.[4] Digo no livro que a oração deve refletir

> Trata-se, muito provavelmente, de uma oração que foi sendo construída nas primeiras comunidades com a junção de várias sentenças ou aforismos até fixar-se na forma em que chegou até nós. É quase certo que Jesus nunca ensinou essa oração a seus discípulos, pelo menos em forma de oração, ainda que ela contenha uma ou outra frase que 'teria' sido pronunciada pelo Mestre.

---

3. Ou Didaquê, também chamada de Doutrina dos Doze Apóstolos é um escrito do século I que trata do catecismo cristão. É constituído de dezesseis capítulos, e apesar de ser uma obra pequena, é de grande valor histórico e teológico. O título lembra a referência de "E perseveravam na doutrina dos apóstolos..." (Atos 2:42).

4. BOBERG, José Lázaro. *Peça e receba – o Universo conspira a seu favor*, cap. 18.

a necessidade de cada um, pois se trata de um 'grito da alma' aos seus desejos. Daí a oração não pode ser fórmula escrita por ninguém, mas de você mesmo. Escreva você mesmo sua oração.

"O pão e as dívidas eram simplesmente os problemas mais imediatos que tinham que enfrentar os camponeses galileus, os jornaleiros e os habitantes da cidade, que não integravam nenhuma elite". O benefício mais evidente e imediato que proporcionava o novo reino de Deus anunciado por Jesus era o alívio dessas duas cargas, como sublima Crossan.[5] A promessa de Jesus era o combate à fome que aflige o camponês. Evocações de mesa farta repetem-se ao longo das narrativas evangélicas. Veja o caso das parábolas da multiplicação dos pães (e peixes). Trata-se de simbolismo utilizado para se referir a dois diferentes 'milagres' de Jesus. "Todos comeram e ficaram satisfeitos, e os discípulos recolheram doze cestos cheios de pedaços que sobraram". (Mt 14:13-21) Não se constituía de 'milagre' algum feito por Jesus, já que essa história nunca aconteceu. Trata-se de uma alusão à propalada esperança aos camponeses, com a implantação do reino de Deus na Terra, quando haverá mesa farta, a tal ponto que não haverá mais miséria, mas sempre fartura, inclusive, chegando-se a ponto de recolhimento de sobras, depois de a fome saciada. Isto trazia euforia, provocando entusiasmo ao povo camponês!...

---

5. CROSSAN. John Dominic. *O Jesus histórico*, p. 331.

SQ 27. FÉ AO PEDIR

"Peçam e lhes será dado; procurem e acharão; batam à porta e ela se abrirá para vocês. Porque quem pede recebe, quem procura acha e a quem bate à porta ela se abre. Que pai, entre vocês, daria uma pedra ao filho que pede pão, ou uma cobra ao filho que pede peixe? Portanto, se vocês, embora não sejam bons, sabem dar coisas boas a seus filhos, quanto mais o pai do céu dará àqueles que pedirem!"

A ORAÇÃO INSISTENTE

Mt 7:7-11	Lc 11:9-13 Q18
7 Pedi, e dar-se-vos-á; buscai, e encontrareis; batei, e abrir-se-vos-á.	9 E eu vos digo a vós:
8 Porque, aquele que pede, recebe; e, o que busca, encontra; e, ao que bate, abrir-se-lhe-á.	Pedi, e dar-se-vos-á; buscai, e achareis; batei, e abrir-se-vos-á;
9 E qual dentre vós é o homem que, pedindo-lhe pão o seu filho, lhe dará uma pedra? E, pedindo-lhe peixe, lhe dará uma serpente?	10 Porque qualquer que pede recebe; e quem busca acha; e a quem bate abrir-se-lhe-á.
Se vós, pois, sendo maus, sabeis dar boas coisas aos vossos filhos, quanto mais vosso Pai, que está nos céus, dará	E qual o pai de entre vós que, se o filho lhe pedir pão, lhe dará uma pedra? Ou, também, se lhe pedir peixe, lhe dará por peixe uma serpente?
10 bens aos que lhe pedirem?	12 Ou, também, se lhe pedir um ovo, lhe dará um escorpião?
11 Se vós, portanto, sendo malignos, sabeis dar dádivas boas às vossas crianças, quanto mais vosso Pai nos céus dará (dádivas) boas aos que pedirem!	13 Pois se vós, sendo maus, sabeis dar boas dádivas aos vossos filhos, quanto mais dará o Pai celestial o Espírito Santo àqueles que lho pedirem?

COMENTÁRIOS:

Em SQ 27, a alegria do pedinte "Peçam e lhes será dado" foi transformada numa reconfortante máxima comunitária sobre a certeza dos cuidados de Deus para com os seus filhos. Neste estágio de Q, é forte a influência do pensamento cínico, diante de qualquer situação, Deus está no comando. "Buscai primeiro o reino de Deus, e a sua justiça, e todas estas coisas vos serão acrescentadas". (Mt. 6:33). Aqui é a fase de total fidelidade e dependência de Deus, que cuida dos seus filhos.

No entanto, hoje interpretamos sob o pensamento gnóstico, de 'independência'. Tanto é que a sugestão dada nos textos de Mateus e Lucas, como cópias do Evangelho Q, era para *orar, pedir, buscar, bater*; esta orientação, no entanto, nada tem que ver com Deus pessoal, mas unicamente com o próprio homem, pois, na realidade, o que se está propondo é a técnica do uso correto das leis da mente. Este convite tem sido recebido com equívoco por parte da criatura; frequentemente é visto como a lâmpada de Aladim de cada desejo humano, a garantia de que, se orarmos por ele, Deus concederá. São 'ditos breves' com rápidas gradações que nos ensinam como devemos proceder quando desejamos alguma coisa. A propósito diz o Jesus de Tomé[6] na sentença 3, o Yeshua (Jesus) de Tomé explica: "Quando conseguis conhecer a vós mesmos [quem realmente sois], logo sois conhecidos e compreendereis que sois filhos do Pai vivo. Mas, se não conhecerdes, vivereis essa pobreza".

Convém lembrar – conforme comentamos alhures – a diferença entre os evangelhos de *primeira geração* (Q e Tomé) e os de *segunda geração* (canônicos) é que **os primeiros** conduzem seus seguidores na busca da *independência* em relação a qualquer líder externo. Entenda que, esses movimentos sociais não costumam praticar o culto de personalidade, nem insistem no seguimento incondicional de um líder, pois são avessos à heroicização. Lendo os textos de primeira geração, estamos diante de um perfil de um cristianismo (ainda) não centrado na figura de Jesus; já os de segunda geração têm como meta 'engaiolar' seus seguidores na total *dependência* na figura de Jesus. Enquanto os *primeiros* contêm altas exigências em termos de coragem de pensar pela própria cabeça, de não se deixar levar pelos pensamentos de outrem, nem pela pressão da sociedade, de saber resistir e manter a firmeza nos meios das dificuldades, os de *segunda geração* focam no líder externo. Foi com este intuito que fo-

---

6. Ler em meu livro *O Evangelho de Tomé – o elo perdido*, Logion 50.

ram construídos os evangelhos canônicos, que retiraram da pessoa o seu *Khristós* e o entregam *a uma única pessoa encarnada*, no caso, Jesus, "o único filho de Deus". Por conta disso é que o aforismo nada tem a ver com vinculação a um Deus pessoa, mas na sintonia com o Cristo interior (o Khristós).

Informa Burton L. Mack,[7] que "O mais notável com relação aos membros do povo de Q é que **eles não eram cristãos (grifos meus)**. Eles não encaravam Jesus como um messias nem como o Cristo. Não consideravam seus ensinamentos como uma acusação ao judaísmo. Não viam a morte como um assunto divino, trágico ou redentor. E não imaginavam que ele teria ressuscitado do reino dos mortos para governar um mundo transformado. Em vez disso, viam-no como um mestre cujos ensinamentos tornaram possível viver com vigor em tempos turbulentos". E conclui: "Assim não se reuniam em cultos em seu nome, não o veneravam como um deus, nem cultivavam sua memória por meio de hinos, orações e rituais. Não formavam culto do Cristo tal como que emergiria entre as comunidades cristãs conhecidas pelos leitores das epístolas de Paulo. O povo de Q era o povo de Jesus, e não o povo cristão".

> "Assim não se reuniam em cultos em seu nome, não o veneravam como um deus, nem cultivavam sua memória por meio de hinos, orações e rituais. Não formavam culto do Cristo tal como que emergiria entre as comunidades cristãs conhecidas pelos leitores das epístolas de Paulo. O povo de Q era o povo de Jesus, e não o povo cristão".

Este é um trabalho de *mentalização*, fruto de exercício desde que a criatura se disponha a perseverar na busca de seus objetivos, utilizando-se da força do pensamento; este, quando colocado em ação, constrói o próprio destino. Já encontramos no Velho Testamento no Livro de Provérbios, 23:7: "Porque como o homem imagina em sua alma, assim é." Quando efetivamente almejamos a realização de um desejo não adianta tão só pedir mentalmente, é preciso trabalhar para a conquista almejada. Não se trata, portanto, de um trabalho mental mecânico, em que repetimos inúmeras vezes, sem qualquer

7. MACK, Burton L *Op. cit.* p. 12.

força emocional. É este o sentido do pronunciamento, atribuído a Jesus: "Não useis de vãs repetições".

Em meu livro, *O segredo das bem-aventuranças*, esclareço: "É algo que deve permanecer vivo, em permanente efervescência na mente, sempre visualizando o que se deseja, até a concretização dos objetivos. Revela-se aqui, a chamada técnica da lei de causa e efeito que tem como pano de fundo a 'mentalização'. É por aquilo que pensamos – errado ou certo – que esta lei é acionada, provocando 'consequências'. O bem gera o bem e o mal gera o mal. Ela não é consequência de atos, palavras de terceiros, pois a causa está na fonte geradora da lei, que é o pensamento do próprio emissor. O carma – lei de causa e efeito – tem como fonte geradora o pensamento da própria criatura. Tudo o que praticamos traz consequências boas ou más, que estão na dependência da força do pensamento na ocasião, do desejo ardente, no trabalho para sua execução e persistência. Portanto, aí se encontra a essência última da lei de causa e efeito: o efeito corresponderá à causa que tivermos colocado livremente; mas o efeito não poderá ser modificado por nenhuma ação ou situação externa: colocada a causa, com livre-arbítrio, virá o efeito inevitável e exatamente correspondente".[8]

---

8. BOBERG, José Lázaro. *O segredo das bem-aventuranças*, p. 286.

9. POLÊMICA SOBRE ESTA GERAÇÃO

SQ 28. SOBRE REINOS EM CONFLITO

Ele exorcizou um demônio que emudecera um homem, e quando o demônio foi expulso, o mudo falou e todos ficaram maravilhados. Entretanto, alguns disseram: "Ele exorciza demônios, mas por meio de Belzebu, o rei dos demônios".

Conhecendo os pensamentos de todos os presentes, ele lhes disse: "Todo reino dividido contra si próprio está arruinado, e toda casa dividida contra si própria será posta abaixo". Agora, se Satanás também está dividido contra si próprio, como seu reino poderá se manter?

Vocês dizem que é por meio de Belzebu que eu exorcizo demônios. Mas se é por meio de Belzebu que eu exorcizo demônios, então por meio de quem os filhos de vocês o fazem? Por que não perguntamos a eles, para vermos o que têm a dizer?

Porém, se é pelo dedo de Deus que eu exorcizo demônios, então o domínio de Deus já chegou para vocês.

"Quando um homem forte e bem armado guarda seu palácio, seus bens estão a salvo. Mas se alguém mais forte o ataca e conquista, o mais forte derruba suas defesas e saqueia seus pertences".

O possesso mudo

Mt 12:22-24 – 9:32-34 – 12:25-30	Lc 11:14-23 Q19
22 Então foi trazido a ele um endemoninhado cego e mudo, e ele o curou, de modo de o mudo falar e ver.	14 E ele estava expulsando um demônio, [e este era] mudo. Aconteceu: o demônio tendo saído, o mudo falou, e as turbas admiraram.
23 E extasiavam-se todas as turbas e diziam: Não é este o filho de Davi?	15 Alguns dele só disseram: Em nome de Beelzebul, o chefe dos demônios, ele expulsa os demônios.
24 Os fariseus, porém, tendo ouvido, disseram: Este não expulsa os demônios senão por Beelzebul, chefe dos demônios!	16 Outros, tentando-o, procuravam dele um sinal do céu.
25 Sabendo as suas reflexões disse-lhes: Todo reino dividido quanto a si mesmo fica deserto; e toda cidade ou casa dividida quanto a si mesma não fica em pé.	17 Ele, sabendo seus pensamentos, disse-lhes: Todo reino dividido em si será devastado e cairá casa sobre casa.
26 E se o Satanás expulsa Satanás, contra si mesmo se dividiu. Como, portanto, ficar em pé o seu reino?	18 Se também Satanás está dividido em si, como ficará de pé o seu reino? – porque dizeis que por Beelzebul expulso os demônios
27 E se eu por Beelzebul expulso os demônios, os vossos filhos por quem expulsam? Por isso, serão eles vossos juízes.	19 Se eu expulso os demônios por Beelzebul, os vossos filhos por quem expulsam? Por isso, eles mesmos serão vossos juízes.
28 Se, porém, pelo espírito de Deus eu expulso os demônios, então chegou até vós o reino de Deus.	20 Se, porém, pelo dedo de Deus [eu] expulso os demônios, então chegou até vós o reino de Deus.
29 Ou como pode alguém entrar na casa do valente e saquear os seus pertences, se não primeiro amarrar o valente? E então saqueará a sua casa.	21 Quando um homem forte bem armado guarda o próprio terreno, seus bens estão em paz.
30 Quem não está comigo é contra mim; e quem não reúne comigo, espalha.	22 Quando, porém, um mais forte do que ele, sobrevindo, o vence, tira-lhe sua armadura em que confiava e distribui os seus despojos.
32 Saindo eles, eis trouxeram-lhe um homem mudo endemoninhado,	23 Quem não está comigo é contra mim; e quem não recolhe comigo espalha.
33 e, expulso o demônio, o mudo falou e as turbas admiraram, dizendo: Nunca apareceu {algo} assim em Israel!	
34 Os fariseus, porém, diziam: No chefe dos demônios expulsa os demônios.	

COMENTÁRIOS:

O mito de Satanás e dos demônios

Para a grande maioria dos cristãos, Satanás e os demônios são pessoas concretas, mas, para os estudiosos críticos das religiões, eles são figuras puramente *mitológicas* que personificam o mal.

Segundo o escritor Juan Arias[1] "a origem remota de Satã e dos demônios na Bíblia, particularmente nos Evangelhos, se encontra na mitologia egípcia. Como o inimigo de Hórus era Satã, deduz-se que daí teria vindo a teoria de Satanás e dos demônios contida nos Evangelhos. Hórus, assim como o "Cristo da fé", também lutou no deserto, durante quarenta dias, contra as tentações de Satã, numa luta simbólica entre a luz e a escuridão.

De acordo com outros autores, a origem próxima de Satanás e dos demônios na Bíblia se encontra no zoroastrismo, nome da antiga religião da Pérsia (atual Irã), fundada por Zoroastro (ou Zaratustra) no século VII a.C. O judaísmo, o cristianismo e muitas outras religiões importaram vários conceitos religiosos do zoroastrismo, entre outros, as dicotomias 'bem x mal', 'céu x inferno', 'anjos bons x anjos maus' ('demônios'), 'juízo particular x juízo final', 'ressurreição do corpo' etc.

> Hórus, assim como o "Cristo da fé", também lutou no deserto, durante quarenta dias, contra as tentações de Satã, numa luta simbólica entre a luz e a escuridão.

No Antigo Testamento, há poucas menções à figura de Satanás (ou do Diabo). Já no Novo Testamento, há mais citações do mal que do bem. É interessante notar, com Alfons WEISER,[2] que Satanás (ou o Diabo), em sua origem mítica, já foi membro da corte divina, já foi um dos "filhos de Deus". Depois, com "a revolta e a queda de Lúcifer ('o portador da luz'), o serafim mais belo e mais próximo de Deus", Satanás perdeu o cargo que ocupava na corte celeste (bem como sua identidade mítica de "filho de Deus"), foi expulso do céu e passou a morar no inferno (literalmente 'mundo subterrâneo') juntamente com uma corte de espíritos malignos, passando daí em diante a travar uma luta sem tréguas contra Deus e os seres humanos, começando pela estratégia de tentar Adão e Eva a cometerem o pecado original e, assim, obrigar Deus a se encarnar na Terra na pessoa do "Cristo da fé" para vingar-se de

---

1. ARIAS, Juan. *Op. cit.*, p. 112.
2. WEISER, Alfons. *O que é milagre na Bíblia – para você entender os relatos dos evangelhos.* p. 106-107.

Satanás e redimir a humanidade de tão "grande" falta, mediante sua morte na cruz.

Conforme já refletimos, não deixa de ser um grande mito a crença daqueles para os quais o "preço do resgate é pago a Satanás, que tinha o homem em seu poder; posteriormente o preço foge às mãos do demônio porque Jesus, com a ressurreição, subtraiu-o".[3] Conforme esclarecido, com UBALDI, "justificando semelhante absurdo, conceberíamos e converteríamos Deus numa espécie de servo de Satanás".[4]

"Quando um homem forte e bem armado guarda seu palácio, seus bens estão a salvo. Mas se alguém mais forte o ataca e conquista, o mais forte derruba suas defesas e saqueia seus pertences" (palácio é casa mental) (o que são esses bens? – conquistas espirituais).

---

3. DONINI, Ambrogio. *Breve história das religiões*, p. 203.
4. UBALDI, Pietro. *Problemas atuais*. p. 274.

10. DEIXANDO CLARO DE QUE LADO ESTÁ

SQ 29. QUEM ESTÁ A FAVOR E QUEM ESTÁ CONTRA

"Quem não está comigo está contra mim, e quem não recolhe comigo, dispersa".

SQ 30. A VOLTA DE UM ESPÍRITO RUIM

"Quando um espírito impuro [demônio] deixa uma pessoa, vaga por regiões áridas em busca de repouso, mas não encontra. Então, diz: 'Voltarei para minha casa, de onde vim'. Chegando lá, encontra a casa varrida e arrumada. Depois ele pega outros sete espíritos piores ainda e os acomoda ali. O estado final da pessoa, então, torna-se pior do que antes".

SQ 31. ESCUTAR E CUMPRIR OS ENSINAMENTOS DE DEUS

Enquanto ele dizia essas coisas, uma mulher ergueu a voz na multidão e disse: "Feliz o ventre que te gerou e felizes os seios que te amamentaram!" Ele, porém, respondeu: "Felizes, na verdade, são aqueles que ouvem e observam os ensinamentos de Deus!"

A VOLTA DO DEMÔNIO

Mt 12:43-45	Lucas 11:24-26 Q20
43 Quando um espírito imundo sai de um homem, passa por lugares áridos procurando descanso e não encontra. 44 Então diz: Voltarei para a casa de onde saí. Chegando, encontra a casa desocupada, varrida e em ordem. 45 Então, caminha e leva consigo outros sete espíritos piores do que ele, e tendo entrado moram ali. E o estado final daquele homem torna-se pior do que o primeiro. Assim acontecerá a esta geração perversa.	24 Quando o espírito imundo tem saído do homem, anda por lugares secos, buscando repouso; e, não o achando, diz: Tornarei para minha casa, de onde saí. 25 E, chegando, acha-a varrida e adornada. 26 Então, caminha e traz consigo outros sete espíritos piores do que ele e, tendo entrado moram ali. E torna-se o último (estado) daquele homem pior que o primeiro.

COMENTÁRIOS:

SQ 29 – O texto em questão aborda a ideia de 'fidelidade' a Jesus e seu movimento. A fidelidade ao movimento tinha se tornado assunto de grande importância. Formulou-se a definição do seguidor fiel, e a perda de membros do movimento se tornara constante preocupação. Quem vai seguir, lutando pela autocorreção de seus erros ou para aguardar a vinda do reino de Deus na Terra? A parábola da semente retrata o sentido daqueles que recebem o ensinamento e seguem. A decorrência desta orientação vem o aviso: "Quem não está comigo está contra mim, e quem não recolhe comigo, dispersa".

SQ 30 – A parábola do *Filho Pródigo* criada por Lucas (nenhum outro escritor dos canônicos fez qualquer menção a ela) usa também a expressão "Vou voltar para a minha casa". Ideias apocalípticas transmitindo através do medo, a preocupação daqueles que ouvem, mas não aplicam. A mensagem central dessa parábola é que todos nós recebemos o dom ou semente do Cristo interior. Os que foram semeados em boa terra são aqueles que ouvem a palavra e a recebem, frutificando a trinta, a sessenta, a cem, por um. O cultivo da semente interior tem de ser entendido como um processo contínuo ao longo de toda a vida.

SQ 31 – Aqui, mais uma vez prevalece a ênfase no movimento Q1 (inicial) em que tudo está relacionado a crer que Deus dará uma solução! Pedindo, Deus proverá! Quem escuta e cumpre os ensinamentos divinos. É o que prescreve o Texto Q: *"Enquanto ele dizia essas coisas, uma mulher ergueu a voz na multidão e disse: Feliz o ventre que te gerou e felizes os seios que te amamentaram! Ele, porém, respondeu: Felizes, na verdade, são aqueles que ouvem e observam os ensinamentos de Deus!"*

11. JULGAMENTO SOBRE ESTA GERAÇÃO

SQ 32. O SINAL DE JONAS

Algumas pessoas lhe disseram: "Mestre, queremos que o senhor nos dê um sinal". Ele respondeu: "Uma geração ruim procura um sinal, mas nenhum sinal lhe será mostrado, exceto o sinal de Jonas". Porque assim como Jonas foi um sinal para os ninivitas, o filho do homem será o mesmo para esta geração. A rainha do sul [a rainha de Sabá] vai se levantar no julgamento e vai condenar esta geração. Ela veio dos confins da terra para ouvir a sabedoria de Salomão, mas aqui está algo maior do que Salomão. Os homens de Nínive vão se levantar no julgamento e vão condenar esta geração. Eles se arrependeram por meio da pregação de Jonas, mas aqui está algo maior do que Jonas.

O sinal de Jonas

Mt 12:38-40.42.41	Lc 11:29a.16.29b-32 Q21
38 Então, responderam-lhe alguns dos escribas e dos fariseus, dizendo: Mestre, queremos de ti ver um sinal.	29a Tendo-se conglomerando-se as turbas,
	16 Outros, tentando-o, procuravam dele um sinal do céu.
39 Ele, porém, respondendo disse-lhes: Uma geração maligna e adúltera busca um sinal, e sinal não lhe será dado, a não ser o sinal de Jonas, o profeta.	29b Jesus começou a dizer: Esta geração é uma geração maligna. Busca um sinal, e sinal não lhe será dado, a não ser o sinal de Jonas.
40 Pois assim como Jonas estava no ventre da baleia três dias e três noites, assim o Filho do Homem estará três dias e três noites no seio da terra.	30 Pois assim como Jonas se tornou sinal para os ninivitas, assim também será o Filho do Homem para esta geração.
42 (A) rainha do Sul se erguerá no juízo com esta geração e a condenará; porque veio dos limites da terra para ouvir a sabedoria de Salomão, e eis aqui mais do que Salomão.	31 (A) rainha do Sul se erguerá no juízo com os varões desta geração e os condenará, porque veio dos confins da terra para ouvir a sabedoria de Salomão, e eis aqui mais do que Salomão.
41 {Os} varões ninivitas se levantarão no juízo com esta geração e a condenarão, porque se converteram com a proclamação de Jonas, e eis aqui mais do que Jonas.	32 {Os} varões ninivitas se levantarão no juízo com esta geração e a condenarão, porque se converteram com a proclamação de Jonas, e eis aqui mais do que Jonas.

COMENTÁRIOS:

"O conceito predominantemente da pregação de Jesus é o do reinado de Deus. Jesus anuncia sua irrupção imediatamente, que se manifesta já e agora. O reinado de Deus é um conceito escatológico. Ele se refere ao governo de Deus que põe termo ao atual curso do mundo, que destrói tudo que é contrário a Deus, tudo que é satânico, tudo o que agora faz o mundo gemer, e estabelece a salvação para o povo de Deus que espera pelo cumprimento das palavras proféticas. A vinda do reino de Deus é um evento maravilhoso, que se realiza sem a contribuição humana, unicamente por iniciativa de Deus. Fica claro, porém, que Jesus tem a seguinte certeza: o presente *éon* já chegou. Ele está convencido de que o atual curso do mundo está sob o domínio de Satanás e seus demônios, cujo tempo agora passou (Lc 10:18). Os mortos ressuscitarão, compartilha a ideia do inferno de fogo, no qual são lançados os condenados (Mc 9:43-48; Mt 10:28 19:28); e as ações boas ou más receberão sua recompensa.

A salvação do justo ocorrerá numa maravilhosa vida paradisíaca. É no contexto dessas expectativas que se situa a pregação de Jesus.

O povo está cego para os verdadeiros "sinais dos tempos"; ele é perfeitamente capaz de interpretar os sinais do céu, das nuvens e do vento, e sabe quando choverá ou quando fará calor, mas por que não é capaz de entender os sinais do presente? (Lc 12:54-56). Quando a figueira brota e começam a aparecer suas folhas, então se sabe que o verão está próximo; assim se deve reconhecer a partir dos sinais dos tempos que o fim está às portas (Mt 13:28s). Quais são, porém, os sinais dos tempos? Em última análise, ele mesmo, em sua pessoa, é o sinal do tempo! Seu aparecimento e sua atuação, sua pregação!

Os cegos veem e os coxos andam, os leprosos são purificados e os surdos ouvem, os mortos ressuscitam e, aos pobres está sendo anunciada a imagem da salvação (Mt. 11:5). Pode-se perguntar se essas palavras expressam apenas a certeza de que essas profecias de salvação (Is 35:5s; 29:18s; 61:1) se cumprirão em breve ou se Jesus quer dizer que seu cumprimento já começa agora em seus próprios feitos 'milagrosos', o que é mais provável. Pois, na verdade, Jesus recusa a exigência que lhe fazem de se legitimar por meio de um 'sinal do céu' (Mc 8:11s). "Se expulso os demônios pelo dedo de Deus, o reinado de Deus chegou até vós!"(Lc 11:20 par). Isso não significa que o reino de Deus já é presente; significa, porém, que ele está chegando.

É preciso estar, pois, em estado de 'prontidão', ou preparar-se. Agora é o tempo de decisão, e o chamado de Jesus é chamado de decisão. A "rainha do Sul" veio certa vez para ouvir a sabedoria de Salomão; os ninivitas arrependeram-se em resposta à pregação de Jesus – eis que aqui está quem é maior que Salomão! Eis aqui está quem é maior que Jonas (Lc 11:31s. par). Em última análise Jesus se apresenta como sendo ele mesmo a pessoa, como "sinal do tempo".

Passando, agora, para o estudo do número três verifica-se que os Evangelhos, na verdade a Bíblia inteira, também acompanha a ênfase egípcia no número três. Os números têm profundos significados simbólicos. Assim o 3, o 7 e o 12 são números cabalísticos básicos, copiados da cultura egípcia. Até mesmo uma análise superficial das escrituras judaicas e cristãs revela com que frequência aparece o número três. Por exemplo, quando Jesus permaneceu no templo do seu *bar mitzvah*,[1] Maria e José procuraram por ele, "durante três dias". Em Mateus 15:29-32, diz-se que Jesus teve compaixão da multidão faminta porque "eles permaneceram comigo três dias". A mensagem dele àquele Herodes "raposa" era que "no terceiro dia estarei pronto". O simbolismo dos "três dias" é encontrado em todo o Velho e Novo Testamento. Não é casual que a divindade se dividia em três, que a Sagrada Família seja composta de três, que o Nazareno fosse crucificado em um grupo de três ou que Jesus ressuscitasse em três dias. Todos esses símbolos foram copiados da cultura egípcia.

Assim, descobrimos que Hórus, tal como Jesus na Ressurreição, ressurgiu em um novo corpo de luz no "terceiro dia". Sobre Osíris, também se diz que "morre" no solstício de inverno e "renasce" no equinócio da primavera, novamente como Hórus, no terceiro dia da Páscoa. Da mesma forma como Jesus, o salvador egípcio compartilhava a vivência do sofrimento e morte humana. Entretanto, conforme acabamos de ver, o cristianismo, posteriormente, assumiu a história literalmente em vez de espiritual e miticamente.

A importância capital do **número três** aqui é que ele **representa o período de vida incubada** – um período de tempo especial quando algo está prestes a aparecer. Mas ele estava embasado solidamente na cultura egípcia, fundada como sempre na observação atenta do mundo natural. Os sábios antigos haviam observado que a Luz, a manifestação mensal da luz refletida no Sol, seguia o ciclo de 28 dias, que sempre incluía um **período de três dias** em que o Sol não iluminava nenhuma parte da superfície do disco lunar visível para nós na Terra. Esse período crítico de esperar para ver o "nascimento" da luz nova (e também, por procuração, do seu senhor, o Sol) era um símbolo da gestação tanto humana quanto celestial e de uma renovação radical. A luz cheia era um símbolo mensal de maturação da divindade, ou o *Khristós*, em todos.

---

1. *Bar Mitzvah* ou *Bar Mitzvá* (filhos do mandamento) é o nome dado à cerimônia que insere o jovem judeu como um membro maduro na comunidade judaica.

Isto é que estava também por trás do simbolismo da estada de **Jonas por três dias** na barriga do peixe grande. Acrescente-se aqui, por mais distante que pareça das palavras de Jesus sobre o templo ser destruído e em **três dias** "irei reerguê-lo" (uma profecia que, novamente, tinha de fato relação com a "morte, ressurreição e vida nova").

Veja que a única decisiva diferença entre os mitos antigos e a religião cristã é que a religião cristã terminou por concentrar esse conceito universal em uma pessoa histórica isolada, no caso na figura de Jesus de Nazaré. As histórias sagradas de Jonas na barriga de um grande peixe, ou Daniel na cova do leão, eram **a verdade da presença de Deus em cada vida humana**.[2] No entanto, a história de Jesus foi convertida em uma história "literal da divindade de uma única pessoa". Os construtores do cristianismo, então, não deixaram por menos, colocando nos lábios de Jesus de Nazaré a afirmação de que "**ninguém vai, se não por mim!**" Aqui acabou a **independência** da criatura, contrariando ainda outra frase atribuída a ele; "**tudo que eu faço vós também podeis fazer!**" Pela lógica de que todos são dotados do seu *Christós*, com qual você fica?[3]

> As histórias sagradas de Jonas na barriga de um grande peixe, ou Daniel na cova do leão, eram a verdade da presença de Deus em cada vida humana.

---

2. HARPUR, Tom. *Op. cit*, p. 50.
3. O comentário desta seção está baseado em Rudolf Bultmann, *Teologia do Novo Testamento*, pp. 41-46.

12. A VERDADEIRA ILUMINAÇÃO

> **SQ 33. A LÂMPADA E O OLHO**
> "Ninguém acende uma lâmpada para colocá-la sob um cesto, mas sim sobre o lampadário. Assim, quem estiver em casa verá a luz".

A LÂMPADA (A VERDADEIRA ILUMINAÇÃO)

Mt 5:15.	**Lc 11:33.** **Q22**
15 Nem acendem uma lâmpada e põem-na sob o alqueire, mas sobre o candelabro, e brilha para todos em casa.	33 Ninguém pegando uma lâmpada a põe num lugar escondido [nem sob o alqueire], mas sobre o candelabro, para que os que entram vejam a luz.

COMENTÁRIOS:

O que este aforismo quer nos ensinar? O sentido simbólico deste aforismo (**SQ 33**) é, num primeiro momento, explicitar sobre o egoísmo, ainda bem presente nos estágios inferiores de nossa evolução.

Trata-se de um simbolismo, em que se faz comparação entre a luz da lâmpada e a luz interna. Todos nós somos detentores, 'potencialmente', dessa 'luz interna', mas de forma velada, inconsciente, que deve ser trazida à tona na medida da evolução. Esse despertar se dá "no tempo de cada um". Temos idades espirituais diferentes. Somos espíritos diferentes, em razão de experiências adquiridas através de inúmeras reencarnações. Esta luz é nomeada por vários nomes, porém representando a mesma coisa: *Khristós*, Cristo interno, Eu divino, Luz do Mundo, reino de Deus, entre outros. Esse é o mito milenar da encarnação divina em nós, representada por parábolas atribuídas a Jesus, pelos construtores dos evangelhos. Este potencial inerente ao ser humano foi representado por *tesouro oculto, pérola preciosa, grão de mostarda, o fermento,* entre outros. Tudo para dizer que todos somos 'potencialmente' essa Luz.

"Esta Luz do mundo de que somos detentores representa a fonte da vida, a saúde e a felicidade. É esta Luz, de que ampliamos a resplandecência através dos tempos, ao que Jesus, segundo Mateus e Lucas expressam, diz que não se deve egoisticamente esconder, mas sim, fazê-la brilhar. Todo homem é, potencialmente, a luz do mundo, perfeita vida, saúde e felicidade; mas essa potencialidade latente deve ser uma atualidade manifesta".[1]

> SQ 33. (sequência)
> A lâmpada do corpo é o olho. Se seu olho for bom, todo o seu corpo ficará cheio de luz. Mas se for ruim, todo o seu corpo ficará cheio de escuridão. Se a luz que há em você for a escuridão, que grande escuridão não será.

---

1. ROHDEN, Huberto. *Cosmoterapia*, p. 135., citado em *O segredo das bem-aventuranças*, de minha autoria, p. 103.

O OLHO, LUZ DO CORPO

Mt 6:22-23	Lc 11:34-36-34 **Q23**
22 A lâmpada do corpo é o olho. Portanto, se teu olho for simples, todo o teu corpo estará luminoso. 23 Mas se teu olho for maligno, todo o teu corpo estará escuro. Se, portanto, a luz em ti é treva, quanta treva há!	34 A lâmpada do corpo é o olho. Se o teu olho é simples, também todo o teu corpo está luminoso; se, porém, teu olhar é maligno, também o teu corpo está escuro. 35 Examina, pois, se a luz em ti não é treva!

COMENTÁRIOS:

Num segundo momento desse SQ 33, portanto, na sequência da seção sob comento, aborda-se sobre o olho bom (beleza espiritual) e olho mau (pensamento ruim).

Embora seja mais um aforismo pré-cristão utilizado pela cultura de vários povos, também foi incluído na fala de Jesus.[2] Essa máxima, quando interpretada 'simbolicamente' é muito útil para a formação moral. O que é errado é interpretar literalmente, como se fosse algo histórico.

> A qualidade de nosso olhar não depende do aparelho físico, mas, com segurança, podemos afirmar que quem determina se o olhar é bom ou mau é mesmo o Espírito. Tanto é verdade que podemos pecar apenas pelo pensamento, asseverou Jesus. Isto reafirma que é no pensamento, e não no olho que está a maldade ou bondade.

Através deste instrumento, narram Mateus e Lucas pela cópia de Q, que Jesus fez a seguinte comparação: *a candeia do corpo são os olhos*. Detalhe importante é que ele disse que os olhos são a candeia, ou seja, em linguagem atual, a lâmpada do corpo, e não a luz. Afinal, a lâmpada é um aparelho que recebe energia para fornecer luz; sem energia, todavia, é apenas uma lâmpada, assim como uma candeia sem combustão é apenas um instrumento sem iluminação.

Aqui, para efeito didático, utiliza-se ele dos *olhos* como figura de linguagem. Se não existisse luz, os olhos não teriam utilidade alguma, afinal a luz não está nos olhos, no entanto, são eles meios

---

2. Saiba mais sobre desse aforismo, em meu livro *O segredo das bem-aventuranças*, pp. 231-236.

através dos quais se interpreta e se aplica a luz, *de sorte que se os teus olhos forem bons, todo o teu corpo terá luz.* Que podemos entender por *olhos bons,* já que eles são meros canais para refletir tudo que emana da alma ou nela reside? À primeira vista, parece-nos que ao usar a expressão "olhos bons", o texto está se referindo às pessoas que são portadoras de olhos sadios, isentas de anomalia no aparelho visual. No entanto, a expressão tem outra conotação. Faz alusão ao que expressa a alma ao utilizar um dos órgãos do sentido na comunicação com o mundo exterior.

O olho deve ser entendido com o mesmo sentido dado às mãos: *se o teu olho direito ou mão direita te escandalizar, arranca-o e atira-o para longe de ti...* A boca fala o que o coração sente. Isto quer dizer que, quando falamos, a *boca* é apenas um instrumento de expressão dos sentimentos; ela anuncia aquilo que sentimos na alma. A título de exemplo, podemos comparar o microfone e a boca. Eles são instrumentos que o espírito humano utiliza para transmitir as ideias. No mesmo sentido, o olho é neutro, e anuncia o que a mente cultiva. Então, podemos perguntar: o que torna o olho bom ou mau? Não é, obviamente, o órgão em si que determina a visão. É o espírito que manifesta, através do olho, os seus predicados. A qualidade de nosso olhar não depende do aparelho físico, mas, com segurança, podemos afirmar que quem determina se o olhar é *bom* ou *mau* é mesmo o espírito. Tanto é verdade que podemos *pecar* apenas pelo pensamento, asseverou Jesus. Isto reafirma que é no pensamento, e não no *olho* que está a maldade ou bondade.

Assim, quando Jesus afirma que se *os olhos* forem bons, está se referindo à condição evolutiva do espírito, projetando *luz sobre o corpo.* Cabe aqui uma pergunta: Será que Deus criou os seus filhos alguns com "olho bom" e outros com "olho mau"? A resposta pode ser dada pelos interlocutores ao codificador[3]: "Deus criou os espíritos simples e ignorantes, isto é, sem saber. Se eles tivessem sido criados perfeitos, não teriam mérito para desfrutar as benesses dessa perfeição. Onde estaria o mérito da luta? O livre-arbítrio que

3. KARDEC, Allan. *O Livro dos Espíritos.* Capítulo: Progressão dos Espíritos.

adquirem na fase de humanização desenvolve-se, gradativamente, à medida do despertar da consciência. Assim, entendamos que a questão do *olho bom* ou *olho mau* constitui fases do crescimento evolutivo, as quais todos nós, sem distinção, percorremos. O texto atribuído a Jesus apenas faz *alerta*, não interferindo jamais o mesmo ocorrendo com os espíritos desencarnados pois, o desenvolvimento do livre-arbítrio é pessoal e intransferível."

13. PRONUNCIAMENTO CONTRA OS FARISEUS

SQ 34. VOCÊS, FARISEUS

"Que vergonha, fariseus! Vocês são muito escrupulosos na hora de pagar a décima [dízimo] da hortelã, da arruda e do cominho, mas deixam de lado a justiça e o amor a Deus".
Vocês devem fazer essas coisas, mas sem negligenciar as outras.
Que vergonha, fariseus! Vocês purificam o lado de fora da taça e da louça, mas por dentro vocês estão cheios de avareza e ganância. Insensatos fariseus! Purifiquem o lado de dentro e o lado de fora também vai ficar puro.

Que vergonha, fariseus! Vocês adoram ocupar a primeira fila das sinagogas e receber cumprimentos nas praças públicas. Que vergonha! Porque vocês são feito sepulturas, muito bonitas por fora, mas por dentro cheias de impurezas.

Vocês também, escribas, que vergonha! Vocês impõem aos outros pesados fardos, mas se recusam a carregar até os fardos mais leves.

Continua...

... continuação

Que vergonha, fariseus! Vocês erguem monumentos à memória dos mesmos profetas que seus pais assassinaram. E assim vocês testemunham e aprovam os atos de seus pais, porque eles assassinaram os profetas e vocês constroem monumentos para eles.

É por isso que a sabedoria de Deus afirmou: "Eu lhes enviarei profetas e sábios, alguns dos quais eles matarão e perseguirão", a fim de pedir contas a esta geração pelo sangue de todos os profetas, derramado desde a criação do mundo, desde o sangue de Abel até o sangue de Zacarias, morto entre o altar e o santuário.

É verdade, eu lhes garanto: esta geração terá que prestar contas. Que vergonha, escribas! Vocês levaram a chave do conhecimento para longe do povo. "Vocês não entram no reino de Deus, nem permitem que entrem aqueles que poderiam entrar".

PURO E IMPURO: PRONUNCIAMENTO CONTRA OS FARISEUS

Mt 23:25-26. 23:6-7. 27. 4:29-32. 34-36.13	Lc 11:39-52 Q24
25. Ai de vós, escribas e fariseus hipócritas, porque purificais a taça e o prato por fora, por dentro, porém, estão cheios de roubo e intemperança. 26 Fariseu cego! Purifica primeiro o interior da taça, para que também o exterior Fique puro. 23 Ai de vós, escribas e fariseus hipócritas! Pagais o dízimo da hortelã, da erva-doce e do cominho, e abandonais o que tem mais peso na Lei, o juízo e a misericórdia e a fidelidade. Isto deveríeis praticar e aquilo não abandonar. 6 Gostam do primeiro lugar nos jantares e dos primeiros assentos nas sinagogas, 7 e das saudações nas praças e de serem chamados de rabi pelos homens.	39b Agora vós, fariseus, limpais o exterior da taça e da travessa, o vosso interior, porém, está cheio de roubo e de maldade. 40 Insensatos! Aquele que fez o exterior não fez também o interior? 41 Todavia, dai em esmola o que está dentro, e eis {que} tudo será puro para vós. 42 Mas ai de vós, fariseus, porque pagais dízimo da hortelã e da arruda e de toda erva, e deixais de lado o juízo e o amor de Deus. Isto é que deveríeis fazer, e também não negligenciar aquilo. 43 Ai de vós, fariseus, porque amais o primeiro assento nas sinagogas e as saudações nas praças.

Continua...

... continuação

27 Ai de vós, escribas e fariseus hipócritas, porque sois comparáveis a sepulcros caiados, os quais por fora parecem vistosos, porém por dentro estão cheios de ossos mortos e de toda impureza!	44 Ai de vós, porque sois como os túmulos não percebíveis, e os homens andando (em redor) sobre eles não sabem.
4 Amarram fardos pesados [e insuportáveis] e os põem aos ombros dos homens, eles mesmos não querem com seu dedo movê-los	45 Respondendo algum dos legistas disse--lhe: Mestre, dizendo isso, insultas também a nós!
29 Ai de vós, escribas e fariseus hipócritas, porque construís os sepulcros dos profetas e enfeitais os túmulos dos justos,	46 Jesus respondeu: Ai de vós também, legistas, porque carregais os homens com cargas insuportáveis.
30 e dizeis: Se tivéssemos existido nos dias de nossos pais, não teríamos sido cúmplices do sangue dos profetas.	e {vós} mesmos, com um único dos vossos dedos, não tocais nas cargas!
31 De modo que testemunhais, contra vós mesmos, que sois filhos daqueles que mataram os profetas.	47 Ai de vós, porque construís os túmulos dos profetas, porém, os vossos pais os mataram;
32 E vós completais a medida de vossos pais!	48 com isso sois testemunhas e concordais com as obras de vossos pais, porque eles os mataram, vós, porém construís.
34 Por isso, vede, eu vos envio profetas e sábios e escribas: {a uns} deles matareis e crucificareis e {a outros} deles açoitareis nas vossas sinagogas e perseguireis de cidade em cidade,	49 Por isso também a sabedoria de Deus disse: Eu enviarei a eles profetas e apóstolos, e (alguns) deles matarão e prosseguirão;
35 a fim de que venha sobre vós todo o sangue justo derramado na terra desde o sangue do justo Abel até o sangue de Zacarias, filho de Baraquias, que assassinastes entre o Santuário e o altar.	50 para que seja vindicado, desta geração, o sangue de todos os profetas derramado desde a fundação do mundo,
36 Amém, digo-vos: tudo isso virá sobre esta geração.	51 desde o sangue de Abel até o sangue de Zacarias, que pereceu entre o altar e a Casa. Sim, digo-vos: {ele} será vindicado desta geração.
13 Ai de vós, escribas e fariseus hipócritas! Fechais às pessoas o reino dos Céus, mas vós mesmos não entrais, nem deixais entrar aqueles que o desejam.	52 Ai de vós, legistas, porque levastes a chave do conhecimento: (vós) mesmos não entrastes, e impedistes os que estavam entrando.

COMENTÁRIOS:

Neste aforismo, o comportamento dos seguidores do movimento de Jesus "choca-se de frente" com os legalistas (escribas e fariseus) ao legalizar os comportamentos judaicos. Esse conflito requer fidelidade ao movimento. Segundo os pesquisadores, os legistas fecharam o reino de Deus ao povo e impediram que as pessoas 'entrassem'. Aqui a discussão girava sobre 'entrar' no reino ou dele ser 'excluído'. A interpretação de 'entrar' e 'sair' é simbólica, pois, na realidade ninguém 'entra' ou 'sai', mas sim, 'desenvolve' ou não, o reino de Deus em nós.

Conforme registram os Evangelhos, os escribas e fariseus são a voz das críticas de Jesus em suas falas aos discípulos. Assinale-se que há contraste entre as sentenças da camada Q1 (primeiro estágio) para a de Q2 (segundo estágio). As sentenças de Q1 são dirigidas para os seguidores de Jesus **'enquanto grupo'**, com o objetivo de instruí-los, enquanto indivíduos sem seu projeto de representar o reino de Deus na Terra; já os objetivos de Q2 incluem a grande quantidade de sentenças dirigidas ao mundo exterior. Algumas são indiretamente dirigidas a pessoas que estão fora do movimento, como que, na esperança de que todo mundo ouvisse, de passagem, o que estava sendo dito, ou pelo menos 'estimulasse' os camponeses para se fixarem cada vez mais no movimento. Na verdade, falam aos ventos! É o caso das sentenças SQ 32, no sentido em que esta geração é "ruim". Entretanto, muitas sentenças dirigem-se a **não-membros** como se eles estivessem presentes nos discursos. Por exemplo, as sentenças de SQ 22 e SQ 34: "Ai de ti, Corazim!". "Que vergonha, fariseus!" é bastante significativo o que é dito acerca daqueles a quem o texto se refere. Impõe-se 'medo', em linguagem apocalíptica; endereçada aos escribas e fariseus, ameaçando o sofrimento quando for implantado o reino de Deus na Terra.

> O tema do juízo está estritamente ligado à imaginação apocalíptica. Neste sentido as religiões continuam anunciando até hoje, 'o fins dos tempos', ou verberando em tom enfático "Os tempos são chegados". Ora, o tempo é o que fazemos dele!

Percebe-se a mudança brusca do estilo aforístico do estágio primeiro de Q1 (aqui calcada na noção de confiança nos cuidados de Deus derivada do modo como a natureza provê as criaturas de suas necessidades básicas), para Q2 (estágio intermediário), em que se ouve, agora, a voz de um profeta que não se furta a pregar castigo e as ameaças apocalíticas. Aqui, segundo os pesquisadores, Jesus assume a condição de pregador apocalíptico, tal como fora seu iniciador, João Batista. A mudança de Q1 (entregar tudo a Deus) para Q2, neste estágio, não se abandona Deus, mas menciona o domínio de Deus, agora como um reino a descortinar em alguma outra parte ou época, supostamente "nos fins dos tempos". O tema do juízo está estritamente ligado à imaginação apocalíptica. Note-se que, nesta linguagem de 'fim dos tempos' cria-se um juízo final repleto de tronos, de imagens de tribunais e expulsões, sob as ameaças de um certo 'filho do homem'. Neste sentido as religiões continuam anunciando até hoje, 'o fins dos tempos', ou verberando em tom enfático "Os tempos são chegados". Ora, o tempo é o que fazemos dele!

14. SOBRE A APREENSÃO E A FRANQUEZA

SQ 35. SOBRE A FRANQUEZA

"Nada que esteja escondido deixará de ser revelado, nenhum segredo deixará de vir à tona. O que eu lhes digo às escuras repitam à luz do dia. E o que ouvirem em meio a sussurros, proclamem sobre os telhados".

SQ 36. SOBRE O MEDO

"Não tenham medo de quem pode matar o corpo, mas não a alma. *É melhor temer aquele que pode destruir tanto o corpo quanto a alma, na geena [afago do inferno]".*

"Não podemos comprar cinco pardais com dois centavos? Nenhum deles cairá por terra sem que Deus tome conhecimento. Até os fios de cabelo de suas cabeças estão contados. Então não se preocupem. Vocês valem mais do que muitos pardais".

SQ 37. SOBRE AS CONFISSÕES EM PÚBLICO

"Todo aquele que admitir em público que me conhece, da mesma forma será reconhecido pelo filho do homem diante dos anjos de Deus [o tribunal celeste]. Mas aquele que me renegar em público será renegado pelo filho do homem diante dos anjos de Deus".

Todo aquele que fizer um discurso contra o filho do homem será perdoado. Mas aquele que falar contra o espírito santo não será perdoado.

Quando levarem vocês até as assembleias do povo [sinagogas, ou centros locais de reunião], não se preocupem com o que terão que falar. "Na hora certa, o espírito santo lhes vai mostrar o que dizer".

O escondido será descoberto; confessar o filho do homem; o pecado contra o Espírito Santo.

Mt 10:26-33; 12:32; 10:19-20	Lc 12:2-12 Q25
26 Portanto, não os temais. Pois nada há de oculto que não vá ser revelado, e de escondido, que não vá ser conhecido.	2 Nada há de oculto que não vá ser revelado, e de escondido, que não vá ser conhecido.
27 O que vos digo na escuridão, dizei-o na luz; e o que escutais ao {pé do} ouvido, proclamai-o sobre os telhados!	3 Ao contrário, quanto tiverdes dito na escuridão será ouvido na luz, e o que tiverdes falado ao ouvido, nos quartos, será proclamado sobre os telhados.
28 E não temais os que matam o corpo, porém não podem matar a alma; temei antes. Aquele que pode a alma e o corpo perder na geena!	4 A vós, meus amigos, digo: não temais aqueles que matam o corpo e depois disso nada mais podem fazer.
29 Não se vendem dois pardais por um asse? E não cairá um deles na terra sem o vosso Pai.	5 Mostrar-vos-ei a quem temer: temei Aquele que, depois de matar, tem exusia de lançar-vos na geena. Sim, vos digo, a este temei.
30 Todos os cabelos de vossa cabeça estão contados.	6 Não se vendem cinco pardais por dois assários? E nenhum deles é esquecido diante de Deus.
31 Portanto, não temais: vós valeis mais do que muitos pardais.	7 Mas até mesmo os cabelos de vossas cabeças estão todos contados. Não temais! Valeis mais do que muitos pardais.
32 Todo, portanto, o que me confessar diante dos homens, também eu (o) confessarei diante do meu Pai nos céus.	8 Eu vos digo: todo aquele que° me confessar diante dos homens, o Filho do Homem também o confessará diante dos anjos de Deus.
33 Quem, porém, me tiver renegado diante dos homens, também eu {o} renegarei diante do meu Pai nos céus.	9 Aquele que me renegar diante dos homens será renegado diante dos anjos de Deus.
12:32 E quem disser uma palavra contra o Filho do Homem, a ele se perdoará; quem, porém, disser algo contra o Espírito santo, a ele não se perdoará, nem neste século, nem no que está para vir.	10 E todo aquele que falar uma palavra contra o Filho do Homem, a ele se perdoará, mas quem blasfemar contra o Espírito santo, a ele não se perdoará.
10:19 Quando, porém, vos entregarem, não estejais preocupados em como ou o que falar, pois vos será dado, naquela hora, o que deveis dizer.	11 Quando vos levarem diante das sinagogas e magistrados e exusias, não vos preocupeis de como vos defender, nem do que dizer.
20 Pois não sois vós que falais, mas o espírito do vosso Pai falando em vós.	12 Pois nessa hora o Espírito santo vos ensinará o que deveis dizer.

COMENTÁRIOS:

Alma alguma pode encobrir para si mesma, as próprias manifestações no quadro da Vida, e, de igual modo, perante a Lei, ninguém consegue disfarçar o menor pensamento. Tudo pode ser descortinado, sopesado, medido... Assim, não só a realidade ainda ignorada por nós, como também as mentalizações e os atos de nosso próprio caminho, serão revisados e conhecidos, sempre que semelhante medida se fizer necessária, no local exato e na época oportuna.[1]

Escrevi em meu livro, *Seja você mesmo!*[2] Que uma vez gravado um fato na rede neural, não se apaga mais. Explicando melhor, façamos uso de uma analogia, entre a "memória do computador" e a "memória humana". Nos computadores, o registro é dependente da vontade. Você 'grava' e 'desgrava', determinado assunto, quando assim o desejar, sendo, portanto, um ato 'voluntário'. Já na memória humana, a coisa não funciona assim: o registro dos pensamentos e emoções é 'involuntário', realizado pelo fenômeno **RAM** (**R**egistro **A**utomático da **M**emória). Veja o caso de lembranças que volta e meia vêm à mente. "Puxa, dizemos, hoje veio à mente uma cena que não lembrávamos mais". Na realidade está tudo gravado.

Questão curiosa é que, no campo da doutrina espírita, André Luiz, através da mediunidade de Francisco Cândido Xavier, já nos informara, em seus livros, na série *A vida no mundo espiritual*, o que a teoria psicológica de Augusto Cury nos revela hoje, com referência a essa 'gravação' na memória eterna do espírito.

Esclarece-nos o repórter da espiritualidade, André Luiz, que, quando 'acordamos', já fora do corpo físico, contemplamos o passado, dentro do campo interior, como se "revíssemos um filme", com todos os detalhes, da existência que está se encerrando. Trata-se de uma revelação importante para nossas reflexões: tudo o que fizemos – seja bom, seja ruim – fica gravado na memória do espírito, independentemente, da vontade. Agora, Cury diz-nos o mesmo, só que, sem qualquer referência ao espiritismo. Mas como entendemos a vida com base na eternidade do *eu* (espírito), inserimos sua teoria de psicologia, na doutrina espírita, assim como já o fizemos com a psicologia de Jean Piaget, em outras obras nossas.

Diz o aforismo popular, "a mentira tem pernas curtas". Daí a

---

1. XAVIER, F.C. Xavier/Waldo Vieira. *O Espírito da verdade* – autores diversos, texto 34.
2. BOBERG, José Lázaro. *Seja você mesmo!* pp. 161-162.

afirmação do *Evangelho Q* (copiado, depois, pelos escritores de Mateus e Lucas: "nada há encoberto, que não venha a ser revelado; nem oculto, que não venha a ser conhecido" (Mateus 10:26)). Assim o escondido será descoberto. Tudo o que foi gravado na mente não deixará de vir à tona um dia!

A reencarnação, por exemplo, existiu até nos textos bíblicos, mas foi suprimida pela Igreja, no ano 553, no Concílio de Constantinopla. Foi abolida, mas como nada fica oculto, aí está como lei universal. Substituíram-na pelos conceitos de "Céu" e "Inferno". O que têm feito os tradutores bíblicos e os teólogos para modificar a Bíblia, para esconder essa verdade e outras da doutrina espírita deixa-nos perplexos! Muitos líderes religiosos sabem disso, mas são obrigados a ficar em silêncio! O maior biblista do mundo atual, o norte-americano Bart D. Ehrman, em *O que Jesus disse? O que Jesus não disse?* (Ed. Prestígio, Rio, 2006), fala em 400 mil alterações na Bíblia. Isso para manter o sistema dogmático cristão, que é, infelizmente, uma questão de vida ou de morte dos teólogos. O espiritismo não condena os dogmas, apenas procura vivenciar o cristianismo primitivo, que aceitava a reencarnação e a prática da mediunidade (1 Cor. 12, 13 e 14).

Os aforismos constantes em **SQ 35 e 36,** desse quadro trazem: "Não tenham medo de quem pode matar o corpo, mas não a alma"; "Não podemos comprar cinco pardais com dois centavos?" Aqui mais uma vez a reencarnação explica: O entendimento está oculto. Mesmo com a morte física, continuamos a existir, pois o espírito não morre. Quanto ao aforismo dos pardais, que não cairão por terra sem que Deus tome conhecimento e que até os fios de cabelo em nossas cabeças estão contados é para dizer que tudo que foi gravado na mente jamais será apagado. Mesmo com a saída do corpo, a mente espiritual tem a história da existência na memória espiritual, na gravação de nossos atos. Portanto, não tenham medo!

Quanto ao aforismo inserido no **SQ 37**, é abordada a questão daquele que se envergonhar dele, diz, apocalipticamente, que quando o Filho do Homem, voltar após o cataclismo do fim do mundo, eles serão separados. De acordo com os pesquisadores do *Seminário de Jesus*, essa passagem evangélica apocalíptica, atribuída a Jesus, é derivada de Daniel 7 e, por conseguinte, não é de autoria do Jesus histórico, mas posta nos seus lábios pelos escritores do Novo Testamento.[3]

Aliás, todos os títulos neotestamentários exclusivistas, míticos e/ou apocalípticos atribuídos a Jesus nos Evangelhos (tais como: Filho do Homem, Filho de Davi, Filho de Deus, Logos, Senhor...) são, na sua origem, pré-cristãos, tendo sido posteriormente mudados e adaptados na aplicação feita a Jesus e atribuídos a ele pelos cristãos primitivos. Logo, essa passagem bíblica apocalíptica também não é de autoria de Jesus: "Na verdade eu vos digo: tudo será perdoado aos filhos dos homens, os pecados e todas as blasfêmias que tiverem proferido. Aquele, porém, que blasfemar contra o Espírito Santo, não terá remissão para sempre. Pelo contrário, é culpado de um pecado eterno" (Mc 3,28-29; Mt 12,32; Lc 12,10): "Por que o pecado contra o Pai e o Filho poderá ser perdoado, mas o pecado contra o Espírito Santo, não? O Espírito Santo é maior do que o Pai? O dogma cristão não proclama a igualdade das três pessoas divinas?" Essa passagem evangélica (contraditória e apocalíptica) não é de autoria de Jesus, mas dos evangelistas, com a finalidade de defenderem a doutrina apocalíptica do inferno eterno e a controvertida divindade do Espírito Santo (Terceira Pessoa da Trindade). Outro argumento contra a referida passagem evangélica: Se o pecado contra o Espírito Santo não tem perdão, o sacramento católico da confissão, ou seja, do perdão gratuito de todos os nossos pecados, perde totalmente o seu sentido, pois quem peca contra o Espírito Santo não será perdoado. Quantas contradições e mentiras![4]

Os espíritos comunicam-se conosco por meio dos pneumáticos (profetas ou médiuns). E têm que ser examinados (1 João 4:1), para sabermos se são bons ou maus. Mas parte dos cristãos, em um erro milenar, tem considerado maus, exceto o de Deus, todos os espíritos manifestantes aos quais eles chamam de "demônios" e não os

---

3. FUNK, HOOVER & *The Jesus Seminar*, The Five Gospels, p. 77.
4. SOUZA, José Pinheiro. *Mentiras sobre Jesus*, p. 64.

tendo como espíritos humanos, quando pelos originais bíblicos em grego: "*daimones*" ("demônios"), eles são, sim, almas ou espíritos humanos. Quando em português se diz 'o Espírito Santo', é tradução errada da Bíblia, pois nela o correto em grego é 'um espírito santo' ou um dos espíritos humanos.

15. SOBRE OS BENS PRIVADOS

SQ 38. PROPRIEDADES SEM IMPORTÂNCIA

Alguém em meio à multidão lhe pediu: "Mestre, diga a meu irmão que reparta comigo a herança". Ele, porém, respondeu: "Meu senhor, quem disse que eu sou seu juiz ou árbitro?"

Então ele contou a todos uma parábola, dizendo: "A terra de um homem rico tinha produzido em abundância, e ele pensou consigo mesmo: 'E agora, o que vou fazer? Não tenho onde guardar a colheita'. Em seguida, ele disse: 'Já sei. Vou demolir meus celeiros e construir outros, maiores, onde poderei guardar meus grãos e bens. E vou dizer a minha alma: Alma, você tem bens em estoque para muitos anos; relaxe, beba, coma e seja feliz'. Mas disse Deus a ele: 'Insensato! Esta noite mesmo você terá a alma reclamada; e tudo o que você produziu, a quem pertencerá?' Isso é o que acontece com quem acumula tesouros para si próprio sem se tornar rico diante de Deus".

Continua...

... continuação

SQ 39. SOBRE ALIMENTAÇÃO E VESTUÁRIO

"Por isso eu lhes digo: não se preocupem com a vida, quanto ao que vocês vão comer, nem com o corpo, quanto ao que vão vestir. Não será a vida mais que alimento, e o corpo mais que vestuário?"

Vejam os corvos. Eles não semeiam nem colhem, não têm celeiro nem depósito, e mesmo assim Deus os alimenta. Não valerão vocês mais do que os pássaros? Qual de vocês, com sua preocupação, pode acrescentar um único dia à própria vida?

E por que se preocuparem tanto com as roupas? Vejam como crescem os lírios. Eles não trabalham nem fiam. No entanto, nem Salomão em todo o seu esplendor foi tão magnificente. Se Deus deu roupas tão lindas à relva, que hoje viceja nos campos e amanhã será atirada ao fogo, como não daria de vestir a vocês, seus descrentes?

Então não se preocupem, perguntando-se: 'O que vamos comer?' ou 'O que vamos vestir?' Todo mundo faz isso, e seu pai sabe que vocês precisam de alimentação e vestuário.

"Em vez de se preocuparem, certifiquem-se de que estão sob o domínio de Deus, e tudo isso lhes será acrescentado".

Os Lírios do Campo

Mt 6:25-33	Lc 12:22-31 Q26
25 Por isso, vos digo: não vos preocupeis pela vossa alma, com o que comereis [o que bebereis]; nem pelo vosso corpo, com o que vos vestireis. Não é a alma mais que a comida, e o corpo, {mais} que a vestimenta?	22 Por isso, digo-vos: não vos preocupeis pela alma, com o que comereis; nem pelo corpo, com o que vos vestireis.
26 Contemplai os pássaros do céu: (porque) não semeiam nem ceifam, nem recolhem em celeiros, e o vosso Pai celeste os alimenta. Não valeis vós muito mais do que eles?	23 Pois a alma é mais que o alimento, e o corpo, (mais) que a vestimenta.
27 Quem dentre vós pode, preocupando-se, acrescentar um único côvado à duração de sua vida?	24 Examinai os corvos, porque não semeiam nem colhem, não têm quarto nem celeiro, e Deus os alimenta. Quanto mais vós valeis do que os pássaros!
28 E a respeito da vestimenta, que vos preocupais? Estudai os lírios do campo, como crescem. Não labutam, nem fiam.	25 Quem dentre vós pode, preocupando-se, acrescentar um côvado à duração de sua vida?
29 Eu, porém, vos digo (que): nem Salomão, em toda a sua glória, se trajava como um único dentre eles.	26 Se, portanto, não podeis o mínimo, por que vos preocupais com o restante?
30 Se a erva do campo, que hoje existe e amanhã é lançada ao forno, Deus {a} veste assim, não muito mais a vós, gente de pouca fé?	27 Examinai como crescem os lírios. Não labutam, nem fiam. Eu, porém, vos digo: nem Salomão, em toda a sua glória, se trajava como um único dentre eles.
31 Portanto, não vos preocupeis, dizendo: Que comeremos? ou: Que beberemos? ou: Como nos trajaremos?	28 Se a erva do campo, que hoje existe e amanhã é lançada ao forno, Deus {a} veste assim, quanto mais a vós, gente de pouca fé!
32 Pois tudo isso, as nações {o} procuram. Pois vosso Pai celeste sabe que necessitais de tudo isso.	29 Também vós, não busqueis o que comer ou o que beber, e não vos inquieteis.
33 Procurai primeiramente o reino [de Deus] e a sua justiça, e tudo isso vos será acrescentado.	30 Por isso, todas as nações do mundo {o} procuram; o vosso Pai, porém, sabe que necessitais disso.
	31 Todavia, procurai o seu reino, e isso vos será acrescentado.

Comentários:

O primeiro aforismo refere-se à alma que está preocupada onde guardar toda a sua colheita. Então ele contou a todos uma parábola, dizendo: "A terra de um homem rico tinha produzido em abundância, e ele pensou consigo mesmo: 'E agora, o que vou fazer? Não tenho onde guardar a colheita'. Em seguida, ele disse: 'Já sei. Vou demolir meus celeiros e construir outros, maiores, onde poderei guardar meus grãos e bens. E vou dizer a minha alma: Alma, você tem bens em estoque para muitos anos; relaxe, beba, coma e seja feliz' Mas disse Deus a ele: 'Insensato! Esta noite mesmo você terá a alma reclamada; e tudo o que você produziu, a quem pertencerá?' Isso é o que acontece com quem acumula tesouros para si próprio sem se tornar rico diante de Deus".

Uma bela lição sobre o egoísmo. Nada contra quem constrói riquezas, como fruto de seu suor. Aliás, a Lei do Progresso (Cap. 8, de *O Livro dos Espíritos) assim define a responsabilidade de cada um de nós em participar* nas obras da criação. O erro é guardar egoisticamente, pensando tão somente em si. Não haverá castigo de Deus, pois o homem é juiz de si mesmo, com base sempre na consciência.

Neste bloco, observem, mais uma tirada, tipo cínico "Meu senhor, quem disse que eu sou juiz ou árbitro?" conduz a uma parábola moralista sobre o trágico destino de um homem rico que não fez 'juízo' correto de seus bens. Ainda, nesta linha cínica, o princípio é **'não se preocupar'**, certificando de que estão sob o domínio de Deus e que tudo mais será acrescentado.

Neste outro aforismo, as analogias eram consideradas da ordem natural; quanto aos exemplos, eram extraídos da vida. Neste quadro, a ordem é que não devemos nos 'preocupar'. Aqui se percebe em Q, a forte influência da filosofia cínica[1]. A pessoa não se deve preocupar com a vida (alimentação) nem com o corpo (vestuário), pois a vida é mais que o alimento e o corpo mais que o vestuário. Faz analogia com os corvos que não trabalham para se alimentar; Deus os alimenta. Vocês valem mais que os pássaros. Ninguém pode acrescentar um único dia à vida com a preocupação. Diz também que os lírios não trabalham, mas estão vestidos. A título de exemplo diz que Salomão em todo o seu esplendor não era tão mais magnificente que os lírios. Vejam a relva. Se Deus deu roupas tão lindas à relva, como iria deixar de dar de vestir a vocês? A conclusão é que a pessoa não deve se preocupar com alimentação e bebida. Todas as

---

1. A prática de vida dos cínicos baseia-se no impudor deliberado: fazem sexo em locais públicos, comem sem utensílios e sem preparar os alimentos, não usam vestimentas, etc., isto é, não se adaptam às conveniências sociais e à opinião. Desprezam o dinheiro, mendigam, não querem posição estável na vida, não têm cidade, nem casa, nem pátria; são miseráveis, errantes, vivem o dia a dia. Têm somente o necessário para sua sobrevivência.

nações se preocupam com essa coisa. Em vez disso, certifique-se de que estão sob o domínio de Deus e tudo isso lhe será acrescentado. Conclui dizendo: "Procurai primeiramente o reino [de Deus] e a sua justiça, e tudo isso vos será acrescentado".

Não se pode interpretar o texto em sua literalidade. "A letra mata, mas o espírito vivifica", diz Paulo. Precisamos buscar a essência destas palavras. É de bom alvitre ver, neste caso, apenas como mais uma de suas poéticas alegorias para ensinar às criaturas sobre o desenvolvimento do Reino de Deus. Mostra-nos o texto que todo aquele que se adequou às Suas Leis terá sempre inspiração para a solução de seus problemas, desde que não fique, como expressou o poeta Chico Buarque de Holanda na música, a Banda: estava "à toa na vida" sentado na praça pra ver a banda passar, aguardando *milagres*, pois todos devem trabalhar para o seu provento e progresso. Ora, o trabalho culmina com o progresso, trata-se de uma lei natural. E negar isto, seria se colocar na contramão da evolução. Fixar-se no sentido literal desse pronunciamento, sem atentar para o sentido profundo, é colocar o homem na passividade, aguardando que o trabalho, que é de responsabilidade de cada um, seja feito por Deus, gratuitamente, sem qualquer esforço pessoal. Isto, no entanto, é inadmissível. Sob esta visão, Emmanuel não recomenda a indiferença ou a irresponsabilidade da criatura diante de seus afazeres. Ora, Jesus que, segundo os textos evangélicos, incentivou a oração e a vigilância, não iria aconselhar a despreocupação do discípulo ante o trabalho que cada um tem que desempenhar.

O trabalho é necessário, "por ser uma consequência da sua natureza corpórea. (...) é um meio de aperfeiçoamento da sua inteligência. Sem o trabalho, o homem permaneceria sempre na infância, quanto à inteligência. Por isso é que seu alimento, sua segurança e seu bem-estar dependem do seu trabalho e da sua atividade".[2] Se o homem permanecesse na inatividade e não buscasse por si mesmo suas necessidades – comida, bebida, roupas e a complexa gama de exigências do mundo atual – suas forças físicas e intelectuais se

---

2. KARDEC, Allan. *O Livro dos Espíritos*. Q. 676.

definhariam e jamais teriam saído do estado primitivo. Neste mesmo raciocínio, Emmanuel, psicografia de F. C. Xavier, no livro *Mãos unidas*, cap. 4 diz: "Não pode ter sido esse o pensamento de Jesus, pois estaria em contradição com o que disse de outras vezes, com as próprias leis da Natureza. Deus criou o homem sem vestes e sem abrigo, mas deu-lhe a inteligência para fabricá-los".[3]

> **SQ 40. SOBRE UM TESOURO NOS CÉUS**
> **"Vendam seus bens e deem tudo à caridade [de esmola]. Acumulem seu tesouro numa conta celestial, onde as traças e os carunchos não poderão devorá-lo, e onde os ladrões não poderão roubá-lo. Onde estiver seu tesouro, lá também estará seu coração".**

O TESOURO NO CÉU

Mt 6:19-21	Lc 12:33-34 **Q27**
19 Não entesoureis para vós tesouros na terra, onde a traça e a ferrugem desfigura {m} e onde os ladrões arrombam e roubam. 20 Entesourai para vós tesouros no céu, onde nem traça nem ferrugem desfigura e onde os ladrões não arrombam nem roubam. 21 Pois onde estiver o vosso tesouro, aí estará também o vosso coração.	33 Vendei vossos bens e dai esmola. Fazei para vós bolsas que não envelhecem, um tesouro inesgotável no céu, onde o ladrão não se aproxima nem a traça estraga. 34 Pois onde estiver o vosso tesouro, aí estará também o vosso coração.

COMENTÁRIOS:

É uma injunção cínica em SQ 40: vender todas as posses e doar tudo à caridade transformou-se na promessa de um tesouro escondido.

Esta sentença não é original de Jesus nem de seus discípulos, pois a essência deste aforismo já fora pronunciada por Buda, quando se referiu a esta parábola do tesouro escondido; era para ser guardado

---

3. Esses dois últimos parágrafos constam de meu livro *O segredo das bem-aventuranças*, pp. 246-247.

em segurança "onde nenhum ladrão pudesse entrar". No entanto, o simbolizado do texto é de profundo valor moral, despertando nas criaturas a preocupação com os valores essenciais da vida.

O cidadão que presume, nesta declaração atribuída a Jesus, ser ponto negativo para aqueles que, pelo trabalho, acumularam bens na Terra, está alheio à compreensão da responsabilidade que cabe a cada um em dar o melhor de si, no processo de crescimento de toda Humanidade. O objetivo da encarnação, além de levar o espírito à perfeição, é o de colocá-lo em condições de suportar sua parte na obra da criação. O progresso se torna necessário em todos os aspectos. Ele faz parte da Lei Natural. Os preguiçosos que esperam que os bens materiais *caiam do céu* estão na contramão da História. O trabalho, além de necessário para o progresso, é um meio de aperfeiçoamento da inteligência humana. "Sem o trabalho, o homem permaneceria sempre na infância, quanto à inteligência. Por isso é que seu alimento, sua segurança e seu bem-estar dependem do seu trabalho e da sua atividade. Ao extremamente fraco de corpo outorgou Deus a inteligência, em compensação. Mas é sempre um trabalho".[4]

> Esta sentença não é original de Jesus nem de seus discípulos, pois a essência deste aforismo já fora pronunciada por Buda, quando se referiu a esta parábola do tesouro escondido; era para ser guardado em segurança "onde nenhum ladrão pudesse entrar". No entanto, o simbolizado do texto é de profundo valor moral, despertando nas criaturas a preocupação com os valores essenciais da vida.

Os bens da Terra são administrados por nós, os homens; assim, podemos desejar uma vida em abundância ou de pobreza. Mas estes bens conquistados devem ser partilhados com todos e com responsabilidade. É preciso trabalhar e produzir sempre, dentro de nossos limites. Nada virá de graça. Se você disser: "Vou entregar tudo nas mãos de Deus" e permanecer inativo, nada acontecerá! Somos todos responsáveis pela penúria e abundância. Ter em abundância não significa sermos prisioneiros das conquistas. Devemos utilizar com sabedoria tudo que adquirimos.

---

4. KARDEC, Allan. *O Livro dos Espíritos*. Questão 676.

Entendamos, pois, aguardar um *tesouro* no *céu* sem trabalho na Terra é, no mínimo, maluquice! Não é pelo fato de, simplesmente deixar o corpo físico, que o espírito encontrará, automaticamente, a beleza resplandecente. A construção da luz espiritual é algo contínuo que se processa na interação entre os seres humanos e continua no mundo espiritual e, depois no retorno, e assim sucessivamente, num *continuum* infinito. É algo que se constrói aqui mesmo, aqui e agora, no corpo físico, desenvolvendo ação do bem, continuamente. Em outras palavras, não é preciso morrer para sermos julgados. O julgamento se dá no foro da consciência e, por isso, pouco importa se estamos no corpo ou fora dele. A transformação é no espírito. Na vida física ou fora dela, somos eternamente espíritos. [5]

Deve-se decidir em que querem prender seu coração: em Deus ou nos bens deste mundo. Não acumules tesouros na Terra! (...), pois, onde está teu tesouro, aí está também o teu coração. (Mt 6:19-21). Ninguém pode servir a dois senhores (Mt 6:24). Como é perigosa a riqueza!

---

5. Conforme comentários no meu livro *O segredo das bem-aventuranças*, pp. 224-227.

16. O JUÍZO IMINENTE

SQ 41. A HORA

"Podem crer: se o dono de uma casa soubesse quando o ladrão viria, não deixaria que ela fosse arrombada. Vocês também devem se preparar, porque o filho do homem virá numa hora inesperada".

SQ 42. SOBRE A FIDELIDADE

"E quem então é o servo fiel e prudente, encarregado de servir as refeições domésticas na hora adequada? Feliz é o servo que o amo encontrar cumprindo seu dever. Com certeza eu lhes digo: o amo vai promovê-lo e entregar a ele a responsabilidade sobre todos os seus bens. Mas se esse servo pensa consigo mesmo: 'o amo está atrasado' e começa a maltratar seus colegas, a comer e a beber com os vagabundos, seu amo vai chegar num dia em que ele não o esperava, numa hora imprevista. Vai puni-lo severamente e vai entregá-lo à sorte dos desleais".

O LADRÃO QUE VEM DE NOITE; O SERVO BOM E O SERVO MAU.

Mt 24:43-51.	Lc 12:39-46. **Q28**
43 Aquilo sabei (que): se o dono da casa soubesse a que vigília viria o ladrão, e não deixaria que sua casa fosse arrombada.	39 Isto sabei (que): se o dono da casa soubesse a que horas viria o ladrão, não deixaria que sua casa fosse arrombada.
44 Por isso, também vós, ficai preparados, porque na hora em que não pensais, vem o Filho do Homem.	40 Vós também ficai prontos, pois na hora em que não pensais virá o Filho do Homem.
45 Quem é o servo fiel e prudente, que o Senhor estabeleceu sobre os seus domésticos, lhes dar alimento no momento {certo}?	41 Pedro disse: Senhor, é para nós ou para todos que contas esta parábola?
46 Feliz aquele servo que o seu senhor, vindo, encontrará fazendo assim.	42 e o Senhor disse: Quem, então, é o administrador fiel {e} sensato, que o senhor encarregará do seu {pessoal de} serviço para dar a ração de trigo no momento {certo}?
47 Amém, digo-vos, ele o estabelecerá sobre todas as suas posses.	43 Feliz aquele servo que, tendo vindo, o senhor encontrar agindo assim.
48 Se aquele servo mau disser no seu coração: Meu senhor demora!,	44 Em verdade, digo-vos: ele o encarregará de todas as suas posses.
49 e começar a bater nos seus cosservos, e comer e beber com os bêbados,	45 Se aqueloutro servo disser no seu coração: Meu senhor está demorando para vir!, e começar a bater nos criados e nas criadas, a comer, beber e embriagar-se,
50 então o senhor daquele servo virá num dia em que não espera e numa hora que não conhece	46 O senhor daquele servo chegará no dia em que ele não espera e na hora que ele não conhece, e o partirá ao meio e o colocará com os infiéis.
51 e o partirá ao meio e porá sua sorte com os hipócritas. Ali haverá o choro e o ranger dos dentes	

COMENTÁRIOS:

Cumprir o dever independentemente de estar ou não na presença do patrão. Este é um empregado feliz que está sempre tranquilo quando é chamado a prestar contas de suas atividades. Sabe que o mais importante é a paz de consciência que carrega em qualquer circunstância. Da mesma forma, em relação às adversidades terrenas, mantém sempre sintonia com o *Khristós* (Deus na intimidade). Quando o texto informa "que ficai preparados, porque na hora em que não pensais, vem o Filho do Homem", está se referindo ao despertar de sua consciência, onde segundo os instrutores espirituais, quando questionados por Kardec 621: Onde está escrita a **lei de Deus (Leis naturais)?** Eles responderam "Na consciência". Entenda que a força inteligente do Universo, que costumamos chamar de Deus, age sempre através de Leis eternas e imutáveis. Estar ou não preparado diante das vicissitudes da vida é consequência personalíssima de maturidade espiritual.

Estar sempre, pois, em "estado de prontidão". O Filho do homem é o Deus em nós, representado pela consciência que se desperta no tempo próprio de cada um, à medida que se amadurece. Cuidar da sintonia com o Christós é responsabilidade pessoal. Não adiar as oportunidades que a vida lhe apresenta. Deixar que a casa seja arrombada é viver 'morto' para as realidades, adiando sempre o processo de crescimento. Quando a consciência – que é a Lei de Deus em nós – 'acorda', é o momento da mudança de comportamento. Fidelidade e prudência no atendimento a todos. "Vai puni-lo 'severamente' e vai entregá-lo à sorte dos desleais". Não se trata obviamente de punição externa, mas dor da própria consciência que, no momento próprio, 'cai em si' diante daquilo que praticara em desacordo com o Tribunal da Consciência.

> Estar sempre, pois, em "estado de prontidão". O Filho do homem é o Deus em nós, representado pela consciência que se desperta no tempo próprio de cada um, à medida que se amadurece. Cuidar da sintonia com o *Christós* é responsabilidade pessoal.

Entendamos que o reinado de Deus, aqui pregado, é sobre uma ótica escatológica. Ele se refere ao governo de Deus que põe termo ao atual curso do mundo, que destrói tudo que é contrário a Deus. A vinda do reino de Deus é um conceito maravilhoso, que se realiza sem contribuição humana, unicamente por iniciativa de Deus. O que se imagina é o restabelecimento do antigo reino davídico (semelhante ao Reino de Davi). Jesus tem a certeza: Chegou ao fim este reinado de desmando.

> ## SQ 43. FOGO E DIVISÃO
>
> Vim para atear fogo à terra; e como eu queria que ele já estivesse aceso!
>
> Vocês pensam que eu vim trazer a paz à terra? Não, não vim trazer a paz, mas a espada. Vim para criar conflito entre pai e filho, discórdia entre mãe e filha, estranhamento entre sogra e nora. Os inimigos de uma pessoa serão seus próprios parentes.

DIVISÃO POR CAUSA DE JESUS

Mt 10:34-36	Lc 12:49-53	Q29
34 Não penseis que vim lançar paz sobre a terra! Não vim lançar paz, mas espada. 35 Vim dividir: homem contra seu pai, e filha contra sua mãe, e nora contra sua sogra, 36 e os inimigos do homem {serão} os de sua casa.	49 Vim lançar fogo sobre a terra, e como quereria que já estivesse aceso. 50 Devo ser batizado com um batismo, e como estou ansioso até que seja levado ao fim. 51 Pensais que eu cheguei para trazer paz sobre a terra? Não, digo-vos, mas a divisão. 52 Pois desde agora numa casa de cinco, três ficarão divididos contra dois e dois contra três; 53 ficarão divididos: pai contra filho e filho contra pai; mãe contra filha e filha contra mãe; sogra contra sua nora e nora contra sogra.	

COMENTÁRIOS:

"Se alguém não permanecer em mim será lançado fora como um ramo de árvore, e secará; tais ramos são recolhidos, lançados ao fogo e se queimam" (João 15:6). A queima de incrédulos durante a Inquisição da Igreja Católica foi baseada, em grande parte, na interpretação literal dessa passagem evangélica apocalíptica, atribuída a Jesus. Para o Prof. Pinheiro esta passagem apocalíptica não é de Jesus, já que, conforme as anotações dos evangelhos, não praticava violência.

Para Allan Kardec[1]: "Quando Jesus disse: Não penseis que vim trazer a paz, mas a divisão – seu pensamento era o seguinte: 'Não penseis que a minha doutrina se estabeleça pacificamente'. Ela trará lutas sangrentas, para as quais o meu nome servirá de pretexto. Porque os homens não me haverão compreendido, ou não terão querido compreender-me. Os irmãos, separados pelas suas crenças, lançarão a espada um contra o outro, e a divisão se fará entre os membros de uma mesma família, que não terão a mesma fé. Vim lançar o fogo na Terra, para consumir os erros e os preconceitos, como se põe fogo num campo para destruir as ervas daninhas, e anseio porque se acenda, para que a depuração se faça mais rapidamente, pois dela sairá triunfante a verdade. À guerra sucederá a paz; ao ódio dos partidos, a fraternidade universal; às trevas do fanatismo, a luz da fé esclarecida".

> A queima de incrédulos durante a Inquisição da Igreja Católica foi baseada, em grande parte, na interpretação literal dessa passagem evangélica apocalíptica, atribuída a Jesus. Para o Prof. Pinheiro esta passagem apocalíptica não é de Jesus, já que, conforme as anotações dos evangelhos, não praticava violência.

O Evangelho de Tomé que, ao lado do Evangelho Q, classificado como um evangelho de *primeira geração* traz também essa imagem apocalíptica de Jesus, quando, na *logion* 10, expõe: "Eu lancei fogo sobre o mundo, e eis que estou cuidando dele até que queime". Veja que João Batista, predecessor de Jesus, também apocalíptico, igualmente albergava e difundia essas ideias. Como Jesus foi discípulo dele, não se pode descartar que tenha pronunciado essas palavras, ou simplesmente, as colocaram em sua boca.

---

1. *O Evangelho segundo o Espiritismo.* Cap. 23, item 16.

> **SQ 44. SINAIS DOS TEMPOS**
> Ele disse às multidões: "Quando vocês veem uma nuvem se levantar no poente, dizem "Vem chuva"; e vem. Quando sopra o vento sul, vocês dizem 'Vai fazer calor'; e faz. Se vocês sabem ler os sinais dos céus, por que não conseguem discernir os sinais dos tempos? Por que não decidem por si próprios, o que é justo?"

OS SINAIS DO TEMPO

Mt 16:2-3	Lc 12:54-56 Q30
2 Ele, respondendo, disse-lhes: [Fazendo-se tarde, dizeis: Tempo bom, pois o céu avermelha. 3 e de madrugada: Hoje tempestade, pois o céu avermelha triste. Sabeis, pois, distinguir o aspecto do céu, os sinais dos tempos, porém, não conseguis {distinguir}!]	54 Ele dizia também as turbas: Quando vedes [a] nuvem surgindo sobre o ocidente, logo dizeis que vem chuva, e assim acontece. 55 E quando o vento sul soprando, logo dizeis que haverá calor, e acontece. 56 Hipócritas! Sabeis avaliar o aspecto da terra e do céu, momento, porém, como não sabeis avaliar?

COMENTÁRIOS:

Quando Charles Darwin escreveu em seu diário que abandonou a sua fé no cristianismo ortodoxo porque chegou à conclusão de que os ensinamentos sobre o inferno e o castigo eterno eram "uma doutrina das almas condenável", estava reagindo, a meu ver, como qualquer pessoa sensata e racional faria hoje. Ninguém que acredite num Deus – inteligência suprema e causa primária de todas as coisas, questão 1, de *O Livro dos Espíritos* – pode aceitar com tranquilidade um Deus que preparou um lugar de 'tormento' para seus filhos. O que devemos fazer, então, com as várias passagens dos Evangelhos e do resto do Novo Testamento que descrevem, geograficamente, cenas de juízo final e horror onde, segundo se diz, vai haver *choro, lamento e ranger de dentes* nas chamas do fogo eterno?

Expõe HARPUR, p. 74, no livro *Transformando água em vinho*:

"Aqui, talvez mais do que nunca em nossa tentativa de captar o sentido interior dos textos 'sagrados' para a nossa vida, temos de nos apegar à premissa básica de que **metáfora** e **alegoria** são as chaves para entender a Bíblia. Nenhuma das passagens, inclusive as mais explicitamente sinistras, que descrevam o juízo de Deus dos pecados humanos ou o fim deste ciclo (erradamente traduzido como "fim do mundo"), deve ser tomada literalmente. Mas, quando adotamos uma abordagem alegórica junto com uma avaliação mais honesta do texto completo, chegamos a uma compreensão bem diferente, muito mais espiritual e compreensiva".

No Sermão profético (Mc 13) fala da destruição do Templo (os estudiosos concordam em que o texto foi obviamente escrito depois da destruição real pelos romanos em 70 d.C. "Em verdade vos digo que não passará esta geração sem que tudo isso aconteça". Para ressaltar a seriedade dessa cláusula altamente significativa de tudo o que foi dito antes, ele acrescenta: "Passará o

> Devemos entender a mensagem dos evangelhos como metáforas, alegorias, mitos, que representa a nossa luta diária contra o egoísmo, a ganância, o desejo, a inveja e todos os outros "pecados que seduzem tão facilmente", é a batalha de Armagedom que temos de enfrentar.

céu e a terra, porém minhas palavras não passarão". Obviamente, os autores tinham certeza absoluta do que estavam dizendo. O fim dos tempos não era um acontecimento distante (por exemplo, dois anos depois), mas algo imediato. Devemos entender a mensagem dos evangelhos como metáforas, alegorias, mitos, que representam a nossa luta diária contra o egoísmo, a ganância, o desejo, a inveja e todos os outros "pecados que seduzem tão facilmente", é a batalha de Armagedom que temos de enfrentar. Já que cada pessoa colhe o que semeia, a lei kármica de ação e reação significa que sentimos e registramos as consequências de qualquer ação errada em nós mesmos, aqui e agora.

SQ 45. O ACERTO DE CONTAS

"Tente entrar em acordo com seu acusador quando esti-ver com ele a caminho do tribunal. Do contrário, ele vai arrastá-lo ao juiz, o juiz vai entregá-lo ao guarda e o guar-da vai atirá-lo na prisão. E eu lhe asseguro: você não vai sair de lá enquanto não pagar até o último centavo."

RECONCILIAR-SE EM TEMPO

Mt 5:25-26	Lc 12:57-59 **Q31**
25 Sê benévolo para com teu adversário, de-pressa, enquanto estás com ele a caminho, para que teu adversário não te entregue ao juiz, e o juiz ao subordinado, e seja lançado à prisão. 26 Amém, digo-te: não sairás dali até que pagues o último quadrante.	57 Por que não julgais por vós mesmos o que é justo? 58 Quando, pois, estás partindo com teu adversário ao magistrado, no caminho trabalha para ser liberado por ele, para que não te arraste ao juiz, e o juiz te entregue ao oficial de justiça, e o oficial de justiça te lance à prisão. 59 Digo-te: dali não sairás até que pagues o último lepto.

COMENTÁRIOS:

Precisamos 'decodificar' essa ideia apocalíptica de 'punição externa' e o processo que levará o ser à prisão, não saindo de lá, antes de pagar 'o último centavo'. Vejamos os conceitos de: acusador, caminho do tribunal, oficial, prisão, sair da prisão mediante pagamento do último centavo. Quando Paulo adverte que: "Somos herdeiros de Deus e co-herdeiros do Cristo, não está, obviamente, se referindo a Jesus humano que recebeu o nome de Cristo. Ele abordava a ideia do *Christós*, centelha de Deus, presente em todas as criaturas, inclusive em Jesus. Neste sentido, não precisamos aplicar ideias apocalípticas para dizer que cada um, mediante o livre-arbítrio, é responsável por si mesmo. Então, toda a parafernália de expressões de medo, não é proveniente de 'castigo' divino, mas tudo ocorre no *tribunal da consciência*.

Escrevi em meu livro, *O Código Penal dos Espíritos – a justiça do Tribunal da Consciência*: "Segundo os pressupostos doutrinários, a irrefutável lógica dos fatos, e, com base nestas leis, entendemos que a Justiça Divina desconhece o conceito estabelecido pelos homens: *de que as faltas cometidas na Terra, só serão apuradas, um dia, no plano espiritual, após a desencarnação.*

> Neste sentido, não precisamos aplicar ideias apocalípticas para dizer que cada um, mediante o livre-arbítrio, é responsável por si mesmo. Então, toda a parafernália de expressões de medo, não é proveniente de 'castigo' divino, mas tudo ocorre no Tribunal da consciência.

Pela nossa ótica, o julgamento se dá no plano da *consciência*, sempre em consonância com o despertar do entendimento, e ocorre no foro íntimo de cada criatura, de acordo com o grau de evolução. Independe, portanto, de local especial ou de tempo determinado, para que esta justiça funcione, quer o espírito esteja no corpo físico quer fora dele, pois cada um é julgado por si mesmo, mediante a consciência de seus erros".[2]

A advertência constante tanto em Q, e copiada por Mateus e Lucas é, no entanto, fundamentalmente consoladora para a consciência individual. Ao recomendar Jesus, que nos *conciliemos* com o adversário, está nos ensinando que façamos *a nossa parte*. Procuremos corrigir-nos, o quanto for possível, com relação aos equívocos, envidando os melhores esforços no sentido de demonstrar boa vontade para com o ofensor, procurando agir com bondade e compreensão. Se o adversário ainda não tem condições de compreender, por falta de maturidade espiritual a nossa ação conciliadora, lembremo-nos de que, em outras épocas, agimos também assim, ou mesmo, em piores condições. Cada um encontra-se em estágio diferente de entendimento; se o adversário age com perversidade, certamente está doente e dementado, mas, mais hoje ou mais amanhã, encontrará o equilíbrio da cura. Pode ocorrer que, mesmo trabalhando para a conciliação, encontremos um adversário ainda distante da compreensão, desprezando os nossos objetivos nobres. Não percamos

---

2. *Código Penal dos Espíritos – a justiça do Tribunal da Consciência*, p. 12.

tempo, continuemos trabalhando, conciliando-nos com a própria consciência, aguardando sempre com confiança na vitória do bem sobre o mal.[3]

Mas, por que a recomendação de *conciliar-se depressa* com o seu adversário? Porque, o quanto antes entrarmos em harmonia com os inimigos, mais rápido estaremos livres de pensamentos negativos, que, em última análise, só fazem mal a nós mesmos. Emoções desarmonizadas acarretam doenças. Se, eventualmente, protelarmos a conciliação, não sabemos que extensão tomará o litígio. Às vezes, se diz: tem muito tempo ainda! Nem sempre deixar para amanhã é a solução mais inteligente!... Quantos problemas podem ser evitados, e que, se não resolvidos de imediato, trarão estragos maiores? É preciso corrigir o erro o mais depressa possível. O único meio de resgatar mais depressa é encarar a situação, sair do egoísmo mórbido e dedicar-nos ao Bem, por amor ao próximo. "... Somente nas atividades do Bem para o bem dos outros é que nós garantiremos a vida e a continuidade do nosso próprio bem".[4]

---

3. XAVIER, Francisco Cândido, pelo espírito Emmanuel. *Pão nosso* (resumo), p. 253.

4. *Idem, ibidem, Seara dos médiuns*, cap. Pequeninos, mas úteis, p. 73.

17. PARÁBOLAS DO REINO

SQ 46. O GRÃO DE MOSTARDA E O FERMENTO

Ele disse: "Como é o reino de Deus? A que poderei compará-lo? Ele é como um grão de mostarda que um homem pegou e plantou no quintal. Ele cresceu, tornou-se uma árvore, e as aves do céu fizeram ninhos em seus galhos".

Ele disse ainda: "O reino de Deus é como o fermento que uma mulher pegou e misturou a três medidas de farinha, de modo que toda a massa ficasse fermentada".

O GRÃO DE MOSTARDA

Mt 13:31-33.	Lc 13:18-21 **Q32**
31 Uma outra parábola propôs-lhes: Semelhante é o reino dos Céus a um grão de mostarda que, tomando{-a}, um homem semeou no seu campo. 32 É a menor de todas as sementes; quando, porém tiver aumentado fica maior que as hortaliças e torna-se árvore, de modo que vêm os pássaros do céu e fazem morada em seus ramos. 33 Uma outra parábola falou-lhes: Semelhante é o reino dos Céus a fermento que, tomando{-o}, uma mulher escondeu em três medidas de farinha, até {esta} ficar fermentada toda.	18 Dizia, pois: A que é semelhante o reino de Deus, e a que o assemelharei? 19 É semelhante a um grão de mostarda que, tomando (-o), um homem lançou ao seu jardim, e aumentou e tornou-se uma árvore, e os pássaros do céu fizeram morada nos seus ramos. 20 E novamente disse: A que assemelharei o reino de Deus? 21 É semelhante a fermento que uma mulher, tomando (-o), escondeu em três porções de farinha, até (esta) ficar fermentada toda.

COMENTÁRIOS:

Uma das sete sentenças desse bloco, no nível Q1, mostra, através de uma sentença, que o reino de Deus é semelhante a um 'grão de mostarda'. Esta sentença foge da ideia apocalíptica atribuída a Jesus. Nesta parábola (e também do fermento) o 'domínio de Deus' se torna objeto de consideração, quando é comparado ao processo natural de crescimento. Afirmam os pesquisadores que a comparação não soava estranha ao pensamento helênico (grego). Um aforismo pré-cristão que, certamente Jesus teria utilizado. Nada de errado. Não é o que fazemos constantemente, citando autores lidos, frases de conceito universal? Lembremo-nos de que, na época de Jesus, uma minoria era alfabetizada (uma elite de 10% privilegiada), então corria a linguagem dos aforismos (máximas, pensamentos, provérbios, sentenças), guardados na memória para uso quando se encaixasse no assunto discutido, tudo na base da oralidade. Pescadores, camponeses e o pessoal marginalizado eram, totalmente, analfabetos.

A extração do fundo moral do aforismo em questão é de importância fundamental para o aprendizado ético. Não importa que não seja original de Jesus de Nazaré, mas a comparação com o cotidiano é muito didática. Afinal, era uma alegoria interessante para mostrar como de uma pequena semente pudesse desenvolver e dar uma grande árvore e que os pássaros aí pudessem repousar e fazer seus ninhos. O Reino de Deus começa "pequeno" em cada um de nós, pois somos portadores da potencialidade divina que, com o esforço de cada um, irá atualizar, isto é, tal como o grão de mostarda, que crescerá e se tornará uma grande árvore, a nossa centelha divina, que é a pequena *semente* de Deus em nós, se desenvolverá, tornando-se útil a si e aos semelhantes. Não se deve desprezar ninguém. O mais humilde é aquele de quem mais precisamos. E o reino dos céus é feito dos mínimos, mas que por seu amor e sabedoria, produzirá muito. Nós somos esse grão de mostarda que irá crescer e se tornar luz. É esse o sentido que Jesus dava, ao dizer, "Vós sois luzes", "Vós sois deuses".[1]

---

1. BOBERG, José Lázaro. *Nascer de novo para ser feliz*, cap. 6.1.

18. OS DOIS CAMINHOS

SQ 47. A PORTA ESTREITA E A PORTA FECHADA

"Esforcem-se para entrar pela porta estreita, porque eu lhes digo que muitos tentarão entrar e não serão capazes. Uma vez que o dono da casa tiver fechado a porta, vocês ficarão do lado de fora, baterão à porta, e dirão: 'Nós comemos e bebemos com o senhor, e o senhor nos ensinou nas ruas'. Mas ele lhes responderá: 'Não sei de onde vocês vieram'. Afastem-se de mim, todos vocês que são injustos".

SQ 48. EXCLUSÃO DO REINO

"Muitos virão do oriente e do ocidente para se sentar à mesa do reino de Deus. Haverá choro e ranger de dentes quando vocês virem Abraão, Isaac, Jacó e todos os profetas no reino de Deus e vocês próprios estiverem excluídos. Olhem bem: Os últimos serão os primeiros, e os primeiros serão os últimos".

Os dois caminhos, porta estreita
e outros ditos

Mt 7:13-14; 25:10-12; 7:22-23; 8:12b.11b-12a.11a; 20:16.	Lc 13:23-30	Q33
13 Entrai pela porta estreita, porque larga é a porta e espaçoso o caminho que conduz à perdição, e muitos são os que entram por ela! 14 Quão estreita a porta e apertado o caminho que conduz à vida, e poucos são os que o encontram! 10b [...o noivo veio, [...] e a porta se fechou. 11 Posteriormente, porém, vieram também as outras virgens, dizendo: Senhor! Senhor! Abre para nós! 12 Ele disse: Amém, digo-vos: não vos conheço! 22 Naquele dia, muitos me dirão: Senhor, Senhor, não {e que} em teu nome profetizamos, e em teu nome expulsamos demônios, e em teu nome fizemos muitas obras-de-poder? 23 E então, lhes afirmarei (que): Jamais vos conheci. Retirai-vos de mim, que operais a iniquidade. 12b Ali haverá o choro e o ranger dos dentes. 11b com Abraão, Isaac e Jacó no reino dos Céus; 12 os filhos do reino, porém, serão expulsos para a escuridão exterior. 11a Digo-vos que muitos virão do oriente e do ocidente, e reclinarão (à mesa). 20,16 Assim os últimos serão primeiros, e os primeiros, últimos.	23 Alguém lhe perguntou: Senhor, (se) são poucos os que são salvos? 24 Lutai por entrar pela porta estreita, pois muitos, digo-vos, procurarão entrar e não conseguirão. 25 Desde que o dono da casa se levantar e fechar a porta, e vós começardes a ficar fora e a bater na porta, dizendo: Senhor, abre para nós!, e ele , respondendo, vos disser: Não sei de onde vós sois, 26 então começareis a dizer: Comemos diante de ti e bebemos, e tu ensinaste em nossas praças! 27 E ele vos dirá: Não sei de onde [vós] sois. Afastai-vos de mim, operários todos de injustiça! 28 E ali haverá o choro e o ranger dos dentes, quando virdes Abraão e Isaac e Jacó e todos os profetas no reino de Deus, vós, porém, sendo expulsos. 29 Virão do oriente e do ocidente, do norte e do sul, e reclinarão {à mesa} no reino de Deus. 30 E eis, há últimos que serão primeiros, e há primeiros que serão últimos.	

Comentários:

Percebe-se aqui, a inclusão de quatro aforismos inseridos pelos escritores de Q e que, posteriormente, foram aproveitados pelos escritores dos Evangelhos de Mateus e Lucas na elaboração dos evangelhos que levam os seus nomes:

O texto coloca como ponto nevrálgico o livre-arbítrio a fim de que a pessoa escolha entre os *dois caminhos* (13:14), os *dois tipos de frutos* (15:20); os *dois tipos de seguidores* (21:23), e os *dois tipos de construtores* (24:27). Nestas figuras utilizadas surgem sempre duas posições opostas que identificam a situação da criatura em relação à sintonia com as Leis de Deus, diferente da mera prática religiosa, seja ela qual for. Pelo livre-arbítrio tem-se o direito de escolha, seja certa, ou seja errada, tudo em consonância com a evolução de cada um. E escolha errada faz parte do mecanismo de aprendizagem, ou seja, leva-se a refazer ações quando estão dissonantes com as Leis do Universo.

Os Evangelhos de Mateus e Lucas usaram a imagem das *duas portas* para concretizar os seus ensinamentos, pois, as portas da cidade de Jerusalém, cidade localizada numa colina, eram bem conhecidas do povo judeu. E aqui faz suas comparações, pois *larga* refere-se ao modo de viver das criaturas, alheias aos valores espirituais – atitudes enganosas aos semelhantes: vingativos, descuidados, avarentos, egoístas, etc. – preferindo os encantos do mundo, a perfilhar na vida pela *regra de ouro*; "Tudo o que vós quereis que os homens vos façam, fazei-lho também vós...". Se quisermos ter paz, fraternidade, amor em nossa vida, é preciso cultivarmos essas atitudes em relação aos irmãos de jornada, pois, assim, é o que receberemos, na mesma proporção. O caminho da *porta larga* nos conduz a desarmonias espirituais. O nome dessa *porta larga* tem como elemento básico o egoísmo: pensar somente em si e no seu bem-estar... Essa porta, por consequência, é bem fácil de entrar porque é *larga*. Já a porta estreita...

> Pelo livre-arbítrio tem-se o direito de escolha, seja certa, ou seja, errada, tudo em consonância com a evolução de cada um. E escolha errada faz parte do mecanismo de aprendizagem, ou seja, leva-se a refazer ações quando estão dissonantes com as Leis do Universo.

Por outro lado, a *porta estreita* é um aforismo que foi simbolizado nas dificuldades que encontramos para transpor este caminho. Requer esforço constante e persistente, pois, pelo livre-arbítrio, cada um, e de acordo com sua evolução, escolhe o momento certo de empreender esses esforços, no sentido de vencer suas más tendências; coisa que poucos, no entanto, se resignam a enfrentar. Daí o complemento do ensinamento: "Muitos são os chamados e poucos os escolhidos".

Então, esta expressão deixa o crente preocupado, pois, na realidade, chega-se ao final da existência física e não se tem ainda a senha para ser "escolhido". Na verdade, entanto, todos são chamados e todos são escolhidos, cada um no seu tempo evolutivo. Pela lei da reencarnação, é um trabalho pessoal e todos chegarão, gradativamente, à perfeição. A ideia estereotipada é que haverá uma 'escolha', como constam nos vetustos textos bíblicos, em que Deus, no final, separará as ovelhas – à sua direita – e os cabritos – à sua esquerda. Os primeiros terão a vida eterna, e os segundos, o castigo eterno. Quando, na realidade, nós mesmos somos responsáveis em criar condições favoráveis para a conexão com as Leis Universais, gravadas na consciência. A seleção não é de fora para dentro, como se Deus estivesse fazendo 'julgamento'. Esse exame é feito sempre pelo próprio espírito na consciência, por ocasião do entendimento, nesta ou em existências futuras[1].

A PARÁBOLA DAS VIRGENS

Conta-se que cinco são tolas e cinco são prudentes, o azeite como sempre, é o símbolo do fogo da inteligência e do *Christós* ou divindade interior. Portanto, a sabedoria das cinco virgens prudentes, que tinham noção do valor desse dom e que levavam sua eficácia realmente a sério, é louvada, enquanto as virgens tolas, que se não preocuparam em proteger o dom com cuidado e prudência, são fortemente censuradas. A porta do banquete de bodas se fecha para elas. As palavras finais ("Vigiai, pois, porque não sabeis o dia nem a hora em que o Filho do homem há de vir") ecoam com a mesma mensagem da boa parte da sabedoria gnóstica espiritual desse período. Paulo reproduz igual desafio metafórico no capítulo 13 das *Epístolas aos Romanos*, com as seguintes palavras: "E digo isto a vós outros que conheceis o tempo; já é hora de despertardes do sono [...]".[2] Hoje em dia, a mesma exigência vale para nós.

---

1. Ver mais nossa interpretação sobre esse assunto em meu livro, *Nascer de novo para ser feliz*, cap. 4, 2.ª parte.
2. HARPUR, Tom. *Transformando água em vinho*, p.17.

Ver SQ 48 – Exclusão do reino

"Muitos virão do oriente e do ocidente para se sentar à mesa do reino de Deus. Haverá *choro e ranger de dentes* quando vocês virem Abraão, Isaac, Jacó e todos os profetas no reino de Deus e vocês próprios estiverem excluídos". Trata-se apenas de uma expressão *aforística* do Evangelho de Q (depois inseridas por Mateus e Lucas). É apenas uma mensagem apocalíptica do 'fim do mundo' que Jesus pregava aos seus seguidores camponeses. Olhem bem: "Os últimos serão os primeiros, e os primeiros serão os últimos". Ele acreditava que isto iria acontecer. Mas nada aconteceu!

A exclusão do reino de Deus, conforme pregava Jesus faz parte do programa escatológico, e como tal, através do medo, angústia e ansiedade. No entanto, deve ser entendido de forma simbólica. Não existe exclusão, mas tão somente uma autoexclusão **provisória**, enquanto, por ignorância, estivermos em desalinhamento vibracional com as Leis divinas, gravadas em nossa consciência. Aquilo que chamamos de Deus age sempre através de Leis eternas, perfeitas e imutáveis. Na realidade, ninguém é excluído do seu processo evolutivo. Afinal, o objetivo da encarnação do *Christós* em cada um de nós é a Perfeição (Q. 132 de *O Livro dos Espíritos*). Todos nós, no tempo de cada um, sintonizaremos na faixa do entendimento, com esse Cristo interior.

Não temos nós profetizado em teu nome?

Ainda hoje, muitos pensam que, sendo batizados, frequentando os templos religiosos, repetindo orações, confiando no valor mágico das palavras, terão direito a um lugar no "céu" após a morte. Muitos pensam que, por serem médiuns, exercerem sua mediunidade, uma vez por semana em um grupo mediúnico, estão na lista dos que alcançarão a beatitude divina; é preciso muito mais. O reino de Deus é uma conquista íntima e não um lugar geográfico, purificando-se através das experiências do viver: chegar ao final de cada existência melhor do que estava ao renascer, tornando-se melhor pessoa. Tudo ocorre em nível de consciência, onde estão gravadas as Leis Naturais (Leis que chamamos de divinas). Por isso que pouco importam rótulos acadêmicos, sociais, religiosos; eles não são valorizados na contabilidade divina. Nessa, o que conta é o esforço de sentir, pensar e fazer sempre o bem, não o bem pessoal, egoísta, mas o bem que não causa mal, não prejudica a ninguém, nem a si próprio, no ato e nas suas consequências.

"Nem todo aquele que diz a mim: 'Senhor! Senhor!' entrará no Reino dos céus [3], mas somente o que faz a vontade de meu Pai, que está nos céus. Muitos dirão a mim naquele dia: 'Senhor, Senhor! Não temos nós profetizado em teu nome? Em teu nome não expulsamos demônios? E, em teu nome, não realizamos muitos milagres?' Então lhes declararei: Nunca os conheci. Afastai-vos da minha presença, vós que praticais o mal". (Mt 7:21-23).

O sábio e o insensato, os fariseus e os saduceus continuam existindo hoje, nas instituições sociais, religiosas, profissionais, dificultando as ações das pessoas sinceras na boa intenção e vontade de fazer o melhor que puder. Não espere 'dobrar' a justiça de Deus pela multiplicidade de suas palavras e de suas genuflexões. A única via que está aberta, para alcançar a paz e a felicidade, é a da prática sincera da lei do amor e da caridade. A justiça divina está no Tribunal da consciência e não num Deus exterior. Pense nisso!

---

3. Conforme já nos reportamos alhures, ninguém "entra no reino dos Céus". O sentido é "desenvolver" o reino de Deus dentro de si mesmo.

SQ 49. LAMENTAÇÃO POR JERUSALÉM

"Jerusalém, Jerusalém, que matas os profetas e apedrejas os que te foram enviados! Quantas vezes não tentei reunir teus filhos como a galinha junta os pintinhos sob suas asas, mas não quiseste.

Olha bem: tua casa está abandonada. Agora, eu te asseguro que não hás de me ver outra vez até o dia em que disseres: "Bendito aquele que vem em nome do Senhor".

LAMENTO SOBRE JERUSALÉM

Mt 23:37-39	Lc 13:34-35 Q34
37 Jerusalém, Jerusalém, (a) que mata os profetas e apedreja os que lhe foram enviados! Quantas vezes quis reunir teus filhos, do modo como uma galinha reúne seus pintainhos debaixo das asas, e não quisestes! 38 Vede, vossa casa será abandonada. 39 Pois eu vos digo: desde agora não mais me vereis até que digais: Bendito aquele que vem em nome do Senhor.	34 Jerusalém, Jerusalém, (a) que mata os profetas e apedreja os que lhe foram enviados! Quantas vezes quis reunir tuas crianças, do modo como uma galinha seus pintainhos debaixo das asas, e não quiseste! 35 Vede, vossa casa será abandonada. Digo-vos: não mais me vereis, até que [venha quando] digais: Bendito aquele que vem em nome do Senhor.

COMENTÁRIOS:

É a crítica social àqueles que não aceitam os ensinamentos sobre a vinda do reino de Deus. Conforme registraram os escritores dos Evangelhos Q, Mateus, e Lucas, Jesus lamenta a rejeição de Jerusalém às suas orientações sobre a mudança que brevemente ocorrerá, com a instalação do governo de Deus na Terra. Ele acreditava nisso (ou, inseriram que ele acreditava), tanto que é 'atribuído' a ele, na cruz, o grito de dor: *"Eloí, Eloí, lamá sabactâni?"* que significa: "Meu Deus! Meu Deus! Por que me abandonaste?" (Marcos, 15:34). O escritor Mateus copiou de Marcos esta inserção (*Mateus* 27:46). **Na verdade, muitos pesquisadores não acreditam que ele não tenha pronunciado tal frase. Trata-se de um acréscimo do Salmo, 21, co-**

locado em sua boca, pois dificilmente alguém teria ouvido este grito. Trata-se apenas de mais um 'acréscimo' do escritor de Marcos. Estas críticas, obviamente, eram transmitidas na ausência das autoridades constituídas diante da rebeldia contra Deus e os Seus servos. Jesus lamentava a infidelidade daqueles que residiam na cognominada "Cidade Santa". Em seguida, vem mais uma tirada apocalíptica de recriminação a Jerusalém: "Pois eu vos digo: desde agora não mais me vereis até que digais: Bendito aquele que vem em nome do Senhor!"

19. OS VERDADEIROS SEGUIDORES DE JESUS

SQ 50. SOBRE A HUMILDADE
"**Todo aquele que se enaltece será humilhado, e aquele que se humilha será enaltecido**".

ENALTECIMENTO DOS HUMILDES

Mt 23:12	Lc 14:11 Q36
12 Quem se enaltecer será humilhado, e quem se humilhar será enaltecido.	14.11 Porque todo o que se enaltece será humilhado, e quem se humilha será enaltecido. 18,14b Porque todo o que se enaltece será humilhado, e quem se humilha será enaltecido.

COMENTÁRIOS:

Este aforismo era de uso comum nas sociedades mais antigas, inserido no Evangelho de Q, e, posteriormente, inserido nos Evangelhos de Mateus e Lucas.

Allan Kardec faz a interpretação desta máxima, tratando, porém, como palavra do Jesus histórico, isto é, como fossem palavras originais dele. **Hoje, os escritores das "origens cristãs" aceitam como uma sentença que já circulava há muito tempo.** O texto – pouco importando quem o tenha criado – traz excelente fundo moral, e tem servido de aprendizado a tanta gente, através dos tempos. Outros aforismos também são expressos neste mesmo sentido: "Bem-aventurados os pobres de espírito, porque deles é o Reino dos Céus". Ele toma um menino como exemplo da simplicidade de coração, e diz: "Todo aquele, pois, que se fizer pequeno como este menino, será o maior no Reino dos Céus"; ou seja, aquele que não tiver pretensões à superioridade ou à infalibilidade. O mesmo pensamento fundamental se encontra nesta outra máxima: "Aquele que quiser ser o maior, seja o que vos sirva", e ainda nesta: "Porque quem se exaltar será humilhado, e quem se humilhar será exaltado". [1]

Neste mesmo entendimento, Emmanuel, escrevendo pela mediunidade de Francisco Cândido Xavier, no livro *Pensamento e vida*, lição 24, ensina que "Humildade não é servidão. É, sobretudo, independência, liberdade interior que nasce das profundezas do espírito, apoiando-lhe a permanente renovação para o bem. Cultivá-la é avançar para a frente sem prender-se, é projetar o melhor de si mesmo sobre os caminhos do mundo, é olvidar todo o mal e recomeçar alegremente a tarefa do amor, cada dia".

SQ 51.O GRANDE JANTAR

"Um homem ia dar um grande jantar e tinha convidado muitas pessoas. Na hora marcada para o banquete, ele mandou seu servo dizer aos convidados: 'Venham, por favor, já está tudo pronto'. Entretanto, todos começaram a dar desculpas para não ir. Disse o primeiro: 'Comprei um terreno e preciso ir vê-lo. Queira me desculpar'. Disse um outro: 'Acabei de comprar cinco juntas de bois e tenho que experimentá-las. Queira me desculpar.' E disse um outro: 'Casei-me há pouco e portanto não poderei comparecer.' O servo regressou e contou ao amo o que se passara. Indignado, disse o homem a seu servo: 'Vá depressa à cidade e traga toda a gente que encontrar pelas ruas.' O servo foi à cidade e trouxe todas as pessoas que encontrou pelas ruas. E assim a casa ficou cheia de convidados".

---

1. KARDEC, Allan. *O Evangelho segundo o Espiritismo*, cap. II, item 8.

O GRANDE BANQUETE

Mt 22:2-10	Lc 14:16b-24 Q37
2 O reino dos Céus é assemelhado a um (homem) rei, o qual preparou {festa de} casamento para o seu filho. 3 E enviou os seus servos chamar os convidados para o casamento, mas não quiseram vir. 4 Novamente enviou outros servos, dizendo: Dizei aos convidados (que): Preparei o meu almoço, os meus bois e os animais cevados já foram abatidos tudo está pronto. Vinde para o casamento! 5 Mas eles se foram sem prestar atenção: um para o seu campo, outro para seu comércio, 6 os outros agarrando os seus servos, (os) maltrataram e mataram. 7 O rei ficou irado e mandando as milícias fez perecer aqueles assassinos e fez incendiar a cidade deles. 8 Então diz aos seus servos: A (festa de) casamento está pronta, os convidados, porém, não foram dignos dela. 9 Ide, portanto, às encruzilhadas dos caminhos e quantos encontrardes convidai para as bodas. 10 E saindo pelos caminhos os servos reuniram todos os que encontraram, ruins e bons. E o casamento se encheu de comensais.	16b Algum homem fez um grande jantar e convidou a muitos. 17 E enviou o seu servo, na hora do jantar, a dizer aos convidados: Vinde, que já está pronto. 18 E todos, um a um, começaram a pedir desculpa. O primeiro disse-lhe: Comprei um campo e tenho necessidade de sair vê-lo. Peço-te, tem-me por desculpado. 19 E outro disse: Comprei cinco juntas de bois e estou indo avaliá-las. Peço-te, tem-me por desculpado. 20 E outro disse: Casei uma mulher e por isso não posso ir. 21 E ao chegar o servo comunicou isso a seu senhor. Então o dono da casa, irritado, disse ao seu servo: Sai depressa às praças e ruas da cidade e traze para cá os pobres e aleijados e cegos e coxos. 22 E o servo disse: Senhor, o que ordenaste foi feito, e ainda há lugar. 23 E o senhor disse ao servo: Sai pelas estradas e cercados, e força a entrarem, para que replete minha casa. 24. Pois, digo-vos: nenhum daqueles que foram convidados provará o meu jantar.

COMENTÁRIOS:

Trata-se de mais uma parábola sobre o reino de Deus, tendo esta como "pano de fundo" o convite para participar da alegria festiva de um casamento; o sentido simbolizado, porém, é outro: **Aqui o casamento tem sentido espiritual e se dá pela sintonia vibracional com o *Christós* (semente divina), dentro de nós mesmos**. Vivemos em um mundo de vibração. Sintonizar ou não com a Lei é trabalho personalíssimo. Dizem os auxiliares de Kardec que "[...] o homem só se torna infeliz porque dela se afasta". (OLE, q. 614). O símbolo é uma festa de casamento e o simbolizado é a felicidade quando ocorre o 'casamento', aqui representado pela sintonia vibracional com as Leis naturais (também chamadas de Leis divinas). É comparável à alegria do moço, na história do Filho Pródigo, de Lucas, quando retorna à Casa do Pai. A Lei está sempre disponibilizada a todos, porém cada um, conforme o seu estágio evolutivo, preenche a sua vacuidade. Em vários outros momentos muitas outras comparações foram utilizadas[2] (o reino de Deus é semelhante a uma pérola escondida, a um fermento, a uma rede de pescar, a um grão de mostarda, entre outras).

Neste caso, o reino de Deus está liberado a você e a todos, sem discriminação alguma. É questão de maturidade de cada um. "Buscai em primeiro lugar o reino de Deus e sua justiça e tudo o mais vos será acrescentado". (Mt 6:33). Quem está em harmonia espiritual com o *Christós*, obviamente tem equilíbrio para as conquistas das coisas vinculadas às necessidades materiais, e, não ao contrário. Diz Kardec: ***"Reconhece*-se *o verdadeiro espírita (troco 'espírita', por verdadeiro homem de bem)*** pela sua transformação moral, e pelos esforços que faz para domar as suas más inclinações". (item 4, cap. *O Evangelho segundo o Espiritismo*).

> **SQ 52. PREÇO QUE SE PAGA PARA SER UM DISCÍPULO**
>
> **"Quem não odiar o pai e a mãe não pode aprender de mim".**
>
> **"Quem não odiar o filho e a filha não pode pertencer a minha escola".**
>
> **"Quem não aceitar sua cruz [resistir à condenação sem desanimar] para se tornar meu seguidor, não pode ser um de meus discípulos".**
>
> **"Quem tentar conservar a própria vida vai perdê-la; mas quem perde a vida por minha causa vai preservá-la".**

---

2. Ver meu livro *Nascer de novo para ser feliz*, 1.ª parte.

Renúncias do seguimento

Mt 10:37	Lc 14:26-27 Q38
37 Quem gosta de pai ou mãe mais do que de mim, não é digno de mim; e quem gosta de filho ou filha mais do que de mim; não é digno de mim. 38 E quem não toma a sua cruz e segue atrás de mim, não é digno de mim.	26 Se alguém vem a mim, e não odeia seu pai e sua mãe, a mulher e os filhos, os irmãos e irmãs, e até sua própria alma, não pode ser meu discípulo. 27 Quem não carrega sua cruz e vem atrás de mim, não pode ser meu discípulo.

Comentários:

Esse quadro é um conjunto de sentenças situado bem no final de Q1 (primeiro estágio), provavelmente, ocupando um possível local de acréscimos posteriores ou imediatamente anteriores à revisão programática que caracteriza Q 2. Tais sentenças assinalam a direção tomada pelos seguidores de Q2, à medida que passaram a avaliar a fidelidade ao movimento.

Perceba que o Reino de Deus, neste quadro, não tem o sentido de Deus dentro de nós, ou seja, a presença do *Christós*. Aqui o sentido é puramente apocalíptico, quando Jesus teria dito que "o reino de Deus está próximo". É aquele entendimento que Deus brevemente instalará o seu reino aqui na Terra, separando simbolicamente "as ovelhas e cabritos", ou seja, os bons dos maus. Assim, tudo que o seu seguidor poderia fazer em face da instalação desse reino, é estar em estado de 'prontidão'. Preparar-se continuamente, pois ninguém sabe o momento que isto ocorrerá. Agora é a última hora; agora é uma coisa ou outra! A pergunta é se alguém de fato quer Deus e seu reinado ou o mundo e seus bens; e a decisão deve ser radical, porque "Ninguém que põe a mão no arado e olha para trás serve para o reinado de Deus!"; "Segue-me e deixa que os mortos enterrem seus mortos!" (Mt 8:22). "Quem vem a mim e não odeia pai e mãe, esposa e filhos, irmãos e irmãs, sim, inclusive a si mesmo, esse não pode ser meu discípulo." (Lc 14:26); "Quem não carrega a sua cruz e me segue, esse não pode ser meu discípulo." (Lc 14:27 ou Mt 8:34). Nessa linha de pregação, ele próprio renegou a seus parentes; "Quem faz a vontade de Deus é irmão, irmã, mãe para mim".

"Foi dessa forma, pelo visto, que ele arrancou, por meio de palavras, um grupo de pessoas de suas aldeias e profissões que o acompanharam como seus discípulos, isto é, como seus alunos em suas peregrinações". "Ele, no entanto, não fundou uma ordem, nem uma seita, muito menos uma 'igreja', e não esperou de todos que abandonassem casa e família".[3]

SQ 53. O SAL INSOSSO

"O sal é bom, mas se o sal perder o gosto, como pode ser recuperado? Não presta nem para a terra nem para o estrume. Jogam-no fora".

O SAL

Mt 5:13	Lc 14:34-35 **Q39**
13 Vós sois o sal da terra. Se, porém o sal perder o sabor, com que será salgado? Para mais nada tem força, senão para, lançado fora, ser pisado pelos homens.	34 O sal é bom se, porém também o sal perder o sabor, com que será temperado? 35 Não é adequado nem para a terra, nem para o esterco; lançam-no fora!

COMENTÁRIOS:

Na história humana, nenhuma mudança decisiva para melhor foi realizada pela maioria. É sempre um trabalho de poucos, pelo menos no início. Um trabalho que exige coragem e grande determinação. Este o verdadeiro sentido dos Evangelhos quando dizem que somos o 'sal da Terra', ou 'o fermento' ou a 'luz do mundo'. A mudança só pode acontecer a partir de baixo. Você pode ser o **sal** do empreendimento. A questão básica, hoje, não é a que Igreja ou religião você pertence, quais são suas crenças doutrinárias ou que

---

3. BULTMANN, Rudolf. *Op. cit.* pp. 46/47.

líderes religiosos você segue. Em vez disso, a questão premente é: o que acontece dentro de você exatamente agora? Em outras palavras, a vida espiritual da época atual – está desperto e consciente no eterno agora – não tem relação com acontecimentos de muito tempo atrás, nem com a doutrina construída em torno deles, mas com a própria experiência, neste exato momento, da dimensão do conhecimento 'numinoso' (experiência do sagrado) – o lugar em que nos tornamos plenamente conscientes e abertos para o mistério assombroso e radiante que brilha por trás e dentro e através da vida como um todo.

Por isso, não acredito num Deus pessoal. "Deus antropomórfico é uma utopia", como bem definiu o filósofo Huberto RHODEN. Neste mesmo sentido é o entendimento de Deus para **Einstein**, seu livro, *The world as I see it* – Nova York, 1949: "Não consigo conceber um Deus pessoal que tenha influência direta nas ações dos indivíduos ou que julgue as criaturas da sua própria criação. Minha religiosidade consiste numa humilde admiração pelo espírito infinitamente superior que se revela no pouco que conseguimos compreender sobre o mundo passível de ser conhecido. Essa convicção profundamente emocional da presença de um poder superior racional, que se revela nesse universo incompreensível, forma a minha ideia de Deus".

> A questão básica, hoje, não é a que Igreja ou religião você pertence, quais são suas crenças doutrinárias ou que líderes religiosos você segue. Em vez disso, a questão premente é: o que acontece dentro de você exatamente agora?

Temos, sim, em nós o *Christós* – o Cristo interior – com quem podemos contar, a quem podemos 'orar sem cessar'. Afirma Tom HARPUR em *Transformando água em vinho*, p. 191, que, "Embora eu não acredite que Deus seja uma "pessoa", um grande ser "lá fora", minhas experiências com Deus têm um caráter muito pessoal, por meio de sua presença em minha vida e na vida de todos ao meu redor, na natureza, na arte, na literatura e na música, na beleza assim como no sofrimento em toda parte. Somos inteiramente responsáveis por nosso próprio destino, mas há uma instância ou espírito

interior com o qual sempre podemos contar para haurir novas forças, nova coragem em nossa jornada. É o *Christós* (Cristo interior)
em toda criatura. Assim, dê o primeiro passo, coloque o **sal** de sua
espiritualidade e o resto virá por acréscimo. Seu Deus interior vai
ajudá-lo a encontrar o caminho, por meio que desconhece. Você se
lembra quando Jesus comparou o reino de Deus como uma pérola
escondida? Neste sentido quando descobre que "você tem a força dentro de você" é como a descoberta de uma pérola de grande
valor. Você larga tudo, pouco importando sua crença religiosa, até
então, e cultiva esse tesouro.[4]

Segundo os pesquisadores do SJ (*Seminário de Jesus*) essas afirmações não são de autoria de Jesus, mas copiadas de Q, pelo escritor do evangelho de Mateus: "Vós sois o sal da terra" (Mateus 5,13),
"Vós sois a luz do mundo" (Mt 5:14) [5]. Jesus sempre rejeitou discriminações desse tipo. Ele nunca excluiu ninguém, nem mesmo os
pecadores e os cobradores de impostos. "Ao afirmar que os cristãos
são "o sal da terra" e "a luz do mundo" exclui automaticamente os
seguidores das outras religiões". Estas afirmações exclusivistas, falsamente atribuídas a Jesus, tratam-se de um mito, segundo o qual
o cristianismo é a única religião verdadeira, sendo uma religião
"exclusiva", "excepcional" e "única", o que não é verdade, pois o
cristianismo tem muito em comum com todas as outras religiões: os
mesmos ritos, os mesmos mitos, as mesmas lendas, etc.

---

4. Sugerimos a leitura de O sal da terra, pp. 95-99, em meu livro, *O segredo das bem-aventuranças.*
5. FUNK, HOOVER. *The Jesus Seminar*, p. 139.

20. NORMAS DA COMUNIDADE

SQ 54. QUANDO ALEGRAR-SE

"O que vocês pensam? Se um homem tivesse cem ovelhas e perdesse uma, ele não deixaria as outras 99 para procurar a outra? E se ele a encontrasse, eu lhes asseguro, ficaria mais contente por ela do que pelas 99 que não se desgarraram". Ou qual a mulher que, se tivesse dez dracmas e perdesse uma, não acenderia uma lâmpada para varrer a casa e procurar a moeda até encontrá-la? E se ela a encontrasse chamaria seus amigos e vizinhos, dizendo: "Vamos, alegrem-se comigo, porque encontrei a dracma que tinha perdido".

A OVELHA PERDIDA E REENCONTRADA

Mt 18:12-14	Lc 15:4-7	Q40
12 Que vos parece? Se vierem a ser de algum homem cem ovelhas e uma delas se extraviar, não deixará as noventa e nove sobre os morros e caminhando procura a extraviada? 13 E se ele a encontrar, amém, digo-vos que se alegrará mais por ela do que pelas noventa e nove que não se extraviaram. 14 Assim não é vontade de nosso Pai, que está nos céus, que se perca um único destes pequenos.	4 Que homem dentre vós, tendo cem ovelhas e tendo perdido uma delas, não deixa as noventa e nove no deserto e caminha {em busca} da perdida até encontrá-la? 5 E tendo-a encontrado, alegre a põe sobre os ombros 6 e, tendo chegado em casa, convoca os amigos e os vizinhos, dizendo: Alegrai-vos comigo, porque encontrei a minha ovelha, a perdida! 7 Digo-vos: assim haverá no céu alegria por um único pecador que se converta, (mais) do que por noventa e nove justos os quais não têm necessidade de conversão.	

COMENTÁRIOS:

Ninguém sabe efetivamente quem contou estes aforismos pela primeira vez, já que, como já reportamos, a construção do Jesus teológico ocorreu ao longo dos tempos por parte dos escritores dos evangelhos canônicos. Mas não podemos deixar de reconhecer a importância desse e outros ensinamentos 'atribuídos' a Jesus de Nazaré. Também, com outros líderes religiosos antes dele (Buda, Hórus, Krishna, entre outros) ocorreu o mesmo: foram alvo de terem pronunciado este ou aqueles aforismos (máximas, provérbios, histórias, mitos, etc.). No caso da parábola em questão, ela foi elaborada com base no Texto de Q. Os outros evangelhos canônicos ignoram. Como já reportamos, anteriormente, o **Evangelho Q é uma espécie de repositório de inúmeros aforismos já utilizados há muitos anos antes de Jesus, principalmente pelos povos mais antigos, entre eles a cultura egípcia, onde o cristianismo se inspirou, imputando tudo a Jesus.**

Para os filósofos e teólogos do antigo Oriente Próximo, por exemplo, os *gnósticos*, muitos dos quais eram cristãos, 'perdido' era uma das palavras ou termos usados e regularmente para descrever a condição da alma humana encarnada na matéria. Esta, por exemplo, é a explicação esotérica das andanças confusas dos israelitas por quarenta anos no deserto. Na verdade, interpretado de maneira literal, esse episódio da Bíblia pode parecer uma comédia, mas trata-se de uma representação ou símbolo da encarnação. Nesse plano de existência, somos pessoas 'perdidas', andando a esmo pelo deserto da vida. Assim, as ovelhas perdidas em nossa história não são só o 'pecador' e o 'publicano' (coletor de impostos), mas também os fariseus, os escribas, você e eu. Sempre há 'alegria no Céu', quando o espírito consegue encontrar a alma individual, isto é, despertá-la para sua verdadeira essência e condição. A fonte divina está sempre em busca do que é seu.

Em meu livro *Filho de Deus – o amor incondicional*, abordo a parábola do filho pródigo em que é contada a história do filho que, após afastar-se de seu *Khristós* (ou seja, Deus dentro de si) e ter caído no 'fundo do poço' de sua condição moral, resolve voltar para casa, ou seja, voltar ao alinhamento com as energias do Universo. Muito emocionante é o simbolismo do Pai que, ao vê-lo voltando para casa, afirma: Pois **este** meu **filho** estava morto e voltou à vida; *estava perdido* e foi achado'. (Lc 15:24). Trata-se, obviamente, de um simbolismo em que o Pai (chamado de Deus), não discrimina e está sempre disponível ao espírito que se redime e volta a agir de acordo com suas Leis sábias, eternas e universais.

> ## SQ 55. OU ISTO OU AQUILO
> "Ninguém pode servir a dois senhores. Ou se odiará um e se amará o outro, ou se é leal a um e se despreza o outro. Não se pode servir a Deus e ao dinheiro [riqueza]".

NÃO SERVIR A DOIS SENHORES

Mt. 6:24	Lc. 16:13 Q41
24 Ninguém pode servir a dois senhores; porque ou há de odiar um e amar o outro, ou se dedicará a um e desprezará o outro. Não podeis servir a Deus e a Mamom.	13 Nenhum servo pode servir dois senhores; porque, ou há de odiar um e amar o outro, ou se há de chegar a um e desprezar o outro. Não podeis servir a Deus e a Mamom.

COMENTÁRIOS:

Este aforismo segue a linha radical atribuída a Jesus, conforme comentários que expendemos no Q 32. O alvitre é comparação entre a vida mundana e a espiritual. É chamada a atenção daqueles que querem seguir suas orientações sobre a vinda iminente do reino de Deus na Terra. Ele era apocalipsista, tal como fora seu mestre João Batista. "A maioria das pessoas está presa a bens e preocupações. Contudo essa 'desmundanização' não é ascese e, sim, a simples disposição para a exigência de Deus. Pois, o que corresponde positivamente a essa renúncia e não consiste, portanto, a disposição para o reinado de Deus, é o cumprimento da vontade de Deus".[1] **A sugestão para seus seguidores é que escolham o que querem: mundo ou, o reino de Deus?** Então, Jesus declarou aos seus discípulos: *"Se alguém deseja seguir-me, negue-se a si mesmo, tome a sua cruz e me acompanhe. Porquanto quem quiser salvar a sua vida a perderá, mas quem perder a sua vida por minha causa, encontrará a verdadeira vida. Pois que lucro terá uma pessoa se ganhar o mundo inteiro, mas perder a sua alma? Ou, o que poderá dar o ser humano em troca da sua alma?"*

Segundo o cristianismo, a consciência não tem outra opção senão seguir Jesus Cristo e copiá-lo em tudo, **renunciando à própria autonomia (grifei)** e considerando anátema a possibilidade da evolução autoconsciente. Entre as expressões mais ardilosas da idealização cristã está a sentença proferida na *Carta aos Hebreus*, anônimo escrito neotestamentário: "**Jesus Cristo é o mesmo ontem, hoje e sempre**" (Hb 13:8), *explicita afirmação do quanto a santidade, imitação perfeita de Jesus Cristo, constitui inadmissível proposta antievoluciológica.*[2]

Então, a orientação é para aqueles que querem segui-lo: têm que fazer uma escolha. Porque: "Ninguém pode servir a dois senhores; porque ou há de odiar um e amar o outro, ou se dedicará a um e desprezará o outro. Não podeis servir a Deus e a Mamom". (Mt 16:24-26).

Em meu livro, *O segredo das bem-aventuranças*, pp. 238-243, direcionei os comentários longe do sentido apocalíptico, que parece ser o objetivo do aforismo, colocado na 'boca' de Jesus, mas, sim, o sentido relativo ao que possui riqueza, tido como um mal. Nosso objetivo é buscar a essência que pode nos ajudar a crescer, atendendo às Leis do Universo, sem medo de ser feliz. Neste sentido, dissemos: Uma das declarações memoráveis de Jesus, conforme o texto de Mateus foi a afirmação radical de que **ninguém pode servir a dois senhores; porque ou há de odiar um e amar o outro, ou se dedicará a um e desprezará o outro.** Esta afirmação precisa ser decodificada, além de sua literalidade, senão constituir-se-ia num

---

1. BULTMANN, *Op. cit.* p. 48
2. LUZ, Marcelo da. *Como a religião termina?.* p. 137, cap. 5.

verdadeiro disparate. Sob a ótica literal, muitos religiosos acreditam que Deus condena a riqueza. Será que condena mesmo? Já parou para pensar na força desta frase se não dermos elasticidade à interpretação?

Ora, aquele que trabalha honestamente, conquista, por conta de seu esforço, bens materiais. O que há de errado nisso? Aliás, é uma obrigação, pela lei do progresso, que o homem, produza sempre mais. Errado é ficar alheio à necessidade de coparticipar da produção de bens e só cuidando da vida espiritual, num *dolce far niente*, deixando a vida passar. A vida espiritual se desenvolve na ação, no enfrentamento dos problemas do dia a dia, não ao contrário, na posição de indolência. Afirma Kardec: "Do ponto de vista terreno, a máxima: Buscai e achareis é análoga a esta outra: Ajuda-te a ti mesmo, que o céu te ajudará. É o princípio da lei do trabalho e, por conseguinte, da lei do progresso, porquanto o progresso é filho do trabalho, visto que este põe em ação as forças da inteligência".[3]

As crenças religiosas, de um modo geral, têm espalhado tantos absurdos, obstando o progresso de seus profitentes, pois lhes disseram que a felicidade não é deste mundo, mas apenas no "céu". Como não existe 'céu teológico', nem localização geográfica, num lugar depois da morte, pois ele é estado de espírito, você deve lutar para ser feliz onde estiver sem qualquer culpabilidade. Todos são dignos de ser felizes, desde que lutem para isso. Nada vai cair do 'céu'. A história de que Deus fez cair maná do céu é pura lenda. Não caia nessa. Você é sempre o construtor de seu projeto de vida. O professor ensina, mas o aluno é que deverá sabiamente usar a vontade para realizar no tempo de seu entendimento, o melhor que puder. "Os espíritos superiores nos amparam e esclarecem, no entanto, é disposição da Lei que cada **consciência** responda pelo próprio destino".[4]

Se o projeto for de pobreza ou de riqueza o problema é exclusivamente seu, e não de Deus. A felicidade pode ser vivida intensa-

---

3. *O Evangelho segundo o Espiritismo*. Cap. XXXV, item 2.
4. XAVIER, Francisco Cândido, pelo espírito Emmanuel. *Livro da esperança*, lição 6.

mente aqui e agora. O sofrimento nunca é castigo de Deus. É ele, tão somente, consequência de escolhas equivocadas, e, quando surge ele é sempre educativo, ensinando-nos o caminho para descobrir os equívocos, e encontrar estratégias para sua eliminação, através da reparação. O sofrimento em si não leva ninguém à sintonia com Deus, da mesma forma que a riqueza não levará ninguém a ser mal visto por Deus. Pense nisto!

Também podemos decodificar o texto, entendendo sentido de desenvolver o Cristo interior, o nosso *Christós,* em primeiro lugar, e tudo mais virá por acréscimo.

SQ 56. O REINO E A LEI

"A lei de Moisés e os profetas [de Israel] tiveram autoridade até João. Desde então o reino de Deus vem sendo sobrepujado por homens violentos".

Mas é mais fácil passar o céu e a terra do que um único golpe da lei perder a força. "Quem se divorcia da mulher comete adultério, e quem se casa com mulher divorciada também".

A LEI ATÉ JOÃO

Mt 11:12-13	Lc 16:16 Q42
12 Desde os dias de João, o Batista, até agora, se faz violência ao reino dos céus, e pela força se apoderam dele. 13 Porque todos os profetas e a lei profetizaram até João.	16 A lei e os profetas duraram até João; desde então é anunciado o reino de Deus, e todo o homem emprega força para entrar nele.

COMENTÁRIOS:

A sentença atribuída a Jesus de Nazaré estabelece uma linha divisória sobre a lei antes e depois. Até João Batista – somando-se as leis anteriores de Moisés e os profetas de Israel – o reino de Deus é sobrepujado pelos homens violentos. O refrão era, "antes a lei era assim, mas eu vos digo", querendo expressar que, embora não tivesse vindo para derrogar a lei, a interpretação não pode ser ao pé da letra, mas adaptada aos novos tempos.

> SQ 56 (2.ª sentença)
> *Mas é mais fácil passar o céu e a terra do que um único golpe da lei perder a força.*

A VIGÊNCIA DA LEI

Mt. 5:18	Lc 16:17 Q43
16 Porque em verdade vos digo que, até que o céu e a terra passem, nem um jota ou um til jamais passará da lei, sem que tudo seja cumprido.	17 E é mais fácil passar o céu e a terra do que cair um til da lei.

COMENTÁRIOS:

Em meu livro *O código penal dos espíritos*, p. 93, analisei esta questão, como alegoria, quando afirmamos: **O Espírito é sempre o árbitro da própria sorte, podendo prolongar os sofrimentos pela pertinácia no Mal, ou suavizá-los, ou, até anulá-los pela prática do Bem.** Tudo é questão de tempo e maturidade. Não havendo, portanto, punição divina, mas, sim, Leis Cósmicas Justas, gravadas na própria consciência. Se ainda persiste no mal é porque não entendeu os reais objetivos da vida. Com o alcance – cada qual a seu tempo – da felicidade plena, todos, independentemente de raça, cor ou credo respirarão na faixa vibracional do Eterno Bem.

> SQ 56 (3.ª sentença)
> *"Quem se divorcia da mulher comete adultério, e quem se casa com mulher divorciada também".*

O DIVÓRCIO

Mt 5:32	Lc. 16:18 **Q44**
32 Eu, porém, vos digo que qualquer que repudiar sua mulher, a não ser por causa de fornicação, faz que ela cometa adultério, e qualquer que casar com a repudiada comete adultério.	3b Qualquer que deixa sua mulher, e casa com outra, adultera; e aquele que casa com a repudiada pelo marido, adultera também.

COMENTÁRIOS:

Em complemento à seção **SQ 56**, por consequência, a lei do divórcio, no entanto, continuará a ter validade. Daí a afirmação: "Mais fácil passar o Céu e a Terra do que um único golpe da lei perder a força". Daí demonstra, por exemplo, que a lei do divórcio continua vigente: "Quem se divorcia da mulher comete adultério, e quem se casa com mulher divorciada também". É nesta linha interpretativa afirmativa que Moisés permitiu o divórcio; no entanto, somente "em consideração da dureza de vosso coração". De forma alguma isso é a verdadeira vontade de Deus; Ele quer antes a indissolubilidade do matrimônio. Nada tem caráter de imutabilidade, a não ser que venha de Deus. Todas as regras humanas mudam com o tempo, em razão do próprio progresso da Humanidade. As Leis Cósmicas são as mesmas e valem para todos os tempos e para todos os países. As leis humanas são mutáveis e se aperfeiçoam gradativamente de acordo com o tempo, com o lugar e com a maturidade da inteligência. **No casamento o que é de ordem divina é a *união dos sexos*, como forma de se permitir a renovação dos seres que morrem, bem como na Lei do Amor, que é também Divina.**

Allan Kardec, atualizando a exegese, afirma que: "Deus quis que os seres se unissem não só pelos laços da carne, mas também pelos laços da alma, a fim de que a afeição mútua dos esposos se transmitisse aos filhos, e que fossem dois, ao invés de um, a amá-los, a cuidar deles e fazê-los progredir". [5] No entanto, as regras

---

5. KARDEC, Allan. O *Evangelho segundo o Espiritismo*, cap. 22, item 3.

que regulamentam esta união são de **natureza humana, que se manifestam nas leis civis, que se diferenciam de país a país (grifos meus)**. Assim, Jesus enfatiza um trecho do Velho Testamento, dizendo: Também foi dito: "qualquer que deixar sua mulher, que lhe dê carta de desquite".

Estas diferenças são legítimas, pois cada povo, de acordo com seus costumes e necessidades locais, cria leis próprias para regular a vida de relação entre os homens. Em nosso país, a título de exemplo, tivemos o *desquite*, depois foi aprovado o *divórcio* e, hoje, *a união estável* entre o homem e a mulher, reconhecida para efeito de proteção do Estado. "O divórcio é uma lei humana que tem por objetivo separar legalmente o que, de fato, já está separado".[6] A única lei que efetivamente torna legítimo o casamento é o amor. Quando Jesus disse: *não separeis o que Deus uniu*, interprete-se como aquela união baseada realmente na Lei de Deus, que não se altera jamais, pois não tem por base as leis humanas, que são mutáveis. Portanto, o divórcio não contraria a Lei de Deus, apenas legaliza a separação de cônjuges, cuja união não foi selada de conformidade com a Lei Divina.[7]

> ## Q 57. SOBRE ESCÂNDALOS
> "Com certeza haverá escândalos; mas ai daquele que os causar. Melhor seria para ele ser atirado no mar com uma pedra de moinho amarrada ao pescoço do que provocar o desgarramento de uma só pessoa desta gente pequenina."

O ESCÂNDALO AO PEQUENO

Mt 18:7	Lc 17:1	Q45
7 Ai do mundo pelos escândalos. Pois é necessário que eles venham, mas ai do homem por quem vem o escândalo.	1b É impossível que não venham os escândalos, todavia ai daquele por quem vêm.	

---

6. *Idem, ibidem*, item 5.
7. Esses comentários foram extraídos de meu livro, *O segredo das bem-aventuranças*, pp. 146-147.

COMENTÁRIOS:

Todo e qualquer escândalo (mal) que se pratique, terá sempre consequências por parte de quem o praticou. Não importa o tamanho do erro (escândalo). Kardec em *O Céu e o Inferno*, Cap. VII, item 3º afirma: "Não há uma única imperfeição da alma que não importe funestas e inevitáveis consequências, como não há uma só qualidade boa que não seja fonte de um gozo". Entenda-se que as consequências do ato contrário não têm sentido de castigo de Deus. Os atos adversos às Leis do Universo conduzem o indivíduo, à medida que sua consciência (onde está instalado o Tribunal divino) procurar, por conta da Lei de causa e efeito, corrigir-se, equilibrando-se com as Leis do Universo. A ideia de castigo de Deus mandando os seus filhos para o inferno, fica por conta errônea da criatividade humana. Reencarnamos não para pagar dívidas – como se pensa –, mas para evoluir. **Ninguém que acredite num Deus (inteligência suprema) pode aceitar com tranquilidade um Deus que preparou um lugar de tormento para seus filhos. Isto é fruto da teologia!**

Assim, eventuais "escândalos" (erros) que praticamos não acarretam castigos, mas consequências. Afinal, "o plantio é livre, mas a colheita obrigatória." Mas, isto é perfeitamente normal, pois errar, na didática divina, funciona como um *feedback* (realimentação). Mas, apesar do escândalo (mal) se constituir em mecânica de aprendizagem, ninguém deve ser o justiceiro ou o escandaloso (maldoso) que nos fará resgatar.

Neste sentido, Joanna de Ângelis, no livro *Dias gloriosos*, assegura que: "Por mais que alguém se veja dilacerado nos sentimentos por deslealdade ou infâmia de outrem, não tem o direito de erguer a clava do desforço para aplicá-la, tornando-se cobrador impenitente. Os soberanos Códigos da Justiça dispõem de mecanismos hábeis para regularizar os conflitos e os atentados às Leis, sem gerar novos devedores, e conforme muito bem acentuou Jesus, "o escândalo é necessário, mas ai do escandaloso!" Ninguém tem o direito de tornar-se ímpio regularizador das Leis de harmonia, utilizando-se dos próprios e ineficazes meios.

SQ 58. SOBRE O PERDÃO

"Se seu irmão pecar, você deve repreendê-lo. Se ele ouvir você, você deve perdoá-lo. Mesmo se ele pecar contra você sete vezes por dia, você deve perdoá-lo".

O PERDÃO

Mt 18:15.21-22	Lc 17:3b-4 Q46
15 Se teu irmão pecar [contra ti], vai, acusa-o, entre ti e ele sós! Se te ouvir, ganhaste o teu irmão. 2 Senhor, quantas vezes meu irmão pecará contra mim e o perdoarei? Até sete vezes? 22 Diz-lhe Jesus: Digo-te, não até sete vezes, mas até setenta vezes sete.	3b Se teu irmão pecar, adverte-o, e se ele se arrepende, perdoa-lhe. 4 E se pecar contra ti sete vezes num único dia, e sete vezes voltar a ti, dizendo: Eu me arrependo, perdoa-lhe.

COMENTÁRIOS:

A **fidelidade** ao movimento Q2 (segundo estágio) podia ser manifestada como fidelidade a Jesus, e não apenas como cumprimento de suas palavras. Esse cumprimento continuava a ser o sinal fundamental para o reconhecimento, mas Jesus passará a ser concebido no desempenho de papéis diferente do mestre. Ele tornara-se o fundador de um movimento, com missão programática. A fidelidade a esse movimento podia ser demonstrada, admitindo que se "conhecia" Jesus. Admitir ser membro do povo de Jesus era agora uma questão de consequências mais graves. As sentenças sobre escândalos de SQ 57 e a instrução para se perdoar o irmão se ele mudar de opinião, em SQ 58, indica a existência de tensões dentro do movimento. Mudanças de opinião, contudo não parece ter sido a regra. Famílias se dividiram e a separação era compreendida, como coerente com a importância e propósito do movimento. Se era doloroso? Sim, mas também de esperar.[8]

O Deus da exigência e do juízo, porém, é também o *Deus do perdão; e quem retorna* a Ele pode ter certeza de sua bondade perdoa-

---

8. BURTON Mack. *Op. cit,* p.137.

dora. Os escribas trancam o reino de Deus diante das pessoas por meio do legalismo (Mt 10:28). O perdão só é recebido realmente, se o coração se torna coração bondoso, como ensina a parábola do servo implacável (Lc 15:1-10) e somente quem está disposto a perdoar pode pedir sinceramente o perdão a Deus. O perdão de Deus renova a pessoa; e quem quer renovar-se, recebe-o. [9] **Ao dizer** *que se deve perdoar sete vezes sete*, **o aforismo tem o sentido de se perdoar sempre, pois quem não perdoa, adoece!**

Assunto dos mais polêmicos e que merece uma análise mais profunda e racional é a questão do perdão; este tem sido tratado de forma inocente, simplista e até superficial, principalmente, pelos pregadores religiosos, quase sempre no afã de arrebanhar adeptos para sua comunidade religiosa, prometendo *mundos e fundos*, como se Deus estivesse num trono, em sua majestade, analisando *pedidos* de todas as criaturas e a concessão de perdão, àquele cujo arrependimento lhe bate às portas do coração, em razão dos pecados – para nós, *equívocos* – cometidos contra a Lei Divina. Será que Deus perdoa mesmo? Em primeiro lugar, é preciso esclarecer que Deus não é pessoa, mas uma "inteligência suprema e causa primeira de todas as coisas" (Questão nº 1, de *O Livro dos Espíritos*). Ademais, aquilo que chamamos de Deus age sempre através de Leis, não existindo protecionismo para ninguém. A Lei de Deus é igual para todos.

E as religiões, em sua grande maioria, trabalham com o perdão *gratuito*, desde que o crente pratique determinadas cerimônias – dogmas daquela crença – *e não deixem de pagar o dízimo*! E assim, é só pedir perdão, que Deus o concede. E, quando nada conseguem, entram na estatística do rol dos *sem religião*, decepcionando-se com as promessas das crenças. Em dezembro de 2016, pesquisa da Datafolha traçou novo retrato do Brasil em matéria de religião: apenas 50% se dizem católicos, evangélicos sobem para 29%, enquanto 14% dos brasileiros se declaram **sem religião**. O espiritismo continua na faixa de 2% (outros, 5%).[10]

---

9. BULTMANN, Rudolf. *Op.cit*, p. 63.
10. Para a interpretação espírita dos milagres, atribuídos a Jesus nos Evangelhos, ler meu livro, *Milagre – fato natural ou sobrenatural?*

Da mesma forma que não existe *castigo*, não existe também o *perdão* por parte de Deus. Não nos esqueçamos de que o mistério que chamamos de Deus, manifesta-se através de Leis naturais, eternas, perfeitas e imutáveis. Somos nós mesmos os nossos Juízes, os nossos promotores e nossos próprios advogados. É por meio da maturidade espiritual que cada um 'acorda' e corrige a si mesmo. Assim, à medida que se desperta diante do ato contrário à Lei Divina, a própria consciência, no tempo próprio, acorda e modifica-se. Eis aí o perdão – segundo entendemos.

> ## SQ 59. SOBRE A FÉ
> Se você tivesse uma fé do tamanho de um grão de mostarda, poderia dizer a esta amoreira: "Vá embora daí e plante-se no mar, e ela lhe obedeceria".

PEDIDO POR MAIS FÉ

Mt 17:20	Lc 17:6 · Q 47
Amém, pois digo-vos: se tiverdes fé do tamanho de grão de mostarda, direis a este monte: Muda-te daqui para lá, ele irá também. E nada vos será impossível	O Senhor respondeu: Se tivésseis fé como um grão de mostarda, diríeis a (esta) amoreira: Desarraiga-te daqui e planta-te no mar, e ela vos obedeceria.

COMENTÁRIOS:

Na cópia de Q, Mateus fala em monte, enquanto o de Lucas repete Q e refere-se literalmente a uma 'amoreira'. Segundo o escritor do *Evangelho de Mateus*, interpretado literalmente, Jesus teria feito a seguinte declaração: "Se tiverdes fé como um grão de mostarda, direis a este monte: Transporta-te daqui para lá, e ele se transportará, e nada vos será impossível" (Mt 17:20-21). A grande maioria religiosa dos cristãos ainda interpreta literalmente essa 'suposta' declaração de Jesus e crê também que ele fez "milagres" que anulam as leis da natureza, como 'ressuscitar mortos', acalmar uma tempestade',

andar sobre as águas', 'multiplicar pães', 'transformar água em vinho', mudar a substância do pão e do vinho em seu próprio corpo e
sangue, etc. Milagres desse tipo são igualmente atribuídos a muitos
outros personagens da literatura religiosa deste planeta: **sabe-se,
por exemplo, que o profeta Eliseu (2Reis 4:42-44) também "mul-
tiplicou" pães, Buda também alimentou 5.000 homens com um
único pão, um discípulo de Buda também "andou" sobre as águas
do rio Acivarati[11] e vários profetas, como Elias e Eliseu (1Reis 17;
2Reis 4), também "ressuscitaram" mortos etc.**

Kardec, o codificador da doutrina espírita, em *A Gênese*, cap. 13,
n. 1, afirma que **"não existe milagre"**, pois trata-se "uma derroga-
ção das leis da natureza, por meio da qual Deus manifesta o seu
poder". Em outros termos, para o espiritismo, "não há milagres,
nem fatos sobrenaturais, tudo o que pertence ao universo fenomê-
nico é natural".[12] A essa altura de minha reflexão, alguém poderia
fazer-me o seguinte questionamento: – Mas Jesus não declarou, no
Evangelho de Mateus (17:20- 21), que "se tivermos fé como um grão
de mostarda, poderemos transportar montanhas de um lugar para
outro"? Isso não seria um milagre que anularia as leis da natureza?
– Com certeza. Se esse tipo de milagre realmente ocorresse, seria
uma violação contra as leis da natureza. Só que esse tipo de milagre nunca aconteceu na história da Humanidade. Quem quiser tentar realizá-lo ficará decepcionado, pois não foi no sentido literal/
físico (mas no sentido figurado/moral) atribuído a ele que fez essa
afirmação de fé/confiança. Como explica muito bem o codificador,
é somente no seu sentido moral que devemos entender estas palavras. "As montanhas que a fé transporta são as dificuldades, as
resistências, a má vontade [...] Os preconceitos da rotina, o interesse
material, o egoísmo, a cegueira do fanatismo e as paixões orgulho-
sas são outras tantas montanhas que atravancam o caminho dos
que trabalham para o progresso da humanidade". [13]

---

11. FUNK, Robert W.; HOOVER, Roy W. *The Jesus Seminar*, p. 207.
12. PALHANO, L. Júnior. *Dicionário de filosofia espírita*, p. 249.
13. Parágrafo extraído de SOUZA, José Pinheiro de. *Mentiras sobre Jesus*, p. 66.

Saliente-se que a fé é entendida, como renúncia aos próprios critérios e juízos, muitas vezes, impostas pelo medo. Encontramos em Marcos, 16:6 "Aquele que crer e for batizado será salvo. Todavia, quem não crer será condenado!" Aqui tem o sentido de se 'crer' na marra! "A verdade é que as religiões em toda a história são movimentos para exercer o poder. Promovem a **fé**, mas não a **espiritualidade**".[14]

---

14. REGIS, Jaci. Jornal Abertura, agosto 2016.

21. O JUÍZO FINAL

SQ 60. O DIA DA SEPARAÇÃO

"Virão os dias em que lhes dirão: 'Olhem, ele está no deserto'".

Vocês não devem ir até lá. Ou então: 'Olhem, ele está recluso em alguma casa.' Vocês não devem ir atrás deles. Porque da mesma forma com que um relâmpago brilha de um lado a outro do céu, vai ser assim no dia em que o filho do homem aparecer. Como nos dias de Noé, assim será no dia do filho do homem. Eles comiam, bebiam, casavam e eram dados em casamento até o dia em que Noé entrou na arca. Então veio o dilúvio e todos foram arrastados.

Foi o mesmo nos dias de Ló – eles comiam, bebiam, vendiam, plantavam, construíam. Mas no dia em que Ló deixou Sodoma, choveu fogo e enxofre, e todos foram destruídos.

Vai ser assim no dia em que o filho do homem aparecer.

Eu lhes digo: naquela noite haverá dois homens no campo; um será tomado e o outro, deixado. Duas mulheres estarão moendo juntas. Uma será tomada e a outra, deixada. Onde estiver o cadáver, ali vão se reunir as águias [abutres?]".

O DIA DO FILHO DO HOMEM

Mt 24:26-27; 37-39; 10:39; 24:40-41.28	Lc 17:23-24.26-30.33-35.37 Q48
26 Se, portanto, vos disserem: Eis que está no deserto, não saiais, ou: Eis nos quartos, não acrediteis.	23 E dirão: Eis aqui; [ou] Eis ali. Não vades, nem persigais.
27 Pois como o relâmpago sai do oriente e reluz até o poente, assim será a parusia do Filho do Homem.	24 Pois como o relâmpago ao lampejar reluz desde o subceleste até o subceleste, assim também será o Filho do Homem [no seu dia].
37 Pois, como os dias de Noé, assim será a parusia do Filho do Homem:	26 E como aconteceu nos dias de Noé, assim também será nos dias do Filho do Homem.
38 como pois, nos [aqueles] dias antes do cataclismo, estavam consumindo e bebendo, casando e sendo dadas em casamento, até o dia em que Noé entrou na arca.	27 Comiam, bebiam, casavam, eram dadas em casamento, até o dia em que Noé entrou na arca. E chegou o cataclismo e fez perecer a todos.
39 E nada perceberam até que veio o cataclismo e levou a todos. Assim acontecerá também na vinda do Filho do Homem.	28 Do mesmo modo como aconteceu nos dias de Ló: comiam, bebiam, compravam, vendiam, plantavam, construíam.
39 Quem {quiser} encontrar a sua alma a perderá, e o que tiver perdido a sua alma por causa de mim a encontrará.	29 No dia, porém, em que Ló saiu de Sodoma, Deus fez chover fogo e enxofre do céu e fez perecer a todos.
40 Então, dois estarão no campo: um será arrebatado e um será deixado;	30 Segundo isso será no dia em que se manifestar o Filho do Homem.
45 duas moendo no moinho: uma será arrebatada e uma será deixada.	33 Quem procurar preservar sua alma a perderá; quem, porém, a perder, a conservará em vida.
28 Onde estiver o cadáver, ali se reunirão os abutres.	34 Digo-vos: naquela noite, dois estarão numa única cama: um será tomado e o outro será deixado;
	35 duas estarão moendo juntas: uma será tomada e a outra será deixada. [36]
	37 E, respondendo, disseram-lhe: Onde, Senhor? Ele disse-lhes: Onde {estiver} o cadáver, aí também se juntarão os abutres.

COMENTÁRIOS:

Nada de diferente do que já abordamos até aqui, sobre pregações apocalípticas de Jesus. **Segundo os pesquisadores sobre as origens do cristianismo, "Jesus acreditava mesmo na propalada ideia de fim de mundo", passada a ele por seu iniciador, João Batista.** Dizem os escritores de Q, Mateus e Lucas, colocando na boca de Jesus: "Se, portanto, vos disserem: Eis que está no deserto, não saias, ou: Eis que está nos quartos, não acrediteis. Pois, como o relâmpago sai do oriente e reluz até o poente, assim será a *parusia* (regresso)[1] do Filho do Homem". Teremos com o cataclismo previsto do fim do mundo

---

1. "Parusia" – Crença no regresso de Jesus Cristo no final dos tempos, para cumprir o momento do Juízo Final.

com a separação das pessoas, entre os bons e os maus. A fonte Q, Mateus e Lucas dizem que com essa 'parusia', "Quem (quiser) encontrar a sua alma a perderá, e o que tiver perdido a sua alma por causa de mim a encontrará. Então, dois estarão no campo: um será arrebatado e um será deixado; duas moendo no moinho: uma será arrebatada e uma será deixada". Essa é a visão apocalíptica de Jesus: Com base na metáfora poderosa dos cabritos e das ovelhas, o Rei, que representa Deus, separa todos os membros da Humanidade, castigando os rebeldes com o inferno e reservando aos bons, o céu.

Do ponto de vista espírita, não existe separação alguma, por conta de um ser divino exterior, no caso, o Deus pessoal. Cada um, pelo processo de experiências sucessivas, ao longo de várias existências é que, pela evolução, vai excluindo o que lhe faz mal, substituindo por ações nobres que tragam felicidade. Isto ocorre no Tribunal da própria consciência, onde você é seu próprio juiz, o próprio promotor e seu próprio advogado.

Em meu livro *O Código Penal dos espíritos – a justiça do Tribunal da Consciência –* anoto a importância do livre-arbítrio, neste processo evolutivo do espírito, desde sua criação, na condição de *simples e ignorante*, até atingir a condição de pureza. "Por ele crescemos e adquirimos experiência, discernimento e compreensão. Mas também a responsabilidade por nossos atos, permitindo-nos que experimentemos as consequências de todos eles. Por esse raciocínio, evidencia-se o equívoco de pretender que Deus *castiga* suas criaturas. O *castigo* não existe em razão do *erro*, pois, sendo legítimo, ele faz parte das regras divinas na aquisição de experiência. O espírito precisa conhecer o *bem* e o *mal*, e esta é uma das razões de sua encarnação". "Embora necessário, o mal não deixa de ser o mal. Essa necessidade desaparece, entretanto, à medida que a alma se depura, passando de uma a outra existência. Então, mais culpado é o homem, quando o pratica, porque melhor o compreende".[2]

Então, excluamos essa ideia mitológica e apocalítica de "fim do mundo". Essas previsões nunca aconteceram do ponto de vista li-

---

2. KARDEC, Allan. *O Livro dos Espíritos*, Q. 638.

teral. Diante disso, não existe castigo nas Leis Divinas: As nossas atitudes boas ou más nos acarretam tão só consequências... Como resultado de posturas contrárias à ética e à moral somos levados a *sofrer* as consequências de nossas imperfeições. Se boas, no entanto, ampliaremos o raio de felicidade, não importa onde estejamos, seja no físico seja fora dele. Esclareça-se, todavia, que não se trata de Deus impondo o sofrimento como *castigo*, mas são os próprios mecanismos de Suas Leis, que estão programados para *avisar*, pela dor, na intimidade de cada um, os desvios do roteiro evolutivo. Embora esteja repleta de simbolismo, essa passagem lida literalmente junto com o Livro das Revelações (o apocalipse), formam a base da "teologia do fim dos tempos", muito popular, mas também assustadora, de vários grupos ultrafundamentalistas atuais.

> E quando o Filho do homem vier em sua glória, e todos os santos anjos com ele, então se assentará no trono da sua glória; E todas as nações serão reunidas diante dele, e apartará uns dos outros, como o pastor aparta dos bodes as ovelhas; E porá as ovelhas à sua direita, mas os bodes à esquerda.
>
> Então dirá o Rei aos que estiverem à sua direita: Vinde, benditos de meu Pai, possuí por herança o reino que vos está preparado desde a fundação do mundo; Porque tive fome, e destes-me de comer; tive sede, e destes-me de beber; era estrangeiro, e hospedastes-me; Estava nu, e vestistes-me; adoeci, e visitastes-me; estive na prisão, e fostes me ver.
>
> Então os justos lhe responderão, dizendo: Senhor, quando te vimos com fome, e te demos de comer? Ou com sede, e te demos de beber?
>
> E quando te vimos estrangeiro, e te hospedamos? Ou nu, e te vestimos? E quando te vimos enfermo, ou na prisão, e fomos ver-te?
>
> E, respondendo o Rei, lhes dirá: Em verdade vos digo que quando o fizestes a um destes meus pequeninos irmãos, a mim o fizestes.
>
> Então dirá também aos que estiverem à sua esquerda: Apartai-vos de mim, malditos, para o fogo eterno, preparado para o diabo e seus anjos; porque tive fome, e não me destes de comer; tive sede, e não me destes de beber; Sendo estrangeiro, não me

recolhestes; estando nu, não me vestistes; e enfermo, e na prisão, não me visitastes.

Então eles também lhe responderão, dizendo: Senhor, quando te vimos com fome, ou com sede, ou estrangeiro, ou nu, ou enfermo, ou na prisão, e não te servimos?

Então lhes responderá, dizendo: Em verdade vos digo que, quando a um destes pequeninos o não fizestes, não o fizestes a mim. E irão estes para o tormento eterno, mas os justos para a vida eterna. (Mt 25:31-46)

SQ 61. A PRESTAÇÃO DE CONTAS

"Aquele dia será como um homem que partiu em viagem. Ele reuniu os servos e confiou-lhes total responsabilidade sobre suas posses. A um deles, entregou cinco talentos [uma grande soma de dinheiro], a outro, dois, a outro, um. Ao regressar, o amo chamou os servos para acertar as contas. Disse o primeiro: 'Senhor, seus cinco talentos renderam mais cinco'. E o amo respondeu: 'Muito bem, meu bom servo. Você se mostrou confiável em questões financeiras; vou encarregá-lo de assuntos mais importantes'. Veio o segundo e disse: 'Senhor, seus dois talentos renderam outros dois.' E o mestre respondeu: 'Muito bem, meu bom servo. Você se mostrou confiável em questões financeiras. Vou encarregá-lo de assuntos mais importantes.' Veio o terceiro e disse: 'Senhor, eu tive medo, porque o senhor é um homem severo. O senhor retira o que não depositou e colhe onde não semeou. Aqui está o talento que guardei com segurança para o senhor, escondido.' E o amo respondeu: 'Seu imprestável, você não sabia que eu colho o que não semeei? Então, por que não investiu meu dinheiro de modo que eu o resgatasse com juros quando voltasse?' 'Tirem o talento dele e o entreguem aquele que tem dez talentos. Eu lhes digo: todo aquele que tem vai receber mais, e daquele que não tem, até o pouco que tem lhe será retirado'".

Parábola do dinheiro a juros

Mt 25:14-30	Lc 19:12-27 Q49
14 Porque será também como um homem que, partindo para fora da sua terra, chamou os seus servos, e entregou-lhes os seus bens; 15 E a um deu cinco talentos, e a outro, dois, e a outro, um, a cada um segundo a sua capacidade, e ausentou-se logo para longe. 16 E tendo ele partido, o que recebera cinco talentos negociou com eles, e granjeou outros cinco talentos. 17 Da mesma forma, o que recebera dois granjeou também outros dois; 18 Mas o que recebera um foi enterrá-lo no chão, e escondeu o dinheiro do seu senhor. 19 E muito tempo depois veio o senhor daqueles servos, e ajustou contas com eles. 20 Então aproximou-se o que recebera cinco talentos, e trouxe-lhe outros cinco talentos, dizendo: Senhor, entregaste-me cinco talentos; eis aqui outros cinco talentos que granjeei com eles. 21 E o seu senhor lhe disse: Bem está, servo bom e fiel. Sobre o pouco foste fiel, sobre muito te colocarei; entra no gozo do teu senhor. 22 E chegando também o que tinha recebido dois talentos, disse: Senhor, entregaste-me dois talentos; eis que com eles granjeei outros dois talentos. 23 Disse-lhe o seu senhor: Bem está, bom e fiel servo. Sobre o pouco foste fiel, sobre muito te colocarei; entra no gozo do teu senhor. 24 Mas, chegando também o que recebera um talento, disse: Senhor, eu conhecia-te, que és um homem duro, que ceifas onde não semeaste e ajuntas onde não espalhaste; 25 E atemorizado, escondi na terra o teu talento; aqui tens o que é teu. 26 Respondendo, porém, o seu senhor, disse-lhe: Mau e negligente servo; sabes que ceifo onde não semeei e ajunto onde não espalhei; 27 Por isso te cumpria dar o meu dinheiro aos banqueiros, e quando eu viesse, receberia o meu com os juros. 28 Tirai-lhe, pois, o talento, e dai-o ao que tem os dez talentos. 29 Porque a qualquer que tiver será dado, e terá em abundância; mas ao que não tiver até o que tem será tirado. 30 Lançai, pois, o servo inútil nas trevas exteriores; ali haverá pranto e ranger de dentes.	Um homem nobre caminhou para uma região ao longe receber para si o reinado e voltar. 13 Chamando-o dez servos dele, deu-lhes dez libras e disse-lhes: Negociai até que eu venha. 14 Seus cidadãos o odiavam e enviaram uma embaixada atrás dele, dizendo: Não queremos que esse reine sobre nós. 15 E aconteceu, no ele chegar de volta, tendo recebido o reinado, e disse que fossem chamados a ele esses servos aos quais havia dado o dinheiro, para que soubesse o que negociaram. 16 O primeiro chegou, dizendo: Senhor, a tua libra rendeu dez libras. 17 E disse-lhe: Ah! Servo bom, porque te tornaste fiel no mínimo, sejas constituído em exusia sobre dez cidades. 18 E veio o segundo, dizendo: A tua libra, Senhor, rendeu cinco libras. 19 Disse também a este: Tu, também, sejas constituído sobre cinco cidades. 20 E veio o outro servo, dizendo: Senhor, eis a tua libra, que mantive guardada num lenço, 21 pois, temia-te, porque és um homem severo. Tomas o que não depositaste e recolhes o que não semeaste. 22 Disse-lhe: Por tua própria boca te julgo, servo maligno. Sabias que eu sou um homem severo, que tomo o que não depositei e recolho o que não semeei. 23 Por que não deste meu dinheiro ao banco, e eu, ao chegar, o venderia com juros? 24 E aos {aí} presentes disse: dele a libra e dai àquele que tem as dez libras. 25 E disseram-lhe: Senhor, (já) tem dez libras! 26 Digo-vos (que): a todo o que tem, será dado, mas daquele que não tem, também o que tem lhe será tomado. 27 Todavia, esses meus inimigos, que não queriam que eu reinasse sobre eles, trazei-os aqui e trucidai-os diante de mim. 28 Tirai-lhe, pois, o talento, e dai-o ao que tem os dez talentos. 29 Porque a qualquer que tiver será dado, e terá em abundância; mas ao que não tiver até o que tem será tirado. 30 Lançai, pois, o servo inútil nas trevas exteriores; ali haverá pranto e ranger de dentes.

Comentários:

Esta *parábola dos talentos* também não é de autoria de Jesus, uma vez que ela tem um forte significado escatológico intervencionista (separatista e condenatório): "Depois de muito tempo, o senhor daqueles servos voltou e pôs-se a ajustar contas com eles" (Mt 25:19); *Quanto ao servo inútil, lançai-o fora nas trevas [=no inferno eterno]. Ali haverá choro e ranger de dentes!"* (Mt 25:30)[1] São ideias apocalípticas de **julgamento** daqueles que não aceitavam a ideia da vinda de Deus, do reino de Deus. Era algo iminente. Os servos, considerados inúteis, que foram relapsos terão julgamento severo e serão remetidos ao 'utópico' inferno. Mateus coloca na boca de Jesus, ao contar essa parábola "Lançai, pois, o servo inútil nas trevas exteriores; ali haverá pranto e ranger de dentes". (Mt 25:30).

A comparação aqui mostra como o 'Senhor' (no caso, Deus) agirá no juízo aos seus filhos rebeldes. Haverá um inferno para cuidar deles, onde sofrerão pela inépcia, as mais horríveis reprimendas. Atente para a expressão "choro e ranger de dentes". Essas ideias apocalípticas pairavam no ar, acarretando medo à população camponesa. Ou se modificavam, preparando-se para a implantação do reino de Deus, ou teriam fins drásticos. Descobre-se assim o aspecto sombrio, condenatório e apocalíptico nesses ensinamentos de Jesus, de acordo com o que consta nos escritos de Mateus. Não parece contraditório tudo isso, quando no *Sermão da Montanha* (que também é cópia dos ensinamentos das civilizações mais antigas) que, por exemplo, prega que não deve julgar para ser julgado, perdão aos inimigos ou adversários, perdoar não sete, mas setenta vezes sete? O que você pensa disso? **Nós, inferiores diante de Deus, temos que praticar virtudes, mas Deus que é inteligência suprema vai condenar aos que praticam erros? Absurdo, não é?** Se você trouxer para a interpretação deste texto o sentido da lei da reencarnação, ponto nevrálgico da doutrina espírita entenderá que ninguém será

---

1. FUNK, Robert W.; HOOVER, Roy W.*The Jesus Seminar*, p. 256.

condenado por Deus. Através de existências sucessivas, cada um no seu tempo, alcançará sempre estágio de maior perfeição. Este negócio de castigo no inferno é puro mito. Onde fica o perdão atribuído a Jesus de setenta vezes sete? Cai tudo por terra!

Segundo os pesquisadores do *Seminário de Jesus*, "No capítulo 24, Mateus interrompe seu relato terrível de fins dos tempos com um comentário que deveria abalar até o âmago todos os literalistas, entusiasmados por um suposto Êxtase final. Nos versículos 34-35, Mateus escreve: "Em verdade vos digo que não passará esta geração sem que tudo isto aconteça. Passará o céu e a terra, mas as minhas palavras não passarão". Pense nisso. Nada poderá estar mais claro. Nenhuma leitura literal dessas palavras pode evitar a conclusão de que, naquele contexto, o autor estava e, ainda está totalmente enganado. A observação de que "o céu e a terra passarão, antes que suas palavras sejam desmentidas mostra um erro fundamental. Baseados em passagens como essa, vários estudiosos impotentes do Novo Testamento sustentam hoje uma opinião semelhante à de Albert Schweitzer, afirmando que o Jesus histórico esperava 'o fim dos tempos', mas estava enganado".[2]

Muitos religiosos tomam uma atitude histérica, diante dessas afirmações,, vencidos pelas informações de que 'os tempos estão chegados'. É comum que diante de várias calamidades, perigos que nos cercam, problemas urgentes que temos de resolver como, por exemplo, a crise do aquecimento global, o risco das pandemias letais, ou proliferação nuclear, os *tsunamis*, inundações, sejam saudados, com entusiasmo, como 'sinais' seguros de que as profecias da Bíblia 'estão se cumprindo'. Quando ocorrem essas catástrofes, Kardec ensina que à medida que a população evolui, o espírito vai adquirindo mais conhecimento e tecnologia e vai criando mecanismos de defesa, evitando-se, assim, os grandes flagelos para a Humanidade. Kardec em *O Livro dos Espíritos* entende que muitos destes flagelos resultam também, da imprevidência do homem. Em relação às enchentes naturais, os furacões, mare-

---

2. HARPUR, Tom. *Transformando água em vinho*, p. 140.

motos, terremotos, erupções vulcânicas, avalanches etc., diz que o homem já tem se colocado, tecnológica e cientificamente, sobre eles. No Japão, o homem já consegue erigir prédios que não são comprometidos pelos terremotos, acontecendo o mesmo nos Estados Unidos da América.

Essa parábola tem sido, no entanto, do ponto de vista religioso, interpretada de forma simbólica, donde se podem extrair conteúdos morais. Talento (dinheiro) aqui é interpretado, de forma simbólica, pelos valores espirituais conquistados, a cada encarnação. Quando aqui nos aportamos, trazemos talentos, ou seja, valores espirituais construídos nas experiências anteriores. Eles são personalíssimos, sem doação externa de qualquer divindade. Entendamos, pois, que, no nascimento, o espírito não ganhou 'nada' de ninguém! Ele é o que construiu. Daí se entender que cada um de nós somos portadores de talentos conquistados por nós mesmos. Quem usou bem o talento, terá acréscimo de mais visão, diante dos embates da vida. Torna-se mais capaz. Aquele que passou pela vida em *dolce far niente* não aprenderá nada, portanto, não acrescentará nenhum valor à sua vida. A parábola ordena: "Tirai-lhe, pois, o talento, e dai-o ao que tem os dez talentos, porque a qualquer que tiver será dado, e terá em abundância; mas ao que não tiver até o que tem será tirado". O julgamento, daquele que recebeu um talento e o enterrou, será o castigo de perder o que tinha. Ora, essa condenação apocalíptica é mera projeção dos escritores de Mateus. Quem não produziu não será castigado, pois, no tempo certo, com mais maturidade espiritual, todos, pelo livre-arbítrio, têm a oportunidade de refazer experiências. A reencarnação é a luz para entendermos que errar faz parte do jogo de aprendizagem.

SQ 62. PARA JULGAR ISRAEL

"E vocês, que me seguiram, sentarão em tronos para julgar as doze tribos de Israel".

Recompensa do seguimento

Mt 19:28	Lc 22:28-30 — Q50
28 [...] Amém, digo-vos: Os, que me seguistes, no renascimento do mundo, quando o Filho do Homem se sentar no trono de sua glória, também havereis de sentar-vos em doze tronos, para julgar as doze tribos de Israel.	28 Vós sois os que permaneceram comigo em minhas tentações. 29 Eu também, assim como o meu Pai me {o} confiou, vos confio o reino, 30 para que comais e bebais a minha mesa no meu reino, e vos assenteis em tronos para julgar as doze tribos de Israel.

Comentários:

Vocês que me seguem serão 'recompensados'. **Jesus acreditava mesmo que haveria 'o fim dos tempos', quando Deus tomaria as rédeas do mundo, separando aqueles que aceitaram suas ordens e aqueles que rechaçaram suas admoestações.** A parábola *das ovelhas e dos cabritos* procura explicar esse mito do Juízo Final. Dava continuidade na doutrina de João Batista, seu mestre. Este profeta apocalipsista também foi envolvido nesta ideia de transformação iminente, por parte de Deus, pregando a preparação dos seus seguidores para a grande mudança que estava prestes a chegar. João advertiu os fariseus e os saduceus: "*Já está posto o machado à raiz das árvores; toda árvore, pois, que não produz bom fruto é cortada e lançada ao fogo*" (Mateus 3:10). Multidões escutavam o apelo de João: "*Arrependei-vos, porque está próximo o reino dos céus*" (Mateus 3:2). Os que atendiam ao chamado e se arrependiam se tornavam um povo preparado, produzindo "*frutos dignos de arrependimento*" (Mateus 3:8). Muitos foram batizados por João no rio Jordão. Uma geração de víboras rejeitou a mensagem, ao passo que outros permitiram que o mensageiro de Deus os preparasse.

Neste contexto apocalíptico, por desprezar as suas orientações, Jesus afirma que Israel será julgada quando houver a mudança. *O Filho do homem sentará no trono de sua glória, também havereis de sentar-vos em doze tronos, para julgar as doze tribos de Israel.* Isto era o máximo de recompensa para os seus seguidores. Da vida de exclusão que viviam, seria no momento dos mais felizes da implantação do reino de Deus. Uma reviravolta sensacional no contexto histórico, que levaria os membros do movimento de perseguidos, a juízes dos que desprezaram o alerta (lei de talião). Eram ideias apocalípticas que passavam pelo movimento. A recompensa aos que pertenciam ao movimento era a mudança radical de posição. Essa promessa apocalíptica de mesa farta, o combate a doenças e a injustiça no novo governo do Filho do Homem – referia-se a ele mesmo – estimulava a esperança dos camponeses. Muitas parábolas falavam sobre o alimento na mesa do camponês. Veja o caso da história da multiplicação de pães. Um sonho longamente acalentado!

PARTE IV

REFLEXÕES FINAIS

REFLEXÕES

1. "Há muitas coisas **verdadeiras** das quais não há utilidade para a multidão vulgar conhecer; e, por outro lado, certas coisas que, embora sejam **falsas**, há conveniência em que as pessoas acreditem". **Santo Agostinho**, *Cidade de Deus*.

2. "A verdade sobre a história dos primeiros cristãos foi tristemente omitida. Na realidade, a trilha de patifaria inacreditável e bastante deliberada passa por quase toda história do cristianismo eclesiástico". **Alvin Boyd Kuhn** – *The Shadow of theThird Century*.

3. O Evangelho 'atribuído' a João, o menos histórico de todos, escrito na virada do século I (90/110) é quem insere essa ideia do **Paracleto**, como sendo um 'pronunciamento' de Jesus. Ora, já estava escrito antes: Buda quando se preparava para partir, promete (a exemplo de Jesus) enviar o **Paracleto** "o espírito mesmo da verdade que deve guiar os seus seguidores na direção de toda a verdade". Harpur, *O Cristo dos pagãos.* Daí, a afirmação de que o espiritismo é o *consolador prometido* por Jesus, já fora escrita antes!

4. "Diversas doutrinas tidas em grande estima no período inicial, tais como as doutrinas da *reencarnação* e a *salvação universal*, foram posteriormente refutadas". **Alvin Boyd Kuhn** – *The Shadow of the Third Century.*

5. Semelhanças entre a trajetória de Jesus e a de outras figuras divinas que morrem e ressuscitam – como Baal – mostrariam que a fé cristã apenas deu nova roupagem a antigas religiões do Oriente próximo. **Reinaldo José Lopes**. Folha de São Paulo, *Jesus existiu*? 16.04.2017.

6. Para Paulo, Jesus nunca foi humano. Cartas do **apóstolo Paulo**, que são os mais antigos documentos cristãos, descreveriam um Jesus com poderes celestiais que existia desde o começo do Universo, e não um profeta de carne e osso. **Reinaldo José Lopes,** Folha de São Paulo, *Jesus existiu?* 16.04.2017.

7. "Paulo nunca menciona o nome da mãe de Jesus, o que não deveria ser surpreendente já que ele se refere a um personagem celestial". **David Fritzgerald**. *Nailled: Dez mitos cristãos que mostram que Jesus nunca sequer existiu.* Folha de São Paulo, *Jesus existiu?* 16.04.2017.

8. "Há inúmeras evidências indicando que aqueles aforismos, os fundamentos admitidos dos evangelhos, não foram pronunciados por Jesus nem inventados depois por seus seguidores. Muitos deles eram preexistentes, pré-históricos e, portanto, certamente, pré-cristãos. Eram coleções de aforismos egípcios, hebraicos, gnósticos, e, portanto não podem ser interpretados por si mesmos como prova de que o Jesus dos Evangelhos tenha vivido como um homem ou mestre. Esses aforismos eram todos ensinamentos orais dos antigos egípcios, muitas eras antes de terem sido registrados por escrito". (Tom Harpur. *O Cristo dos pagãos*).

9. A Bíblia em geral e o Novo Testamento em particular na realidade **copiam** ou **repetem** temas ou ideias estabelecidas ao longo de muitos séculos, e em alguns casos, muitos milênios antes. Daí o comentário impiedoso de Sigmund Freud de que "a Bíblia era um 'plágio total' das mitologias sumérias e egípcias". Ainda da doutora Anna Bonus Kingsford, de que "os livros sagrados hebraicos eram todos de origem egípcia". (Tom Harpur. *O Cristo dos pagãos*).

10. "Aqueles que carecem de discernimento poderão citar as Escrituras literalmente, mas na realidade estarão negando a verdade implícita que elas transmitem". (Bhagavad-Gita).

11. O núcleo fundamental da pregação de Jesus é o Reino de Deus – a expectativa da iminente vinda de Deus supremo a fim de estabelecer novo reinado de paz e justiça na Terra. Vários especialistas apontaram a questão da crença apocalíptica do Jesus histórico – ele teria morrido acreditando na intervenção definitiva do Pai, que deveria tê-lo salvo da cruz e feito o julgamento deste mundo – ponto sobre o qual os fatos frustraram. (LUZ, Marcelo da. *Como a religião termina?*). pp. 130-131, cap. 5.

APÊNDICE 1
SOBRE O SEMINÁRIO DE JESUS

O *Jesus Seminar* (*Seminário sobre Jesus*) é um projeto de reflexões cristológicas fundado em março 1985 por Robert Funk, com o apoio do Instituto *Westar*, que inicialmente reunia cerca de 30 seguidores, número que, posteriormente, chegou a superar a marca de 200 seminaristas. Trata-se de um dos mais destacados grupos de Crítica Bíblica, que utiliza métodos históricos para determinar, com base no critério da plausibilidade histórica, aquilo que Jesus, como uma figura histórica, pode ou não ter dito ou feito. Além disso, o seminário popularizou as investigações sobre o Jesus histórico. Seus seguidores se reuniam duas vezes por ano.

O *Jesus Seminar* foi uma forma de organizar estudiosos da Bíblia no meio acadêmico contra o dogmatismo das Congregações Religiosas, que, principalmente nos Estados Unidos, criavam um clima inquisitorial, que fazia com que os estudiosos não dogmáticos ficassem retraídos. O novo clima intelectual surgido no pós-guerra contagiou também a crítica bíblica, que aos poucos foi ganhando espaços e disciplinas nas universidades norte-americanas, levando os adeptos da teologia dogmática a refugiar-se em seus próprios seminários e faculdades. Foi a terceira onda de estudiosos do Jesus histórico, que se distinguia das demais por buscar o Jesus histórico a partir do princípio de continuidade com o judaísmo daquela época.

Dentre seus seguidores, merecem destaque:

John Dominic Crossan, Marcus Borg, Bruce Chilton, Don Cupitt, Marvin Meyer, Lloyd Geering, Karen Leigh King, John S. Kloppenborg, Gerd Lüdemann, Burton L. Mack, Vernon K. Robbins, James M. Robinson, John Shelby Spong, Walter Wink, Stephen L. Harris, Edward F. Beutner, Robert T. Fortn, a Roy Hoover, Mahlon H. Smith, Bernard Brandon Scott, Robert J. Miller, Daryl D. Schmidt, W. Barnes Tatum, William E. Arnal, Marvin F. Cain, Ronald D. Cameron, Kathleen E. Corley, Charles W. Hedrick, Julian Victor Hills, Arland D. Jacobson, Milton C. Moreland, Stephen J. Patterson, Jonathan L. Reed e John J. Rousseau.

Alguns seguidores do *Jesus Seminar* perderam seus empregos como professores universitários, outros foram perseguidos, e nesse contexto alguns seguidores preferiram participar dos estudos em sigilo.

A maioria dos integrantes do *Jesus Seminar* concorda com as seguintes **teses:**

1. No período compreendido entre a crucificação e o ano 50, a mensagem de Jesus foi transmitida unicamente por meio oral, pois somente na década de 50 surgiram os primeiros escritos cristãos;

2. as escrituras cristãs não foram unicamente inspiradas por Deus, pois foram redigidas por homens (e talvez uma mulher) que promoveram seus próprios pontos de vista e da corrente do cristianismo a qual pertenciam;

3. as crenças sobre Jesus mudaram entre a época da crucificação e o ano 70, quando foi escrito o Evangelho segundo Marcos, que é o Evangelho canônico mais antigo;

4. os autores dos Evangelhos Canônicos não foram testemunhas oculares da vida de Jesus, apesar de alguns desses afirmarem o contrário;

5. a escolha dos livros que compõem o *Cânon* do Novo Testamento somente ocorreu no Século IV e tal seleção não foi necessariamente baseada em precisão histórica;

6. dentre os Escritos não-canônicos mereceriam especial atenção

o Evangelho de Tomé e o Didaquê (também conhecido como *Instrução dos Doze Apóstolos*, que seria a primeira versão do catecismo);

7. foi encontrado um pequeno fragmento de uma cópia do Evangelho de João, datado como tendo sido produzido, aproximadamente, no ano 125, mas as cópias completas mais antigas do Evangelho de João encontradas são datadas como tendo sido produzidas aproximadamente no ano 200, e, não foram encontradas cópias idênticas do Evangelho de João dentre os documentos datados como tendo sido produzidos naquela época, e, essa situação não permitiria determinar qual seria a versão original;

8. os cinco Evangelhos mais importantes que são aqueles atribuídos a Marcos, Mateus, Lucas, João e Tomé, na verdade, teriam sido escritos por autores desconhecidos;

9. os Evangelhos atualmente disponíveis, são narrativas nas quais a memória de Jesus é embelezada por elementos míticos que exprimem a fé dos primeiros cristãos, e por ficções plausíveis que melhoram a história a ser contada para os ouvintes da época;

10. muitos dos milagres descritos nos Evangelhos seriam apenas mitos que não chegaram a ocorrer, ou seja, não houve: nascimento virginal, Jesus não andou sobre as águas, não houve a alimentação de milhares de pessoas com apenas alguns peixes e pães, Jesus não trouxe Lázaro de volta à vida, não houve ressurreição corporal de Jesus, Transfiguração ou Ascensão aos Céus;

11. não existe possessão demoníaca, Jesus provavelmente curava doenças mentais e físicas, da mesma forma que os curandeiros religiosos fazem atualmente;

12. os autores dos Evangelhos muitas vezes:

12.1 expandiram as palavras ou parábolas proferidas por Jesus, para apresentá-las em conjunto com uma sobreposição interpretativa;

12.2 reeditaram o que Jesus disse para colocar em conformidade com seus próprios estilos de linguagem com seus próprios pontos de vista;

12.3 atribuíram a Jesus, ditados comuns da época e seus próprios pontos de vista;

13. as Profecias de Jesus sobre eventos que ocorreram após a sua Crucificação foram acrescidas pelos autores dos Evangelhos ou criadas durante a época em que as informações sobre Jesus eram objeto apenas de tradição oral, ou seja, na época anterior ao ano 50;

14. os quatro Evangelhos Canônicos foram escritos entre os anos 70 a 110, nessa ordem: Marcos, Mateus, Lucas e João;

15. os Evangelhos de Mateus e Lucas se utilizaram principalmente do Evangelho de Marcos e da "Fonte Q";

16. o Evangelho de Tomé, descoberto em 1945 em Nag Hammadi, no Egito, foi enterrado durante uma época de perseguição dos gnósticos pelos cristãos paulinos, contém 73 frases que são encontradas também nos quatro Evangelhos Canônicos e 65 frases que não são encontradas nos quatro Evangelhos Canônicos;

17. o Evangelho de João representa uma tradição religiosa que é independente daquela que escreveu os Evangelhos Sinópticos (Marcos, Mateus e Lucas), razão pela qual deve ser desconsiderado na busca do "Jesus histórico";

18. muitos dos discípulos de Jesus eram antigos seguidores de João Batista;

19. Jesus:

> 19.1 Nasceu em Nazaré (e não em Belém) no reinado de Herodes o Grande;
>
> 19.2 era filho de Maria e ele teve um pai humano, cujo nome pode não ter sido José;
>
> 19.3 foi um sábio itinerante que atuou junto aos marginalizados;
>
> 19.4 não reivindicou ser o Messias ou ser Deus e raramente falava de si mesmo na primeira pessoa, razão pela qual as expressões iniciadas por "Eu sou.", encontradas no Evangelho de João devem ser entendidas como acréscimos do autor daquele texto e não como palavras proferidas por Jesus;
>
> 19.5 não acreditava que sua execução fosse necessária para que aqueles que confiavam nele como Senhor e Salvador fossem salvos da condenação eterna;
>
> 19.6 acreditava que o Reino de Deus seria visível pela maneira como ele e seus seguidores se tratavam, diferentemente de

João Batista e Paulo de Tarso que viam o Reino de Deus como algo que viria a existir em algum momento no Século I;

19.7 provavelmente falasse com seus seguidores e pregasse em aramaico, enquanto que as escrituras cristãs mais antigas conhecidas estão em grego, razão pela qual parte dos Evangelhos conhecidos conteria traduções para o grego das palavras dele, no entanto, apenas 18% (dezoito por cento) das palavras atribuídas a Jesus nos Evangelhos Canônicos e no Evangelho de Tomé poderiam ser a ele atribuídas com razoável certeza, enquanto que o restante das palavras a ele atribuídas naquelas obras, foram acréscimos de seus autores ou acrescidas às fontes consultadas por tais autores;

19.8 praticou curas sem fazer uso da medicina ou magia tradicionais, e, portanto, aliviou sofrimentos por nós hoje definidos como psicossomáticos;

19.9 foi preso em Jerusalém e crucificado pelos romanos por ter sido considerado um perturbador da ordem pública e não pela pretensão de ser o Filho de Deus.

20. no Evangelho de Marcos, apenas o Versículo 17 do Capítulo 12 (Marcos 12:17) conteria uma frase ("Pois devolvam a César o que é de César, e a Deus o que é de Deus.") que poderia ser atribuída com forte segurança a Jesus, mas muitas outras passagens daquela obra conteriam frases parecidas com aquelas que Jesus provavelmente tenha proferido;

21. os primeiros 24 Capítulos do Evangelho de Mateus conteriam muitas frases que poderiam ser atribuídas com forte segurança a Jesus e muitas frases parecidas com aquelas que ele provavelmente proferiu, enquanto que se poderia ter razoável certeza de que as frases "atribuídas' a Jesus nos Capítulos 25 a 28 daquela obra não teriam sido proferidas por ele;

22. os primeiros 20 Capítulos e os primeiros 31 versículos do Capítulo 21 do Evangelho de Lucas conteriam muitas frases que poderiam ser atribuídas com forte segurança a Jesus e muitas frases parecidas com aquelas que ele provavelmente proferiu, enquanto que se poderia ter razoável certeza de que as frases atribuídas a Jesus no restante daquela obra não teriam sido proferidas por Jesus;

23. nenhuma das frases contidas no Evangelho de João poderia ser atribuída com forte segurança a Jesus, apenas a frase inscrita no Versículo 44 do Capítulo 4 (João 4:44) seria algo semelhante a uma frase que ele provavelmente tenha proferido, e outra frase foi classificada como algo que ele provavelmente não tivesse dito, mas que expressava uma ideia semelhante a uma ideia defendida por ele;

24. a crença na ressurreição se baseia na experiência visionária de Paulo, Pedro e Maria.

REFERÊNCIAS BIBLIOGRÁFICAS

ARIAS, Juan. *Jesus, esse desconhecido*. 1ª ed. Rio de Janeiro-RJ, Objetiva, 2001.

BOBERG, José Lázaro. *Milagre – fato natural ou sobrenatural?* 1ª ed. 1ª reimp. Capivari-SP, EME, 2015.

_____. *Nascer de novo para ser feliz*. 1ª ed. 4ª reimp. Capivari-SP, EME, 2014.

_____. *O código penal dos espíritos – a justiça do tribunal da consciência*. 1ª ed. 4ª reimp. Capivari-SP, EME, 2010.

_____. *O evangelho de Maria Madalena*. 1ª ed. Capivari-SP, EME, 2017.

_____. *Peça e receba – O Universo conspira a seu favor*. 1ª ed. 4ª reimp. Capivari-SP, EME, 2015.

_____. *O segredo das bem-aventuranças*. 1ª ed. 2ª reimp. Capivari-SP, EME, 2009.

BOFF, Leonardo. *Fundamentalismo: a globalização e o futuro da Humanidade*. Rio de Janeiro-RJ, Sextante, 2004.

BULTMANN, Rudolf. *Teologia do Novo Testamento*. 9ª ed. São Paulo-SP, 2004.

CROSSAN, John Dominique. *O Jesus histórico: a vida de um camponês judeu do Mediterrâneo*. Rio de Janeiro-RJ, Imago, 1994.

DONINI, Ambrósio. *Breve história das religiões*. Rio de Janeiro-RJ, Editora Civilização Brasileira, 1965.

EHRMAN, Bart D. *Como Jesus se tornou Deus*. Trad. Lúcia Brito. 1ª ed. São Paulo-SP, Record, 2008.

_____. *O que Jesus disse? O que Jesus não disse? Quem mudou a Bíblia e por quê*. 2ª reimp. São Paulo-SP, Prestígio, 2005.

FUNK, Robert W & HOOVER, Ruy W. *The Jesus Seminar*. New York Macmillan Publishing Company, 1993.

GRIESE, Franz, *La desilusion de un sacerdote*. Buenos Aires, Editorial Cultura Laica, 1957.

GUIMARÃES, L. Pessoa. *Vade Mecum espírita*. 8ª ed. Catanduva-SP, Boa Nova, 2011.

HARPUR, Tom. *O Cristo dos pagãos*: a sabedoria antiga e o significado espiritual da Bíblia e da História de Jesus. Trad. Henrique Amat Rêgo Monteiro. 11ª ed. São Paulo-SP, Pensamento, 2008.

_____. *Transformando água em vinho*. 1ª ed. Trad. Flávio Quintiliano. 9ª ed. São Paulo-SP, Pensamento, 2009.

HOLANDA, Aurélio Buarque. *Novo dicionário eletrônico*. UOL.

HOORNAERT, Eduardo. *As origens do Cristianismo: uma leitura crítica*. 1ª ed. Brasília-DF, Editora Ser, 2006.

HORSLEY, Richard A. e HANSON John S. *Movimentos populares no tempo de Jesus*. Trad. Edwino Aloyslus Royer. 1ª ed. 4ª reimp. São Paulo-SP, Paulus, 1995

HOUAISS, Antônio. *Dicionário eletrônico Houaiss da língua portuguesa*. UOL.

KARDEC, Allan. *O Céu e o Inferno*, Trad. Manuel Justiniano Quintão. 54ª ed. São Paulo-SP, Lake , 2004.

_____. *O Evangelho segundo o Espiritismo*. Trad. de João Teixeira de Paula. Introdução e notas de J. Herculano Pires. 12ª ed. São Paulo-SP, LAKE, 1990.

_____. *O Livro dos Espíritos*. Trad. Evandro Noleto Bezerra. 1ª ed. Comemorativa do Sesquicentenário, Rio de Janeiro-RJ, FEB, 2006.

KERSTEN, Holger. *Jesus viveu na Índia: a desconhecida história de Cristo antes e depois da crucificação*. 17ª ed. São Paulo-SP, Best Seller, 1986.

KONINGS, Johan. *Sinopse dos Evangelhos de Mateus, Marcos e Lucas e da "Fonte Q"*. 1ª ed. São Paulo-SP, Edições Loyola, 2005.

LUZ, Marcelo da. *Como a religião termina?* 1ª ed. Foz de Iguaçu-PR, Editares, 2011.

MACK, Burton L. *O livro de Q e as origens cristãs*. Trad. de Sérgio Alcides. Rio de Janeiro-RJ, Imago, 1994.

MELO, Fábio de. *Quem me roubou de mim?* 1ª ed. São Paulo-SP, Planeta, 2010.

MIRANDA, Hermínio C. *O Evangelho gnóstico de Tomé*. 2ª ed. Rio de Janeiro-RJ, Lachâtre, 1995.

PALHANO, L. Jr. *Dicionário de filosofia espírita*. Rio de Janeiro-RJ, Edições CELD, 1997.

PIRES, Herculano. *Revisão do Cristianismo*. 5ª ed. São Paulo-SP, Paideia, 1977.

RÉGIS, Jaci. *Novo pensar sobre Deus, homem e mundo*. 1ª ed. Santos-SP, ICKS, 2009.

ROHDEN, Huberto. *Cosmoterapia*. 2ª ed. São Paulo-SP, Martin Claret, 1995.

_____. *O Quinto Evangelho – Apóstolo de Tomé*. 3ª ed. São Paulo-SP, Martin Claret, 2008.

Souza, José Pinheiro. *Mentiras sobre Jesus: desafio para o diálogo religioso.* 1ª ed. Fortaleza-CE, Gráfica LCR, 2011.

Tilesse, Caetano Minette. *Revista Bíblica Brasileira.* Fortaleza-CE, ano 5, 1988.

Ubaldi, Pietro. *Problemas atuais.* 3ª ed. Rio de Janeiro-RJ, Fundação Pietro Ubaldi, 1996.

Xavier, Francisco Cândido. Emmanuel (espírito). *O consolador.* 16ª ed. Rio de Janeiro-RJ, FEB, 1992.

_____. *Pão nosso.* 1ª ed. 6ª reimp. Rio de Janeiro-RJ, FEB, 2014.

_____. *Paulo e Estêvão.* 45ª ed. 3ª reimp. Rio de Janeiro-RJ, FEB, 2013.

_____. *Pensamento e vida.* 19ª ed. 4ª reimp. Rio de Janeiro-RJ, FEB, 2013.

Weiser, Alfons. *O que é milagre na Bíblia – para você entender os relatos dos evangelhos.* São Paulo-SP, Edições Paulinas, 1978.